Privatrecht Band IV

Hartwig, Sachenrecht und Wertpapierrecht
mit Hinweisen auf den Zivilprozeß

Privatrecht
Lehrbuch für Fachhochschulstudenten

Band I:
Grundlagen des bürgerlichen Rechts mit Hinweisen auf den Zivilprozeß
Von Horst Hartwig, Richter am Oberlandesgericht,
Dozent an der Fachhochschule Dortmund

Band II:
Allgemeines Schuldrecht mit Hinweisen auf den Zivilprozeß
Von Horst Hartwig, Richter am Oberlandesgericht,
Dozent an der Fachhochschule Dortmund

Band III:
Besondere Schuldverhältnisse mit Hinweisen auf den Zivilprozeß
Von Horst Hartwig, Richter am Oberlandesgericht,
Dozent an der Fachhochschule Dortmund

Band IV:
Sachenrecht und Wertpapierrecht mit Hinweisen auf den Zivilprozeß
Von Horst Hartwig, Richter am Oberlandesgericht,
Dozent an der Fachhochschule Dortmund

Band V:
Gesellschaftsrecht mit Hinweisen auf den Zivilprozeß
Von Dr. Hubert Klingberg, Vorsitzender Richter am Landgericht,
Dozent an der Fachhochschule Dortmund

Band VI:
Wettbewerbsrecht mit Hinweisen auf den Zivilprozeß
Von Dr. Hubert Klingberg, Vorsitzender Richter am Landgericht,
Dozent an der Fachhochschule Dortmund

J. Schweitzer Verlag · Berlin

Privatrecht
Lehrbuch für Fachhochschulstudenten

Band IV

Sachenrecht und Wertpapierrecht mit Hinweisen auf den Zivilprozeß

Anhang: Grundbuch-Muster

Von

Horst Hartwig

Richter am Oberlandesgericht
Dozent an der Fachhochschule Dortmund

1974

J. Schweitzer Verlag · Berlin

ISBN 3 8059 0310 3

Satz und Druck: Sellier GmbH Freising. – Printed in Germany.
Bindearbeiten: Lüderitz & Bauer, Berlin.

Vorwort

Auch Band IV dieser Reihe trifft nur eine Auswahl. Nicht alle Einrichtungen, die zum Sachen- und Wertpapierrecht gehören, konnten behandelt werden. Auslassungen und Schwerpunkte sind vom Bedürfnis der kaufmännischen Praxis und einem darauf ausgerichteten Studium diktiert.
Im Vordergrund stehen wieder Probleme der Kreditbeschaffung und Kreditsicherung. Juristische Streitfragen habe ich bewußt an den Rand gedrängt. Das ist ein Grund für das Fehlen des sonst üblichen Zitatenschatzes. Dem Leser wünsche ich genügend Ausdauer zur Wiederholung der empfohlenen Fälle.
Sie werden staunen, wie zahlreich die grauen Zellen inzwischen geworden sind.

Altlünen, Juli 1974 Horst Hartwig

Inhaltsverzeichnis

Teil 1: Sachenrecht

Fall Nr. 1: Unmittelbarer Besitz, Eigentum

V hat dem K am 2. 5. 1973 einen gebrauchten LKW verkauft. Da der Wagen noch bis zum 31. 5. 1973 auf den Namen des V versichert und versteuert ist und beide Umbuchungen vermeiden wollen, haben sie vereinbart, daß der Kaufvertrag erst am 1. 6. 1973 erfüllt werden soll. V fällt am 15. 5. 1973 in Konkurs. Am nächsten Tag übergibt er den LKW dem K, der nichts von der Konkurseröffnung weiß und deswegen den Kaufpreis an V zahlt. Der Konkursverwalter verlangt den Wagen von K zurück. Mit Recht?

Lösung

Wir prüfen, ob der Konkursverwalter (im folgenden KV genannt) berechtigt ist, gem. § 985 BGB in Verb. mit § 117 KO den LKW von K herauszuverlangen. Nach § 985 BGB kann der **Eigentümer vom Besitzer** die Herausgabe der Sache verlangen.

Als erstes erhebt sich die Frage, ob der KV Eigentümer des LKW's ist. **Eigentum** ist das Recht einer Person (des Eigentümers), mit der Sache nach Belieben zu verfahren und andere von jeder Einwirkung auszuschließen, soweit nicht das Gesetz oder Rechte Dritter entgegenstehen (§ 903 BGB).

In dieser vom wirtschaftlichen Liberalismus des ausgehenden 19. Jahrhunderts geprägten Form verkörpert der Begriff Eigentum das stärkste aller Herrschaftsrechte. Während Naturrecht und Aufklärung sogar vom „unverletzlichen, geheiligten" Eigentum sprachen, machte das BGB bereits eine Einschränkung durch den Zusatz „soweit nicht das Gesetz oder Rechte Dritter entgegenstehen". Im Vordergrund stand dennoch ganz entschieden die individualistische Auffassung vom Eigentum. Mit der Entwicklung des öffentlichen Rechts, etwa seit dem Beginn des 20. Jahrhunderts, rückte die Sozialgebundenheit des Eigentums stärker in den Vordergrund. Betroffen war in erster Linie das Grundeigentum als wichtigste Lebensbasis eines damals noch vorwiegend von der Landwirtschaft und in der Landwirtschaft lebenden Volkes. Zumindest im öffentlichen Recht hat die Allmacht des Grundeigentümers daher nie volle Anerkennung gefunden; aber erst unter dem Eindruck des verlorenen Weltkrieges konnte sich der soziale Gedanke gegenüber der individualistischen Betrachtungsweise durchsetzen. So bestimmte Art. 153 Abs. 3 der Weimarer Reichsverfassung von 1919: „Eigentum verpflichtet. Sein Gebrauch soll zugleich Dienst sein für das gemeinsame Beste". Inhaltlich lautet Art. 14 Abs. 2 GG von 1949 gleich. Das Gesetz kann jetzt Inhalt und Grenzen des Eigentums regeln (Art. 14 Abs. 1 S. 2 GG); es darf das grundgesetzlich garantierte Eigentum jedoch nicht beseitigen oder völlig aushöhlen. Hierher gehört auch das Verbot einer entschädigungslosen Enteignung (Art. 14 Abs. 3 GG), wobei Entschädigung nicht Schadensersatz, also nicht in jedem Falle vollen Wertausgleich bedeuten muß.

Wenn nachfolgend vom Eigentum die Rede ist, so gehen wir von dem zivilrechtlichen Begriff des § 903 BGB aus.

Wir unterstellen, daß V Eigentümer des LKW's war, als er ihn an K verkaufte. Der Abschluß des Kaufvertrages, des Verpflichtungsgeschäftes (nachlesen Fall Nr. 46 in Bd. I), hat die dingliche Rechtslage nicht verändert.

Nun müssen wir untersuchen, ob der Konkurs die Eigentumsverhältnisse des Gemeinschuldners V beeinflußt hat. Die Antwort lautet: Nein.

Merke: Der Gemeinschuldner behält trotz der Konkurseröffnung das Eigentum an seinen Sachen. Er bleibt auch Inhaber seiner Forderungen; aber mit der Konkurseröffnung verliert er die Befugnis, das zur Konkursmasse gehörende Vermögen zu verwalten und darüber zu verfügen (§ 6 Abs. 1 KO). Diese Rechte gehen auf einen Konkursverwalter über.

Nach herrschender Meinung ist der KV allerdings kein Vertreter des Gemeinschuldners, sondern ein im öffentlichen Interesse berufenes Organ, dem die Abwicklung des Konkurses obliegt. Seine Rechte und Pflichten folgen unmittelbar aus dem Gesetz (sog. Amtstheorie). Die zur Konkursmasse gehörigen Rechte macht er im eigenen Namen geltend (vgl. auch Fall Nr. 63 in Bd. I). Daher ist er berechtigt und verpflichtet (§ 117 KO), einen etwaigen Herausgabeanspruch des Gemeinschuldners aus § 985 BGB gegenüber dem K zu erheben.

Fraglich ist, ob V das Eigentum wirksam auf K übertragen hat.
Nach § 929 S. 1 BGB ist zur Übertragung des Eigentums an einer beweglichen Sache erforderlich, daß der Eigentümer dem Erwerber die Sache übergibt und beide darüber einig sind, daß das Eigentum übergehen soll. Schlagwortartig sagt man: **Einigsein bei Übergabe!**
Übergabe i.S.d. § 929 S. 1 BGB bedeutet Übertragung des unmittelbaren Besitzes. Was unter **unmittelbarem Besitz** zu verstehen ist, geht aus § 854 Abs. 1 BGB hervor. Er ist die **tatsächliche Sachherrschaft,** also keine geistige Beziehung zur Sache, sondern ein rein faktischer Zustand. Vergleichen Sie jetzt die Beispiele zu Fall Nr. 9 in Bd. III. Unmittelbarer Besitz setzt nur **natürlichen Herrschaftswillen** (keine rechtsgeschäftliche Willenserklärung) und **Herrschaftsmacht** voraus.

Beispiele für den natürlichen **Herrschaftswillen:** Ein Geschäftsunfähiger kann Besitzwillen haben. Ein Geschäftsfähiger hat keinen Besitzwillen, wenn er etwa von der in seinem Hause liegenden Sache gar nichts weiß; aber das ändert sich sofort, wenn sein Wille zum Besitz generell auf alle Sachen gerichtet ist, die an einem bestimmten Orte lagern, etwa in der Wohnung, im Kofferraum des PKW oder in der Manteltasche. Die Entscheidung kann von Fall zu Fall verschieden lauten.
Herrschaftsmacht ist gleichbedeutend mit der tatsächlichen Gewalt. Ob jemand die tatsächliche Gewalt ausüben kann, richtet sich nach der Verkehrsanschauung. In aller Regel ist räumliche Nähe erforderlich, mindestens aber die ungestörte Beherrschung der Örtlichkeit (z. B. Besitz an dem auf öffentlichem Platz geparkten PKW). Die Besitzerlangung braucht nicht rechtmäßig zu sein. Auch der Dieb wird Besitzer. Die Faustregel lautet: Für die Erlangung der Herrschaftsmacht gelten strengere Voraussetzungen als für ihren Verlust.

Nun können wir die Lösung unseres Falles fortführen: V hat mit natürlichem Willen dem K die Herrschaftsmacht am LKW eingeräumt, und K wollte diese Herrschaftsmacht auch ausüben. Damit ist die Besitzübertragung vollzogen. Ob V den Besitz am LKW trotz Konkurseröffnung übertragen durfte, spielt keine Rolle. § 6 KO kann nur rechtsgeschäftliche Verfügungen hindern, aber nicht rein tatsächliche Vorgänge. Um einen solchen handelt es sich bei der Besitzübertragung ebenso wie bei einer Zerstörung oder Beschädigung der Sache. Die erste Voraussetzung für die Eigentumsübertragung ist also erfüllt.
Hinzu muß allerdings kommen, daß sich Veräußerer und Erwerber beim Besitzwechsel über den Eigentumsübergang einig sind. Im Gegensatz zur Besitzübertragung ist die **Einigung** kein rein tatsächlicher Vorgang, sondern **ein Vertrag,**

gerichtet auf den Eigentumsübergang, also ein Rechtsgeschäft. Diese Einigung ist **formlos** gültig. Schlüssige Handlungen genügen (z. B.: Verkäufer übersendet vorbehaltlos die Ware, Käufer behält sie und zahlt). Da V nach Konkurseröffnung wegen des Verbots aus § 6 Abs. 1 KO rechtsgeschäftlich nicht mehr wirksam über den zur Konkursmasse gehörigen LKW (nachlesen Fall Nr. 12 in Bd. III) verfügen konnte, ist die Einigung nichtig. Darauf, ob K von der Konkurseröffnung etwas wußte oder wissen konnte, kommt es nicht an. Sein guter Glaube an den Fortbestand der Verfügungsmacht des V wird nicht geschützt.
Schließlich spielt es auch keine Rolle, ob V und K sich schon vor Konkurseröffnung über den Eigentumsübergang geeinigt hatten oder nicht. Diese **Einigung** – denken Sie an das Schlagwort – muß **bei Besitzübertragung** noch vorhanden und rechtswirksam sein. Letzteres scheitert hier an § 6 Abs. 1 KO. V ist mithin Eigentümer des LKW geblieben, und K ist lediglich Besitzer.
Es bleibt zu prüfen, ob K ein Besitzrecht i.S.d. § 986 BGB hat. (Fall Nr. 9 in Bd. III nachlesen.) Ein Käufer, der die Sache im Hinblick auf § 433 Abs. 1 S. 2 BGB erhalten hat, ist nur solange zum Besitz berechtigt, wie der Kaufvertrag besteht. Deswegen müssen wir prüfen, welchen Einfluß der Konkurs auf diesen Vertrag gehabt hat. Der Kaufvertrag ist ein gegenseitiger Vertrag. (Was ist das? Nachlesen Fall Nr. 13 in Bd. II.)
Dafür gilt die Sonderregelung des § 17 KO, wo von „zweiseitigen" Verträgen die Rede ist. Die abweichende Ausdrucksweise („gegenseitig" – „zweiseitig") ist darauf zurückzuführen, daß die Konkursordnung aus dem Jahre 1877 stammt, während der Begriff des gegenseitigen Vertrages erst durch das BGB von 1896 geprägt worden ist.
§ 17 KO bestimmt: Solange ein gegenseitiger Vertrag noch von keiner Partei ganz erfüllt worden ist, kann der KV zwischen Erfüllung und Nichterfüllung wählen. Entschließt er sich rechtzeitig (vgl. § 17 Abs. 2 KO) für die Erfüllung, dann muß er in unserem Fall den LKW liefern. Auf der anderen Seite kann er von K den Kaufpreis verlangen. Der Kaufvertrag wird so abgewickelt, als sei V nicht in Konkurs gefallen. Lehnt der KV die Erfüllung ab, dann fallen alle Erfüllungsansprüche weg. An die Stelle des Lieferanspruches aus § 433 Abs. 1 S. 2 BGB tritt ein Schadensersatzanspruch, der auf das positive Interesse gerichtet ist. Aber – und das ist der große Nachteil für den Gläubiger – seine Schadensersatzforderung ist eine bloße Konkursforderung (vgl. § 26 Abs. 2 KO). Das bedeutet, der Gläubiger muß seine Schadensersatzforderung zur Tabelle anmelden, und er wird nur quotenmäßig mit der Konkursdividende aus der Masse befriedigt. Seine restliche Forderung geht allerdings nicht unter. Nach Beendigung des Konkursverfahrens kann er sich einen Auszug aus der Tabelle besorgen. Mit diesem Titel darf er in das Vermögen, das der Gemeinschuldner nach Konkurseröffnung erworben hat, die Zwangsvollstreckung betreiben; doch das ist oft genug ein schwacher Trost. Es gibt zu viele Möglichkeiten, durch Strohmänner den Neuerwerb zu verbergen!

Zurück zum Fall:
Vor Konkurseröffnung hatte V noch nicht übereignet und K hatte noch nicht bezahlt. Mithin war der Kaufvertrag von beiden Seiten noch nicht voll erfüllt worden. Deswegen stand dem KV das Wahlrecht aus § 17 KO zur Seite. Er hat sich durch die Rückforderung des LKW's für die Nichterfüllung entschlossen (wahrscheinlich kann er einen besseren Kaufpreis erzielen als V bei seinem „Notverkauf"). Dadurch sind die Erfüllungsansprüche des K untergegangen. Er hat zwar

einen Schadensersatzanspruch (Konkursforderung) erlangt; aber ein Besitzrecht kann er aus dem Kaufvertrag nicht mehr herleiten. Also muß er den LKW zurückgeben.

Fall Nr. 2: Besitzübertragung durch bloße Einigung

Auf der Baustelle in Neudorf hat die Wohnungsbaugesellschaft mbH V am 2. 4. 1973 Stahlrohrstützen zurückgelassen und sie dem Bauunternehmer K für 10000 DM verkauft. K zahlt am selben Tage in bar. Er soll die Stützen sofort abholen, verzögert die Abholung aber bis zum 20. 4. 1973. Inzwischen ist am 16. 4. 1973 das Konkursverfahren über das Vermögen der GmbH eröffnet worden. Kann K trotzdem die Herausgabe der Stützen vom KV verlangen?

Lösung

Wir prüfen, ob K gegen den KV einen Herausgabeanspruch nach § 985 BGB hat. Deswegen müssen wir fragen, ob K noch vor Konkurseröffnung Eigentümer der Stützen geworden ist. Bedenklich steht es um die Besitzübertragung. Nach § 929 S. 2 BGB genügt die bloße Einigung, wenn der Erwerber bereits im Besitze der Sache ist.

Z. B.: A hat sich von B ein Buch geliehen. Er ist also schon Besitzer des Buches und möchte es nun käuflich erwerben. B ist damit einverstanden. Hier genügt zur Eigentumsübertragung die bloße Einigung.

So liegt unser Fall indessen nicht. Wir müssen von einem wichtigen Grundsatz des Sachenrechts ausgehen. Er lautet: **Der Besitz ist das äußere Zeichen für Eigentum.** Für den Besitzer einer beweglichen Sache spricht die Vermutung, daß er ihr Eigentümer ist (§ 1006 Abs. 1 S. 1 BGB). Deswegen soll derjenige, der sein Eigentum übertragen will, sich grundsätzlich vom Besitz lösen und ihn dem Erwerber oder einem Dritten an Stelle des Erwerbers übertragen. Wenn sich der Veräußerer schon früher zugunsten des späteren Erwerbers vom Besitz getrennt hatte, entfällt diese Notwendigkeit. Das ist der Fall des § 929 S. 2 BGB. Hier war die GmbH bis zum Abschluß des Kaufvertrages Besitzerin der Stützen. Da sie mit einer sofortigen Abholung der Stützen durch K einverstanden war, ist anzunehmen, daß sie nach Vertragsschluß nicht mehr Besitzerin sein wollte. Die Aufgabe des Herrschaftswillens beendet eine Voraussetzung des Besitzes und damit den Besitz schlechthin.
Nun müssen wir untersuchen, ob K Besitzer geworden ist. Man kann davon ausgehen, daß er den Willen hatte, sofort nach Abschluß des Kaufvertrages die Stützen zu beherrschen. Die verzögerte Abholung steht einer solchen Annahme nicht entgegen. Allein der Herrschaftswille reicht jedoch nicht aus; die Herrschaftsmacht muß hinzukommen. Ob jemand die Herrschaftsmacht erlangt, richtet sich nach den faktischen Verhältnissen. So genügt nach § 854 Abs. 2 BGB die Einigung des bisherigen Besitzers und des Erwerbers zum Erwerbe, wenn der Erwerber in der Lage ist, die Gewalt über die Sache auszuüben. Dieser Satz könnte zu der Annahme verführen, K habe die Herrschaftsmacht erlangt, weil er die Stützen abholen darf; das genügt jedoch nicht. Da der **Besitz das sichtbare Zeichen** für Eigentum sein soll, ist die Besitzerlangung äußerlich erkennbar zu

machen (z.B. durch Schlüsselübergabe, durch Sonderlagerung, durch Beschriftung oder durch Mitteilung an interessierte Beteiligte). Von alledem ist in unserem Sachverhalt nicht die Rede. Das bloße Gestatten der Wegnahme oder auch die Aufforderung, die Stützen abzuholen, genügen nicht. Zumindest hätten K oder die GmbH einer etwaigen Bewachungsperson Nachricht geben oder die Stützen gesondert lagern müssen. K war daher am 16. 4. 1973 noch nicht Besitzer der Stahlrohrstützen. Ob zu diesem Zeitpunkt eine wirksame Einigung vorlag, brauchen wir also nicht zu prüfen. K kann die Stützen vom KV nicht gem. § 985 BGB herausverlangen.
Denken Sie jetzt aber an § 17 KO: Da K den Kaufvertrag (zweiseitiger = gegenseitiger Vertrag) bereits erfüllt hat, steht dem KV kein Wahlrecht zu. Er muß den Kaufvertrag also erfüllen, d.h. dem K das Eigentum an den Stützen verschaffen. K hat zwar keinen Herausgabe-, aber einen Verschaffungsanspruch. Machen Sie sich den Unterschied klar! Aus diesem Grunde muß der KV letztlich die vereinbarte Abholung der Stützen doch dulden.

Fall Nr. 3: Mittelbarer Besitz, Sicherungsübereignung

Kaufmann S ist in dringender Geldverlegenheit. G gewährt ihm ein Darlehen von 30000,– DM. Als Sicherheit soll ihm S einen neuen Lastzug übereignen. Sie treffen folgende Vereinbarung:
S übereignet dem G zur Sicherheit für ein Darlehen von 30000,– DM einen Lastzug, Fabrikat MAN, bestehend aus dem Motorwagen mit der Motor-Nr. 346785732 und der Fahrgestellnummer 37489675 sowie dem Hänger Nr. 67843210. S wird den Lastzug für G in sorgfältige Obhut nehmen, eine Kaskoversicherung abschließen und notwendige Reparaturen sofort ausführen lassen. Nach Rückzahlung des Darlehens fällt das Eigentum an S zurück.
2 Jahre später fällt S in Konkurs, ohne das Darlehen zurückgezahlt zu haben. G verlangt den LKW vom KV heraus. Mit Recht?

Lösung

Verlangt der Eigentümer seine Sache vom KV heraus, so nennt man diesen Vorgang **Aussonderung** (§ 43 KO). Da die Konkursgläubiger nur aus solchen Gegenständen befriedigt werden sollen, die dem Gemeinschuldner gehören (Sachen, Forderungen, sonstige Rechte), muß der KV alle Sachen herausgeben, die nicht im Eigentum des Gemeinschuldners stehen. G kann also nach § 43 KO in Verb. m. § 985 BGB aussondern, wenn er Eigentümer des LKW's geworden und geblieben ist. Die Parteien haben hier eine besondere Art Eigentum übertragen wollen, nämlich das **Sicherungseigentum.**

Damit hat es folgende Bewandtnis:
Geldgeber haben ein natürliches Sicherungsbedürfnis. Es wächst, je zahlungsschwächer der Schuldner ist. Häufig sind seine Grundstücke, die begehrteste Basis des Realkredits, schon so belastet, daß sie als Beleihungsobjekte ausscheiden. Wenn wertvolle Kunstgegenstände, Schmuck, Wertpapiere o.ä., die der Schuldner verpfänden könnte, fehlen, muß er häufig seine Erzeugnisse oder Betriebsmittel „beleihen“ lassen. Die klassische Art der Belastung dieser Sachen, die Verpfändung nach den §§ 1204ff. BGB, ist allerdings oft ein untaugliches Mittel; dann sie setzt voraus, daß der Schuldner den unmittelbaren Besitz daran auf den Pfandgläubiger überträgt (§ 1205 BGB). Mit der Übertragung des unmittel-

baren Besitzes verliert der Schuldner aber die Möglichkeit, die verpfändeten Sachen in seinem Betrieb einzusetzen. Einen verpfändeten LKW kann er nicht mehr nutzen, verpfändetes Rohmaterial kann er nicht mehr bearbeiten und verpfändete Fertigerzeugnisse nicht mehr im normalen Geschäftsbetrieb verkaufen. Die Verpfändung beendet also praktisch den wirtschaftlich sinnvollen Einsatz des Pfandobjekts. Das ist der Anfang eines Teufelskreises; denn mit der Beschränkung der Erwerbsmöglichkeiten mindern sich die Aussichten auf Gewinnerzielung und damit die Liquidität des ohnehin schon bedrängten Schuldners. Die Wirtschaft hat deswegen nach einem Weg gesucht, der es einerseits dem Schuldner ermöglicht, weiterhin sein Hab und Gut im Erwerbsleben einzusetzen, andererseits aber dem Kreditgeber, der auf seine Art zur Existenz des Schuldners beiträgt, die erforderliche Sicherheit bietet. Diesen Weg bahnt die Sicherungsübereignung. Sie nutzt legitim eine „Aufweichung" des Sachenrechtes aus.

Im vorhergehenden Falle haben Sie erfahren, daß der Besitz die Vermutung begründet, der Besitzer einer Sache sei auch ihr Eigentümer. Dieses Verlautbarungsprinzip gilt nur für den unmittelbaren Besitz. Das Gesetz kennt daneben den **mittelbaren Besitz.** Er ist kein faktisches, sondern – ähnlich wie das Eigentum – ein **geistiges Herrschaftsverhältnis.**
Nach dieser Einführung wollen wir den Fall gemäß der systematischen Methode lösen.
Da G nie unmittelbarer Besitzer des LKW's geworden ist, scheidet ein Eigentumserwerb allein auf Grund des § 929 BGB aus. Nun kann aber gem. § 930 BGB die Übergabe (wohlgemerkt, nur die Übergabe – niemals die nach § 929 BGB erforderliche Einigung) durch ein sogenanntes **Übergabesurrogat (Übergabeersatz)** ersetzt werden. Von diesen Übergabesurrogaten (nicht Einigungssurrogaten!) sprechen die §§ 930, 931 BGB. Nach **§ 930 BGB** wird die unmittelbare Besitzübertragung ersetzt durch die **Einräumung des mittelbaren Besitzes** (andere Ausdrücke: ... durch Vereinbarung eines Besitzmittlungsverhältnisses, ... durch ein Besitzkonstitut). Was unter mittelbarem Besitz zu verstehen ist, beschreibt § 868 BGB. Danach sind z.B. Nießbraucher, Pfandgläubiger, Mieter, Verwahrer oder in einem ähnlichen Verhältnis stehende Personen gegenüber ihren Vertragspartnern auf bestimmte Zeit zum unmittelbaren Besitz der Sache berechtigt oder verpflichtet. Gleichzeitig **besitzen** sie aber **für ihre Vertragspartner,** die, weil ihnen der Besitz von den unmittelbaren Besitzern vermittelt wird, mittelbare Besitzer heißen. Dieser mittelbare Besitz ist nach außen in aller Regel nicht zu erkennen, deswegen eine vergeistigte, vom Verlautbarungsprinzip abweichende Sachherrschaft. Seine Schwäche liegt in der Abhängigkeit des mittelbaren Besitzers. Nur solange der unmittelbare Besitzer für ihn besitzen will, währt der mittelbare Besitz. Dabei ist es fraglich, ob der Wille, von nun an den Besitz nicht mehr zu vermitteln, nach außen erkennbar in Erscheinung treten muß oder ob bereits die verborgene Willensänderung genügt. Letzteres dürfte nicht ausreichen. Das Besitzmittlungsverhältnis stellt einen Vertrag dar, also ein Rechtsgeschäft, und ein rechtsgeschäftlicher Wille, der hier auf Beendigung des Vertragsverhältnisses abzielt, ist nur beachtlich, wenn er sich äußert.

Unterscheiden Sie bitte vom mittelbaren Besitz den **Mitbesitz** (nachlesen § 866 BGB; mehrere zusammen üben die tatsächliche Gewalt über eine Sache aus).

Im vorliegenden Falle haben die Parteien vereinbart, daß S den Lastzug für G in sorgfältige Obhut nehmen soll und die Obhutspflichten näher beschrieben. Da es in § 868 BGB heißt ... oder in einem ähnlichen Verhältnisse ..., ist es nicht erforderlich, ausdrücklich eines der dort genannten Verhältnisse zu wählen. So genügt z. B. auch ein Leihverhältnis oder ein im Rahmen der Vertragsfreiheit (§ 241 BGB) vereinbartes Gebrauchsüberlassungsverhältnis beliebiger Art. Besitzmittlungsverhältnisse können sich ferner ergeben aus einem Auftragsverhältnis, Speditionsvertrag, Verkaufskommission, Geschäftsbesorgungsvertrag, usw. Immer ist aber ein konkret beschriebenes Besitzmittlungsverhältnis vonnöten. Die abstrakte Formulierung, es werde ein Besitzmittlungsverhältnis vereinbart, genügt nicht. Zwar kann man in vielen Fällen durch Auslegung helfen, insbesondere bei der Sicherungsübereignung; ein sorgfältiger Kaufmann begegnet solchen Unsicherheiten jedoch rechtzeitig, indem er schon bei Vertragsschluß konkrete Vereinbarungen trifft. Das haben S und G beachtet. G hat also das Sicherungseigentum am LKW erworben. In der Folgezeit ist für eine Änderung seines Willens, Besitzmittler des G sein zu wollen, nichts erkennbar geworden. Mithin ist G auch Sicherungseigentümer geblieben. Danach müßte er eigentlich einen Herausgabeanspruch gem. § 985 BGB gegen den KV haben und den LKW aussondern können; aus den Eigenarten des Konkurses und der Sicherungsübereignung ergeben sich jedoch Zweifel.

Der Konkurs dient zur gleichmäßigen Befriedigung aller Konkursgläubiger. Sie stecken gewissermaßen in einer Gefahrengemeinschaft. Wer Konkursgläubiger ist, sagt § 61 KO (bitte nachlesen!). Mit seiner Darlehensforderung fällt G unter § 61 Ziff. 6 KO. In der Rangfolge der Konkursgläubiger steht er an letzter Stelle. Das bedeutet, wenn durch anteilsmäßige Befriedigung der gem. § 61 Ziff. 1 bis 5 KO vorgehenden Konkursgläubiger die Masse aufgezehrt ist, erhält G auf seine Darlehensforderung nichts. Ihm bleibt der schwache Trost, mit Hilfe des **Auszugs aus der Tabelle** in Neuvermögen des Gemeinschuldners vollstrecken zu können. Der Gedanke der Gefahrengemeinschaft überschattet auch die Ansprüche des Sicherungseigentümers. Unter dem Blickwinkel der Gefahrengemeinschaft und der gleichmäßigen Befriedigung aller Konkursgläubiger ist der Sicherungseigentümer möglicherweise nicht wie ein vollwertiger Eigentümer zu betrachten. Das **Sicherungseigentum** begründet in der Tat nur ein **Treuhandverhältnis** (jetzt erst Fall Nr. 47 in Bd. II nachlesen). Auch für dieses Treuhandverhältnis gilt der Satz: **Das rechtlich Vereinbarte geht über das wirtschaftlich Gewollte hinaus.** G wird (rechtlich) zum Eigentümer erhoben, obwohl er (wirtschaftlich) nur eine Sicherung für seine Geldforderung erlangen soll, also eine Stellung, die mit der eines Pfandgläubigers vergleichbar ist. Daher liegt es nahe, das eigennützige Treuhandverhältnis „Sicherungseigentum" im Konkurse genau so zu behandeln wie ein Pfandrecht. Inhaber eines rechtsgeschäftlich bestellten Pfandrechts können aber nicht aussondern sondern nur **absondern.** Der Aussonderungsberechtigte bekommt den ihm gehörenden Gegenstand aus der Masse heraus. Dagegen hat der Absonderungsberechtigte nur einen Anspruch darauf, daß der ihm nicht gehörende Gegenstand für ihn verwertet wird. Das bedeuten in § 48 KO die Worte, Pfandgläubiger können abgesonderte Befriedigung verlangen. Während der Aussonderungsberechtigte seine Sache in die Hand bekommt, ist der Absonderungsberechtigte grundsätzlich auf die Verwertung der Sache durch den KV angewiesen. Den aus der Verwertung stammenden Erlös händigt der KV dem Absonderungsberechtigten aus, soweit dessen Forderung reicht. Im übrigen bleibt der Erlös in der Masse und dient zur gleichmäßigen Befriedigung der Konkursgläubiger (nachlesen §§ 126, 127 KO). Augenscheinlich ist die Stellung des Sicherungseigentümers im Konkurse seines Schuldners der eines Absonderungsberechtigten angemessen. Deswegen gewährt die herrschende Lehre dem Sicherungseigentümer in einem solchen Falle auch nur die Rechte des Absonderungsberechtigten. G kann daher den LKW nicht aussondern.

Nachtrag zum Konkursrecht:
Der Konkursverwalter trifft auf der Gläubigerseite regelmäßig einen Personenkreis an, der mit unterschiedlich starken Rechten die Konkursmasse „umlauert". In der günstigsten Position befinden sich die Aussonderungsberechtigten, weil sie ihre Gegenstände aus der Masse herausverlangen können. Ihnen folgen die Absonderungsberechtigten, die einen dem Schuldner gehörenden Gegenstand für sich verwerten lassen können und aus dem Erlös soviel erhalten, wie zur Befriedigung wegen ihrer gesicherten Forderungen nebst Kosten und Zinsen erforderlich ist. Sie sind also nicht auf die Konkursquote beschränkt. Die nächstbeste Aussicht auf volle Befriedigung haben die **Massegläubiger** (nachlesen § 59 KO).

Beispiel:
a) Der KV beauftragt einen Buchprüfer mit der Erstellung einer Bilanz (§ 59 Ziff. 1 KO).
b) Der KV verlangt Erfüllung eines Kaufvertrages, den der Gemeinschuldner als Käufer vor Konkurseröffnung geschlossen hat, der aber von keiner Seite vorher erfüllt worden ist (§ 59 Ziff. 2 in Verb. m. § 17 KO).
c) Der Gemeinschuldner hat nach Konkurseröffnung noch eine Sache verkauft und das Geld kassiert. Das Geschäft ist nichtig wegen § 7 KO (§ 59 Ziff. 3 in Verb. m. § 7 Abs. 2 KO).
In den Fällen a) und b) muß der KV die vereinbarte Summe zahlen, im Falle c) die Bereicherung – soweit noch vorhanden – zurückgewähren.
Eine Beschränkung durch **quotenmäßige Befriedigung** müssen sich nur die **Konkursgläubiger** gefallen lassen, also die unter § 61 KO fallenden Gläubiger. Dort werden die Konkursgläubiger in eine **Rangordnung** eingestuft. Das hat zur Folge: Gläubiger eines schlechteren Ranges erhalten nur dann eine Quote, wenn nach quotenmäßiger Befriedigung des oder der besseren Ränge etwas übrig bleibt.

Fall Nr. 4: Konkretisierung der Einigung

S schuldet der B-Bank AG 50000,– DM. Zur Sicherung soll er der Bank einen Teil seines Warenlagers übereignen. Die Vereinbarung vom 1. 4. 1973 lautet:
S übereignet der B-Bank AG von den in der Halle I lagernden Motoren jeweils so viele, daß die Rechtsschuld nominell zu 125% gedeckt ist. Die Übergabe wird dadurch ersetzt, daß S die Motoren für die B-Bank verwahrt.
Am 2. 7. 1973 fällt S in Konkurs. Kann die B-Bank AG vom KV wegen der in Halle I lagernden Motoren abgesonderte Befriedigung verlangen?

Lösung

Die B-Bank AG (im folgenden B genannt) kann verlangen, daß sie aus den Motoren abgesondert befriedigt wird, wenn ihr das Sicherungseigentum daran zusteht. Zur Übertragung von Sicherungseigentum ist wie zu jeder Eigentumsübertragung eine Einigung i.S.d. § 929 Abs. 1 BGB erforderlich. Diese Einigung ist eine Willenserklärung, die ganz genau bezeichnen muß, an welchen bestimmten Sachen das Eigentum übertragen werden soll. Das ist ein Ausfluß des im Sachenrecht herrschenden **Bestimmtheitsgrundsatzes.** Er besagt: **Die zu übereignende Sache muß so konkret nach ihren Unterscheidungsmerkmalen bezeichnet werden, daß sie im Augenblick der Einigung von anderen Stücken getrennt werden kann.**

Z. B.: Wenn aus einer Herde von 100 Pferden ein Pferd übereignet werden soll, so genügt es nicht, zu sagen, ... aus dieser Herde wird hiermit ein Pferd übereignet ... Die Einigungsofferte muß vielmehr lauten: Das Pferd mit der im rechten Ohr tätowierten Nr. 124475 wird hiermit an Herrn X übereignet. (Das ist die bestimmte Einigung.) Die Übergabe wird dadurch ersetzt, daß das Pferd zunächst noch in der Obhut des Y bleibt. Er wird auch für die notwendige Fütterung, Versicherung pp sorgen. (Das ist das Übergabesurrogat.) Wenn das Pferd keine Brandzeichen mit genügender Unterscheidungskraft besitzt, muß es nach seinen sonstigen Merkmalen (Rasse, Geschlecht, Farbe, Zeichnung pp) unterschieden werden, und zwar so gründlich, daß es sich im Augenblick der Einigung von den übrigen Tieren der Herde unterscheiden läßt. Spätere Änderung (z. B. Zugang eines gleichen Pferdes) ändern die einmal vorhanden gewesene Bestimmtheit nicht.

Dieser Bestimmtheitsgrundsatz spielt bei den §§ 929ff. BGB eine herausragende Rolle. Wird er mißachtet, so schlägt die Übereignung unweigerlich fehl. Keine Parteivereinbarung kann darüber hinweghelfen. Insoweit ist das Sachenrecht zwingendes Recht.
Das bedeutet für unseren Fall:
Die Formulierung ... **von den** in der Halle I lagernden Motoren ... ist ein Versuch, die Einigung zu konkretisieren; aber dieser Versuch ist untauglich. Wenn nämlich in der Halle Motoren im Werte von 100000,– DM oder auch nur 35000,– DM liegen, ist den Motoren nicht anzusehen, welche von ihnen übereignet sind und welche nicht. Jedem einzelnen Motor geht es wie dem einzelnen Pferd in der großen Herde. Lautet die Formulierung hingegen ... **alle** in der Halle I lagernde Motoren ..., so ist dem Bestimmtheitserfordernis genügt, weil kein Motor von der Übereignung ausgeschlossen ist.
Wie die Einigungserklärung konkretisiert werden kann, hängt vom Einzelfall ab. Individualisierende Namen, Typenbezeichnungen mit Fabrikationsnummern, kennzeichnende Beschriftung oder – eine sehr häufige Methode – Beschreibung nach der Art und dem Ort der Aufbewahrung, können geeignet sein. Ungeeignet ist jedenfalls die Einigung über Sachen ... im Werte bis zu x DM .... Mit Hilfe einer solchen Erklärung lassen sich die einzelnen Sachen aus der Mehrheit nicht individualisieren. Deswegen scheitert die Sicherungsübereignung und damit das Verlangen der B nach abgesonderter Befriedigung.

Fall Nr. 5: Vorweggenommene Einigung, vorweggenommenes Besitzkonstitut

Abwandlung

In der Vereinbarung heißt es:
S übereignet der B-Bank AG sämtliche Motoren zur Sicherheit, die jetzt oder später in Halle I lagern, und zwar in den Regalen mit der Aufschrift: Sicherheitsgut der B-Bank AG. Die Übergabe der Motoren wird dadurch ersetzt, daß S die Motoren für die B-Bank AG verwahrt.

Lösung

Jetzt haben S und B eine bestimmte Einigung erklärt. Sie erfaßt alle Motoren, die in den Regalen mit der genannten Aufschrift liegen. Mit Hilfe des Aufbewahrungsortes werden die der Bank zugedachten Motoren ausreichend bestimmt; aber

es müßte Ihnen aufgefallen sein, daß die Abwandlung eine Besonderheit aufweist: Die Einigung soll nicht nur die Motoren erfassen, die bereits dort lagern, sondern auch diejenigen, die erst in Zukunft dort ihre Bleibe finden. Die Einigung erstreckt sich also auf Sachen, die dem S noch nicht gehören oder überhaupt noch nicht existieren. Diese Art der Einigung heißt **vorweggenommene Einigung (antezipierte Einigung).** Bei der Sicherheitsübereignung von Warenbeständen ist sie alltäglich. Ohne die vorweggenommene Einigung ist es kaum möglich, Warenlager mit wechselndem Bestand einer Sicherungsübereignung zugänglich zu machen. Man muß sich die wirtschaftliche Situation vor Augen halten: Der Schuldner will – zugleich im Interesse des Gläubigers – im ordnungsgemäßen Geschäftsgang verkaufen und kaufen, um Geld zu verdienen, mit dem er auch seine Schulden abtragen kann. Die Beweglichkeit des Kaufmanns würde sehr darunter leiden, wenn nach erlaubter Veräußerung des zur Sicherheit übereignet gewesenen Warenbestandes hinsichtlich der Neuzugänge jedes Mal ein neuer Sicherungsübereignungsvertrag geschlossen werden müßte. Die vorweggenommene Einigung muß jedoch, wie jede Einigung, nach § 929 S. 1 BGB dem Bestimmtheitserfordernis genügen. Das ist im vorliegenden Falle zu bejahen. Zur Begründung dieser These kann auf das oben Gesagte verwiesen werden.
Bis jetzt haben wir nur die Wirksamkeit der Einigung geprüft. Nun müssen wir uns der Übergabe zuwenden. Eine unmittelbare Übergabe fehlt. Statt dessen haben die Parteien einen Verwahrungsvertrag geschlossen, also ein Besitzmittlungsverhältnis (Besitzkonstitut) als Übergabesurrogat vereinbart. Soweit von dem Übergabesurrogat bereits vorhandene Motoren erfaßt werden, steht die Wirksamkeit der Vereinbarung außer Zweifel. Fraglich könnte es sein, ob das Besitzkonstitut auch für die in Zukunft dort lagernden Motoren als Übergabeersatz ausreicht. Hier greifen die gleichen Überlegungen ein, wie bei der vorweggenommenen Einigung. Das ist konsequent. Erinnern Sie sich an die Ausführungen über die „Vergeistigung" des Besitzes durch den Begriff des mittelbaren Besitzes. Wer A sagt, muß auch O sagen. Wenn die Einigung (ein Rechtsgeschäft) vorweggenommen werden kann, dann auch das Besitzmittlungsverhältnis (ebenfalls ein Rechtsgeschäft). Das **vorweggenommene Besitzmittlungsverhältnis** nennt man **antezipiertes Besitzkonstitut.**
Jetzt folgt eine weitere Konsequenz: Da das antezipierte Besitzkonstitut wie die antezipierte Einigung zu behandeln ist, muß das vergeistigte Besitzverhältnis auch denselben Bestimmtheitserfordernissen unterworfen werden.

Merke: Es gibt eine antezipierte Einigung und – als Übergabeersatz – ein antezipiertes Besitzkonstitut. Beide Rechtsgeschäfte müssen dem Bestimmtheitsgrundsatz genügen.

Prüfen Sie unseren Fall! Vorweggenommene Einigung und vorweggenommenes Besitzkonstitut sind mit Hilfe des Aufbewahrungsortes so genau erklärt, daß sich die betroffenen Motoren zweifelsfrei von anderen scheiden lassen. Daher ist dieser Sicherungsübereignungsvertrag gültig, und die Bank kann absondern.
Die Konkretisierung durch Aufbewahrung in bestimmten Räumen nennt man **Raumsicherungsvertrag.** Wird die Einzelsache gekennzeichnet, so spricht man von **Markierungsvertrag.**

Fall Nr. 6: Bassinvertrag

S kauft von G unter Eigentumsvorbehalt Kupplungsgehäuse, die in seinem Betrieb zu fertigen Kupplungen vervollständigt werden. Von der B-Bank AG hat S einen Geschäftskredit über 100000,– DM erhalten, der durch Sicherungsübereignung von fertigen Kupplungen gesichert werden soll. Auf der anderen Seite hat S mit G eine wirksame Verarbeitungsklausel vereinbart. Nachdem die B-Bank AG und G von ihren Sicherungsversuchen wechselseitig erfahren haben, möchten sie wissen, wie sie ihr Sicherungsbedürfnis gegeneinander abgrenzen können.

Lösung

Lesen Sie zunächst die Fälle Nr. 10 in Bd. III und Nr. 51 in Bd. II. Sie können dadurch Ihre Kenntnisse über Verarbeitungsklauseln und das Zusammentreffen von verlängertem Eigentumsvorbehalt mit einer Globalzession auffrischen. In unserem Falle konkurriert mit dem verlängerten Eigentumsvorbehalt eine Sicherungsübereignung; ansonsten sind aber wiederum die Interessen des Geldkreditgebers (Bank) und des Warenkreditgebers (Lieferanten) auszugleichen. **Für eine vertrauensvolle Zusammenarbeit zwischen Geldkreditgeber und Warenkreditgeber bietet sich der Bassinvertrag an.** Um Streitigkeiten darüber zu vermeiden, ob die Vorausabtretung zugunsten des Geldkreditgebers oder der verlängerte Eigentumsvorbehalt zugunsten des Lieferanten die Priorität genießt, einigen sich die Kreditgeber über einen bestimmten Schlüssel, nach dem der Erlös aus den Waren, die der Schuldner hergestellt hat, zu verteilen ist. Mit der Überwachung und Verteilung des eingehenden Erlöses beauftragen sie einen Treuhänder, dem vorher die zu verkaufenden Waren vom Schuldner zur Sicherheit übereignet werden. Die Einzelheiten sehen so aus: Im allseitigen Einverständnis wird ein zuverlässiger, branchenkundiger Treuhänder bestellt. Ihm übereignet der Schuldner durch Einigung (regelmäßig auch durch vorweggenommene Einigung) und durch Besitzkonstitut (regelmäßig auch durch vorweggenommenes Besitzkonstitut) Waren. Dabei wird vereinbart, daß es Waren bis zu einem Betrag sein müssen, der den gewährten Kredit mit einem Sicherheitszuschlag von etwa 20–25% abdeckt. Diese Waren werden gemäß dem Bestimmtheitsgrundsatz in einem bestimmten Raum gelagert (Raumsicherungsvertrag). Er bildet das Bassin. Die vorweggenommene Einigung und das vorweggenommene Besitzkonstitut erfassen die Neuzugänge, die an Stelle der verkauften Waren die Kreditbasis auf einem angemessenen Stand halten. Beachten Sie bitte: Nicht die Kreditgeber werden Sicherungseigentümer, sondern der Treuhänder. Das hat einen doppelten Vorteil: 1. Die widerstreitenden Interessen aller Beteiligten werden durch eine neutrale Person gewahrt. 2. Der Schuldner erspart sich die oft schwierige Beachtung einer Vielzahl von Verträgen mit verschiedenen Gläubigern.

Für die Kreditgeber hat es allerdings den Nachteil, daß sie keinen sachenrechtlichen (dinglichen) Anspruch an dem Sicherungsgut erlangen, sondern nur einen schuldrechtlichen Anspruch gegen den Treuhänder auf Beteiligung an dem Erlös nach dem vereinbarten Schlüssel. Dieses Risiko ist jedoch bei einem zuverlässigen Treuhänder gering. In aller Regel wird es dadurch aufgewogen, daß der branchenkundige Trauhänder zugleich ein geschickter Verkäufer der im Bassin lagernden Waren ist.

Natürlich ist es auch möglich, den Verkauf der im Bassin befindlichen Ware durch den Schuldner besorgen zu lassen, wenn er das nötige Vertrauen genießt. In einem solchen Falle empfiehlt es sich jedoch dringend, den Schuldner zu verpflichten, kassierte Gelder auf ein Sperrkonto einzuzahlen und ausstehende Forderungen sich im voraus abtreten zu lassen (Bestimmbarkeit beachten! Nachlesen Fall Nr. 48 in Bd. II). Zugleich ist es wünschenswert, daß der Schuldner eine Zessionsliste führt, in die er alle Verkäufe von Waren aus dem Bassin notiert. So lassen sich die im voraus abgetretenen Forderungen leicht feststellen.

Fall Nr. 7: Eigentumserwerb durch Stellvertreter, Drittwiderspruchsklage

Kaufmann K unterhält seinen Gewerbebetrieb in Neustadt. Sein langjähriger Geschäftsfreund F aus Altdorf hat ihn gebeten, für ihn bei dem Neustädter Kunsthändler D ein kleines Aquarell für 150,– DM und eine Jagdszene aus dem 19. Jahrhundert für 6000,– DM zu kaufen. Die gekauften Bilder soll K bei sich aufbewahren, bis F sie gelegentlich abholen kann. D hält den K für einen solventen Kaufmann. Deswegen gibt er ihm beide Bilder mit, obwohl K nur das Aquarell bar bezahlt. Ein Gläubiger G des K läßt in den Geschäftsräumen des K auf Grund eines Urteils, demzufolge K dem G 5000,– DM nebst Zinsen und Kosten schuldet, beide Bilder pfänden. Was kann F dagegen unternehmen?

Lösung

F darf der Zwangsvollstreckung in die beiden Bilder widersprechen, wenn er ihr Eigentümer geworden ist (§ 771 ZPO). Bei dem Versuch, sich aus dem Vermögen des Schuldners zwangsweise zu befriedigen, kommt es nicht selten vor, daß der Gerichtsvollzieher (wohl das bekannteste Vollstreckungsorgan) Sachen pfändet, die dem Schuldner nicht gehören. Denken Sie z. B. an Sachen, die der Schuldner unter Eigentumsvorbehalt gekauft hat. Der Gerichtsvollzieher darf sich jedoch nicht darum kümmern, wenn ihm gesagt wird, die gepfändete Sache gehöre dem Schuldner nicht. Nur da, wo es sich ganz offensichtlich um eine schuldnerfremde Sache handelt, wird er die Pfändung unterlassen. In allen anderen Fällen ist es Aufgabe des Eigentümers, sich einzuschalten und sein Recht geltend zu machen. Das geschieht durch Erhebung der **Drittwiderspruchsklage** gem. § 771 ZPO gegen den pfändenden Gläubiger; denn ebenso wie im Konkursverfahren die Gläubiger nur einen Anspruch haben, aus dem Vermögen des Gemeinschuldners befriedigt zu werden, hat bei der Einzelzwangsvollstrekkung der Gläubiger kein Recht, sich durch Verwertung von Gegenständen zu befriedigen, die dem Schuldner nicht gehören. Im Konkurs kann der Eigentümer seine Sache aussondern – in der Einzelzwangsvollstreckung kann er gegen den vollstreckenden Gläubiger, der die Sache nicht freigibt, die Drittwiderspruchsklage gem. § 771 ZPO erheben.
Im vorliegenden Falle gehen wir davon aus, daß der Gerichtsvollzieher die Bilder bei K in Neustadt gepfändet hat. Gem. § 771 Abs. 1 ZPO wird F den Gläubiger G bei dem für Neustadt örtlich zuständigen Landgericht (Streitwert = Wert der gepfändeten Bilder; höher als 1500,– DM) durch einen Anwalt auf Freigabe der Bilder verklagen. In diesem Verfahren muß geprüft werden, ob F Eigentümer geworden ist und ihm deswegen „ein die Veräußerung hinderndes Recht zusteht“ – wie es in § 771 Abs. 1 ZPO heißt.
Wir wollen zunächst untersuchen, ob F Eigentum am Aquarell erworben hat.

Beachten Sie bitte bei der Lösung von Fällen, in denen Eigentumserwerb fraglich ist, daß jede Sache entsprechend dem Bestimmtheitsgrundsatz ein Einzelschicksal erlebt hat! Daher jede Sache für sich unter die Lupe nehmen und gesondert Einigung und Übergabe prüfen!

Hier ist bereits zweifelhaft, ob D und K sich darüber geeinigt haben, daß F Eigentum am Aquarell erwerben sollte. Da die Einigung ein Rechtsgeschäft ist, können wir unbedenklich die Vorschriften anwenden, die für den Abschluß eines Rechtsgeschäftes gelten. Die Einigung i.S.d. § 929 BGB stellt einen sachenrechtlichen Vertrag dar. Sie kommt also durch zwei übereinstimmende Willenserklärungen zustande. (Wenn Ihnen diese Sätze nicht sofort einleuchten, Fall Nr. 19 in Bd. I nachlesen.)
Hier stimmen die Erklärungen äußerlich überein: D will das Aquarell dem K übereignen, und K nimmt diese Erklärung an. In Wirklichkeit will K aber gar nicht Eigentümer des Bildes werden, sondern für seinen Freund F erwerben. Der Wille, einen anderen vertreten zu wollen, ist indessen unbeachtlich, wenn er dem Geschäftspartner nicht erkennbar ist. Mit anderen Worten: Wer nicht im eigenen, sondern im fremden Namen handeln will, muß das deutlich machen (§ 164 Abs. 2 BGB; Fall Nr. 68 in Bd. II wiederholen). Nach diesen Ausführungen hätte K und nicht F das Eigentum am Aquarell erworben. Das Ergebnis ist für viele Käufe, die im täglichen Leben als Bargeschäfte abgewickelt werden, unerfreulich. Sinn und Zweck des § 164 Abs. 2 BGB nötigen auch nicht zu einem solchen Ergebnis. § 164 Abs. 2 BGB will denjenigen schützen, der mit einem Vertreter abschließt, ohne zu wissen, daß sein Gegenüber gar nicht Vertragspartner werden will. In aller Regel ist es einem Vertragschließenden nicht gleichgültig, wer sein Partner ist. Deswegen muß sich derjenige als Vertragspartner behandeln lassen, der seine Vertreterstellung nicht offenbart hat. Bei Barkäufen lautet die Regel anders. Hier ist es dem Verkäufer meistens gleichgültig, wer Eigentümer der verkauften Sache wird. Beim Bargeschäft des täglichen Lebens legt der Kaufmann Wert auf das Geld, nicht darauf, wer schließlich und letztlich Eigentum an der Kaufsache erlangt. Anders ist es bei Kreditkäufen. Nicht jede Person ist gleich kreditwürdig. Deswegen achtet der Kredit gewährende Verkäufer darauf, wer sein wirklicher Vertragspartner ist.
Das Bargeschäft des täglichen Lebens ist für den Kaufmann ein **„Geschäft, wen es angeht“**. Hinter dieser Kurzformel verbirgt sich der Satz: Da den anderen Teil die Person seines Vertragspartners nicht interessiert, will er mit demjenigen abschließen, den das Geschäft angeht. Das ist eine Ausnahme vom Wortlaut des § 164 Abs. 2 BGB. Diese Art der Stellvertretung ist, obwohl sie nicht offen zutage tritt, eine **unmittelbare Stellvertretung.** D.h., das Rechtsgeschäft kommt unmittelbar mit dem Vertretenen zustande. Alle Rechtswirkungen gehen über den Vertreter hinweg und treffen den Vertretenen. Für die dingliche Einigung nach § 929 S. 1 BGB hat das zur Folge: Der Veräußerer einigt sich unmittelbar mit dem Vertretenen, mag er dessen Identität auch nicht kennen. Da K das Aquarell bar gekauft hat, einigen sich also D und F unmittelbar. Nun müssen wir noch prüfen, wie es um die Übergabe steht. Die Übertragung des unmittelbaren Besitzes ist ein rein tatsächlicher Vorgang. Bei ihm ist eine Stellvertretung rechtlich nicht denkbar. Den unmittelbaren Besitz erlangt K. Nach § 929 BGB kann F folglich trotz wirksamer Einigung nicht Eigentümer geworden sein; es sei denn, man sieht den K als **Besitzdiener** des F an. Wer Besitzdiener ist, sagt § 855 BGB. (Bitte nachlesen!) Nach herrschender Lehre muß der Besitzdiener in einem **sozialen**

Abhängigkeitsverhältnis zum unmittelbaren Besitzer stehen. Da K selbständiger Kaufmann ist und nur aus Gefälligkeit für F tätig wird, scheidet er als Besitzdiener aus.
Bleibt zu prüfen, ob die Übertragung des unmittelbaren Besitzes durch ein Besitzkonstitut nach § 930 BGB ersetzt worden ist. Die Vereinbarung, die F und K über die Aufbewahrung der Bilder getroffen haben, enthält ein vorweggenommenes Besitzkonstitut, also ein vollgültiges Übergabesurrogat. Mithin hat F unmittelbar von D Eigentum an dem Aquarell erworben. Er kann daher mit Erfolg der Zwangsvollstreckung in dieses Bild widersprechen.
Nun prüfen wir das rechtliche Schicksal der Jagdszene. Hier handelt es sich um einen Kreditkauf. Da von Eigentumsvorbehalt keine Rede ist und es im Sachverhalt heißt, D habe den K für solvent gehalten, darf man annehmen, daß D dem K das Bild übereignen wollte, obwohl er nicht sofort Bargeld erhielt. D hat sich gedacht, „der K läuft mir ja nicht weg". Aber eben nur der K genoß dieses Vertrauen. Ein Geschäft „wen es angeht" dürfen wir hier nicht vermuten. Es bleibt folglich bei dem Grundsatz des § 164 Abs. 2 BGB: Wer sich nicht als Vertreter zu erkennen gibt, wird so behandelt, als habe er im eigenen Namen abgeschlossen. Dieses Mal haben sich K und D geeinigt. F wird davon zunächst nicht betroffen. Da D dem K auch zum unmittelbaren Besitzer gemacht hat, ist K Eigentümer des Bildes geworden.
Fraglich bleibt, ob K im Augenblick der Pfändung noch Eigentümer war. Im Sachverhalt steht nichts darüber, ob K nach dem Erwerb des Bildes nochmals mit F gesprochen hat. Deswegen können wir nicht unterstellen, daß F sich nachträglich persönlich mit K geeinigt hat. Zu denken ist also wiederum an eine vorweggenommene Einigung und ein vorweggenommenes Besitzkonstitut. Das würde bereits zum Eigentumserwerb des F ausreichen. Der Unterschied zum „Aquarell-Fall" besteht jedoch darin, daß dort der F unmittelbar von dem D das Eigentum erworben hat, während im „Jagdszenen-Fall" K von D erwirbt und F von K. In der Person des K findet ein **Durchgangserwerb** statt. Mindestens für eine juristische Sekunde wird K Eigentümer, erst danach überträgt er sein Eigentum auf F. In einem solchen Falle sprechen wir von **verdeckter oder mittelbarer Stellvertretung.** Das hat nicht nur theoretische Bedeutung.
Hinsichtlich der „Jagdszene" wollen wir prüfen, ob K noch eine andere Möglichkeit der Eigentumsübertragung hatte. Erinnern Sie sich an das Selbstkontrahieren? Wenn nicht, zunächst Fall Nr. 72 in Bd. I nachlesen.
K kann im eigenen Namen als Veräußerer des Bildes und zugleich als Vertreter des Erwerbers im fremden Namen mit sich selbst die Einigung erklärt haben. Dieses **Insichgeschäft** ist zwar grundsätzlich unerlaubt; das gesetzliche Verbot kann jedoch durch Parteivereinbarung beseitigt werden (§ 181 BGB). Dann vollzieht sich der Eigentumserwerb folgendermaßen:
Nachdem K das Eigentum von D erworben hat, einigt er sich mit sich selbst über den weiteren Eigentumsübergang von sich auf F. Zugleich vereinbart er mit sich ein Besitzkonstitut, wobei er wiederum den F vertritt. Nach der herrschenden Meinung ist es nun aber erforderlich, die Aufbewahrung der Sache für den neuen Eigentümer kenntlich zu machen. Der Wille, für einen anderen Besitzmittler sein zu wollen, soll erkennbar sein. Wie kenntlich zu machen ist, muß dem Einzelfall überlassen werden.
Dem Insichgeschäft geht noch deutlicher als der vorweggenommenen Einigung plus vorweggenommenem Besitzkonstitut ein **Durchgangserwerb voraus.** Da die vorweggenommene Einigung mit dem vorweggenommenen Besitzkonstitut

ihrerseits zeitlich dem Insichgeschäft vorausgehen, ist das Insichgeschäft nach einer vorweggenommenen Eigentumsübertragung begrifflich nicht denkbar (durch das Insichgeschäft kann nicht mehr erwerben, wer bereits durch das vorweggenommene Geschäft erworben hat).
Rechtlicher Logik zufolge darf also die Frage des Eigentumserwerbs auf Grund eines Insichgeschäftes nicht mehr geprüft werden, wenn man einen Eigentumsübergang durch vorweggenommene Einigung und vorweggenommenes Besitzkonstitut bejaht hat.

Fall Nr. 8: Sicherungseigentum, Klage auf vorzugsweise Befriedigung, Rangverhältnis

S hat dem G zur Sicherheit für ein gewährtes Darlehen am 1. 4. 1973 einen PKW übereignet. Gläubiger X hat gegen S einen vollstreckbaren Titel über 3000,– DM nebst Kosten und Zinsen. Er läßt den PKW am 15. 4. 1973 durch den Gerichtsvollzieher pfänden. Kann G der Verwertung des PKW's durch Zwangsversteigerung widersprechen?

Lösung

Wir prüfen, ob G gegen den Gläubiger X die Drittwiderspruchsklage nach § 771 ZPO erheben kann. Aus dem vorhergehenden Fall wissen Sie, daß das Eigentum ein die Veräußerung hinderndes Recht i. S. d. § 771 ZPO ist; aber G ist nur Sicherungseigentümer. Ihm ist rechtlich mehr übertragen worden, als wirtschaftlich gewollt war. Eigentlich sollte er lediglich eine Stellung erlangen, die der eines Pfandgläubigers gleicht. Buchstäblich in der Hand hat er sogar noch weniger; denn der Pfandgläubiger muß unmittelbarer Besitzer sein (daher der Ausdruck Faustpfandrecht), während der Sicherungseigentümer ein schwacher mittelbarer Besitzer ist. Aus diesen Gründen kann der Sicherungseigentümer im Konkurse des Schuldners nicht aussondern, sondern nur absondern (was heißt das?). Die herrschende Lehre zieht für die Einzelvollstreckung vergleichbare Konsequenzen. Wenn nicht die Gesamtheit der Gläubiger, vertreten durch den Konkursverwalter, das gesamte der Pfändung unterworfene Vermögen des Gemeinschuldners für sich verwertet – das ist der Konkurs –, wenn vielmehr ein oder einzelne Gläubiger in einzelne Vermögensstücke des Schuldners vollstrecken – das ist die Einzelvollstreckung – soll der Sicherungseigentümer wie im Konkurse seines Schuldners nach wirtschaftlichen Gesichtspunkten behandelt werden. Daraus folgt, daß er die Zwangsvollstreckung nicht durch eine Widerspruchsklage nach § 771 ZPO verhindern kann. Ähnlich wie ein Absonderungsberechtigter im Konkurs ist er in der Einzelvollstreckung nur berechtigt, gem. **§ 805 ZPO vorzugsweise Befriedigung** aus dem Erlös der versteigerten Sache zu verlangen. Dieses Recht steht denen zu, die ein Pfandrecht haben, ohne Besitzer der Sache zu sein (die gesetzlichen Pfandrechte der Vermieter, Verpächter, Gastwirte). Wer ein Faustpfandrecht hat, kann dagegen nach § 771 ZPO vorgehen wie ein „Voll"-Eigentümer. G wird mit der Klage auf vorzugsweise Befriedigung selbstverständlich nur Erfolg haben, wenn er ein besseres Sicherungsrecht hat als der Gläubiger des Pfändungspfandrechtes. Dafür spielt es eine entscheidende Rolle, ob G das Sicherungseigentum vor der Pfändung erworben hat.

Dieses Problem müssen wir etwas genauer betrachten: Wenn der Verkäufer V eine Sache zuerst dem A verkauft, dann dem B und dann dem C, so hat A aus dem Kaufvertrag keinen besseren Anspruch auf Verschaffung des Eigentums als B oder C. Erfüllt V gegenüber dem C, so sind A und B auf Schadensersatzanspruch wegen Nichterfüllung angewiesen. C wird unangefochten Eigentümer. M.a.W.: Im Schuldrecht folgt aus der zeitlichen Reihenfolge, in der die Ansprüche entstanden sind, keine Rangfolge. Anders ist es **im Sachenrecht.** Hier **gilt der Grundsatz: Wer zuerst kommt, mahlt zuerst!** Genauso verhält es sich mit der Rangfolge von Pfandrechten untereinander. Das ältere Pfandrecht hat den besseren Rang. Wer ein gutes Gedächtnis für Fremdwörter hat, mag sich in diesem Zusammenhang die Ausdrücke **Priorität (Zeitvorrang)** und **Prävention (Zuerstkommen)** merken.
Die materielle Rechtslage ist hier sehr einfach: Da G das Sicherungseigentum vor der Pfändung erworben hat, wird seine Klage auf vorzugsweise Befriedigung Erfolg haben.

Fall Nr. 9: Übergabe durch Abtretung des Herausgabeanspruchs

V hat mit seinem PKW einen schweren Unfall gehabt. Er bringt ihn in die Werkstatt des U und kauft sich bei E einen neuen Wagen. Den in der Reparatur befindlichen gibt er für 3000,– DM in Zahlung. Dazu heißt es im Kaufvertrag:

> V gibt den unfallbeschädigten Wagen für 3000,– DM in Zahlung. Das Fahrzeug wird hiermit übereignet und E ermächtigt, sich den Wagen nach der Reparatur bei U abzuholen.

U will den Wagen nur gegen Zahlung der Reparaturkosten dem E aushändigen. E verweigert die Bezahlung, weil er meint, diese Kosten habe V zu tragen. Kann E den Wagen von U herausverlangen?

Lösung

Als Anspruchsgrundlage für das Verlangen des E kommt § 985 BGB in Betracht. Danach kann der Eigentümer vom Besitzer die Herausgabe der Sache verlangen. Wir müssen also zunächst prüfen, ob E Eigentümer des PKW geworden ist. Eigentum erwirbt man gem. § 929 durch Einigung und Übergabe. Eine Einigung i.S. d. § 929 S. 1 BGB ist aus der Vereinbarung zwischen V und E unschwer zu entnehmen. In den Worten ... hiermit übereignet ... steckt die Einigungserklärung. Der unmittelbare Besitz ist jedoch nicht übertragen worden. U als Inhaber der Reparaturwerkstatt ist nach wie vor unmittelbarer Besitzer.
Ein Besitzkonstitut haben V und E ebenfalls nicht vereinbart. Der unmittelbare Besitzer U ist Besitzmittler des V. Auf Grund des Werkvertrages ist er auf Zeit gegenüber dem V zum unmittelbaren Besitz berechtigt und verpflichtet. Diese Willensrichtung des U, der möglicherweise von der Vereinbarung zwischen V und E gar nichts gewußt hat, hat sich nicht geändert. Es kommt aber ein anderes Übergabesurrogat in Betracht, nämlich das des § 931 BGB. Diese Vorschrift bricht ebenso wie § 930 BGB mit dem Satz: Besitz ist das Indiz für Eigentum. Nach **§ 931 BGB** wird die Übertragung des unmittelbaren Besitzes als Element der Eigentumsübertragung durch die **Abtretung eines Herausgabeanspruches** ersetzt. Das ist eine weitere Vergeistigung der Besitzübertragung. Äußerlich ändert die Abtretung des Herausgabeanspruches an den Besitzverhältnissen nichts. Der

Herausgabeschuldner braucht von der Abtretung nicht einmal etwas zu wissen. Ist der Übereignende mittelbarer Besitzer (er hat z.B. ein Buch an X verliehen), so kann er seinen Herausgabeanspruch, den er als Verleiher hat – besser Rückgabeanspruch – an den Erwerber abtreten. Mit der Abtretung erlangt der Erwerber, die Einigung nach § 929 BGB vorausgesetzt, Eigentum an dem verliehenen Buch, während der Entleiher, sofern er Jurist ist, sich immer noch in der Rolle des Besitzmittlers gegenüber dem Verleiher sieht.
V hatte gegen den Besitzer U einen Herausgabeanspruch aus dem Werkvertrag. U war nicht nur verpflichtet, das versprochene Werk herzustellen; nach durchgeführter Reparatur mußte er den PKW dem V auch zurückgeben. Diesen schuldrechtlichen Herausgabe(Rückgabe-)anspruch hat V dem E abgetreten, indem er ihn ermächtigte, sich den Wagen von U aushändigen zu lassen. **Einer Form bedarf die Abtretung nicht.** Sie kann schlüssig erklärt werden. U.U. ist sie sogar aus der bloßen Einigung herauszulesen, sofern der Inhalt der übrigen Vereinbarung genügende Anhaltspunkte bietet. Mithin ist E durch die Einigung nach § 929 S. 1 BGB und die Abtretung des Herausgabeanspruches nach § 931 BGB (als Übergabesurrogat) Eigentümer des PKW's geworden, und zwar in dem Augenblick, als die Vereinbarung getroffen wurde.
Nach § 986 Abs. 1 S. 1 BGB kann der Besitzer die Herausgabe der Sache verweigern, wenn er dem Eigentümer gegenüber zum Besitze berechtigt ist.
Lesen Sie jetzt erst Fall Nr. 9 in Bd. III. Dort finden Sie etwas über das Recht zum Besitz.
Für U folgt ein Recht zum Besitz möglicherweise aus § 647 BGB, der dem Unternehmer für seine Forderungen aus dem Werkvertrag ein Pfandrecht an den von ihm hergestellten oder ausgebesserten Sachen des Bestellers gibt, sofern sie bei der Herstellung oder Ausbesserung in seinen Besitz gelangt sind. Wenn Sie das nicht mehr wissen, Fall Nr. 33 in Bd. III nachlesen. Das Unternehmerpfandrecht gewährt ein Recht zum Besitz; den hier abgetretenen Herausgabeanspruch als solchen läßt es jedoch unberührt. E konnte daher zwar gem. §§ 929 S. 1, 931 BGB Eigentum erwerben; dieses Eigentum ist aber belastet mit dem Unternehmerpfandrecht. Der Erwerb belasteten Eigentums ist keine Seltenheit. Letztlich haben dem U auch hier Priorität und Prävention zum besseren Rang verholfen. Er hat das Pfandrecht früher erworben als E das Eigentum. Wenn V die Reparatur nicht bezahlt und E nicht für ihn den U befriedigt, muß E also zusehen, wie U auf Grund seines Pfandrechts den PKW notfalls versteigern läßt. E erhält dann nur das Geld, das nach Abzug aller Forderungen des U einschließlich der Zwangsvollstrekkungskosten übrigbleibt.

Fall Nr. 10: Übertragung und Pfändung des Anwartschaftsrechtes auf Eigentum

K hat einen PKW unter Eigentumsvorbehalt des V gekauft. Danach pfändet Gläubiger G das Anwartschaftsrecht des K für eine titulierte Forderung in Höhe von 3500,– DM nebst Zinsen und Kosten. Das Anwartschaftsrecht tritt K an E ab. Die Vereinbarung lautet:

> Hiermit trete ich mein Anwartschaftsrecht aus dem Kauf des PKW's VW DO NW 362 an Herrn E ab. Nach Zahlung der letzten Rate soll das Eigentum auf ihn übergehen.

E verlangt noch vor Zahlung der letzten Rate, daß G den Wagen freigibt. Mit Recht?

Lösung

E kann der Verwertung des PKW mit Erfolg widersprechen, wenn er ein die Veräußerung hinderndes Recht i.S. d. § 771 ZPO hat. Als solches kommt hier das Anwartschaftsrecht in Betracht.
Das Anwartschaftsrecht des Vorbehaltskäufers wird behandelt wie ein dingliches Recht (nachlesen Fall Nr. 9 in Bd. III). Obwohl der Käufer nur aufschiebend bedingter Eigentümer ist und das Vollrecht erst mit Zahlung der letzten Rate erwirbt, kann er das Anwartschaftsrecht bereits übertragen und sich damit liquide machen. Wenn man das Anwartschaftsrecht allerdings wie ein Vollrecht behandelt, dann muß für seine Übertragung dasselbe gelten, wie für die Übertragung des Eigentums. Also sind **zur Übertragung des Anwartschaftsrechts Einigung und Übergabe (Übergabesurrogat) der Sache** erforderlich. In der Erklärung ... trete ich mein Anwartschaftsrecht ab ... liegt die Einigung nach § 929 S. 1 BGB. Bedenklich steht es um die Übergabe. Der unmittelbare Besitzer hat nicht gewechselt. Von einem Besitzkonstitut ist auch nicht die Rede. Die Abtretung eines Herausgabeanspruches kommt nicht in Betracht, weil K selbst der Besitzer ist und die Abtretung eines Anspruches, den K gegen sich selbst haben soll, undenkbar ist. Mithin scheitert der Anwartschaftserwerb des E bereits an der fehlenden Übergabe der Sache.

Abwandlung

K und E haben zusätzlich vereinbart:

Die Übergabe des PKW wird dadurch ersetzt, daß K den PKW für E in sorgfältige Verwahrung nimmt.

Jetzt haben wir neben der Einigung nach § 929 BGB ein wirksames Besitzkonstitut zu beachten. E ist also Inhaber des Anwartschaftsrechtes geworden.

Merke: Es ist zu unterscheiden zwischen der Übertragung des Anwartschaftsrechtes und der Übertragung des Eigentums! Wenn der Vorbehaltskäufer das Anwartschaftsrecht überträgt, verfügt er als Berechtigter. Überträgt er das Eigentum, das ihm noch gar nicht zusteht, verfügt er als Nichtberechtigter.

Jetzt prüfen wir, ob G das Anwartschaftsrecht pfänden durfte. Grundsätzlich ist das Anwartschaftsrecht, da es übertragen werden kann, auch pfändbar. Wie das zu geschehen hat, ist im einzelnen sehr streitig und soll hier noch nicht erörtert werden. Wir wollen unterstellen, daß die Pfändungsmaßnahme des G formell nicht zu beanstanden ist. Materiell steht ein Gläubiger, der ein schuldnerfremdes Anwartschaftsrecht pfändet, genau so da, wie bei Pfändung einer schuldnerfremden Sache. So wie der wahre Eigentümer kann auch der wahre Inhaber des Anwartschaftsrechts der Pfändung widersprechen. G muß daher den PKW freigeben.

Fall Nr. 11: Gutgläubiger Erwerb, § 932, 933 BGB

K hat unter Eigentumsvorbehalt von V ein Fernsehgerät gekauft. Er gerät in Geldverlegenheit und schließt mit G folgenden Vertrag:

> Zur Sicherung eines Darlehens von 5000,– DM, das ich heute von G erhalten habe, übereigne ich ihm hiermit mein Fernsehgerät Marke XYZ, Typ Cora, Nr. 345792 zur Sicherheit. Ich werde das Gerät sorgfältig behandeln und notwendige Reparaturen sofort ausführen lassen. Ich – G – nehme diese Erklärung an.

Da K seine Raten nicht bezahlt, tritt V vom Kaufvertrag zurück und nimmt das Gerät wieder an sich. G verlangt es von V heraus. Mit Recht?

Lösung

G kann das Gerät von V nach § 985 BGB herausverlangen, wenn er Eigentümer ist und V ihm gegenüber kein Recht zum Besitz hat (§ 986 BGB).
Zunächst wollen wir prüfen, ob G Eigentum am Fernsehgerät erworben hat. Erste Voraussetzung des Eigentumserwerbes ist die Einigung mit dem veräußernden Berechtigten (vgl. § 929 S. 1 BGB ..., daß der **Eigentümer** dem Erwerber die Sache übergibt und beide darüber einig sind ...). Hier hat sich G mit K geeinigt; K war aber nur Inhaber eines Anwartschaftsrechtes, nicht Eigentümer. Daher kann G nicht gem. § 929 BGB Eigentümer geworden sein. Das Gesetz ermöglicht jedoch den **Eigentumserwerb vom Nichtberechtigten.** Die Einzelheiten sind in den §§ 932–936 BGB geregelt. Damit weicht das Sachenrecht erheblich vom Schuldrecht ab, das einen gutgläubigen Forderungserwerb nicht kennt. Das Bürgerliche Gesetzbuch hat den Interessenkonflikt zwischen der Eigentumserhaltung und dem Vertrauensschutz des Erwerbers zugunsten des Erwerbers entschieden. Der Gutgläubige, der den Veräußerer für den Eigentümer gehalten hat, erwirbt volles Eigentum wie vom Berechtigten.

Wir wollen zunächst untersuchen, ob G nach § 932 Abs. 1 S. 1 BGB gutgläubig Eigentum erworben hat. **§ 932 BGB ist die Parallelvorschrift zu § 929 BGB** (durch eine nach § 929 erfolgte Veräußerung ...). Deswegen müssen alle Voraussetzungen für einen Eigentumserwerb nach § 929 BGB gegeben sein, wobei an die Stelle der Einigung mit dem Eigentümer die Einigung mit dem Nichtberechtigten tritt. Diese Einigung liegt hier vor; aber es fehlt die Übertragung des unmittelbaren Besitzes von K auf G. Damit ist § 932 BGB unanwendbar.

Bleibt zu prüfen, ob sich ein Eigentumserwerb nach **§ 933 BGB** vollzogen hat. Diese Vorschrift **korrespondiert mit § 930 BGB.**

Hinsichtlich der Einigung gilt das zu §§ 929, 932 BGB Gesagte. Als Übergabeersatz haben K und G ein Besitzkonstitut vereinbart. Hier nun müssen wir die Besonderheit des § 933 BGB beachten: Der Eigentumserwerb vom Nichtberechtigten vollzieht sich nicht (wie bei der Vereinbarung des Konstituts mit dem Berechtigten) mit Abschluß des Besitzkonstituts. Der Erwerb wird vielmehr hinausgeschoben bis zu dem Augenblick, in dem der Veräußerer den unmittelbaren Besitz bewußt und gewollt auf den Erwerber oder dessen Besitzmittler überträgt. Damit sind wir eigentlich wieder bei § 929 BGB.

Am Besitz hängt der Rechtsschein des Eigentums. Deswegen muß sich der Veräußerer im Falle des § 929 BGB vom unmittelbaren Besitz trennen. Ob er den unmittelbaren Besitz auf den Erwerber überträgt oder auf einen Besitzmittler des Erwerbers spielt keine Rolle. Hauptsache, der Veräußerer gibt den unmittelbaren Besitz zugunsten des Erwerbers auf. Wird der unmittelbare Besitz auf einen Besitzmittler übertragen, so ist das kein Fall des § 930 BGB. Dort bleibt der Veräußerer unmittelbarer Besitzer, und das Konstitut wird mit ihm vereinbart; hier gibt der Veräußerer den unmittelbaren Besitz auf, und das Konstitut wird zwischen dem Erwerber und einem Dritten, der den Veräußerer im unmittelbaren Besitz ablöst, vereinbart.

Merke: Findet eine Veräußerung nach § 930 BGB statt, so soll der Gutgläubige nicht eher erwerben, bis der unmittelbare Besitz auf ihn oder seinen Besitzmittler übergegangen ist.

Da G im vorliegenden Falle nie unmittelbarer Besitzer gewesen ist, scheidet auch ein gutgläubiger Erwerb nach § 930 BGB aus.
Aber wir wollen noch nicht aufgeben. Denken Sie zurück an das, was Sie bereits über das Anwartschaftsrecht wissen: Es wird wie ein dingliches Recht behandelt und kann auch so übertragen werden. Deswegen liegt die Überlegung nahe, **in der mißglückten Übertragung des Eigentums wenigstens eine wirksame Übertragung des Anwartschaftsrechtes** zu erblicken. Das wollen wir untersuchen.
Man kann sagen, wer das Vollrecht Eigentum übertragen will, will auch das Weniger Anwartschaftsrecht übertragen. Diese Übertragung ist wirksam, wenn sie allen Voraussetzungen entspricht, unter denen ein Anwartschaftsrecht übertragen wird. Wir deuten die Übertragung des Eigentums also um in eine Übertragung des Anwartschaftsrechts. Das ist nach § 140 BGB zulässig. Bitte nachlesen!
Da K Inhaber des Anwartschaftsrechtes ist, verfügt er darüber nicht als Nichtberechtigter, sondern als Berechtigter. K und G haben sich mithin gem. § 929 BGB (nicht gem. § 932 BGB) geeinigt. Die Übergabe ist ersetzt worden durch das wirksame Besitzkonstitut. Erwerb des unmittelbaren Besitzes ist hier wegen der Einigung zwischen einem Berechtigten und dem Erwerber nicht erforderlich. § 933 BGB kommt ebensowenig in Betracht wie § 932 BGB. Folglich hat G das Anwartschaftsrecht wirksam erworben. Er könnte nun die letzten Raten zahlen und damit erreichen, daß das Eigentum am Fernsehgerät unmittelbar auf ihn übergeht, d.h. ohne Durchgangserwerb bei K. Machen Sie sich das bitte klar: G hat das Anwartschaftsrecht. Mit Zahlung der letzten Rate tritt die aufschiebende Bedingung für den Eigentumserwerb ein. Automatisch fällt das Eigentum jetzt demjenigen zu, der die Anwartschaft hat, ohne daß es dazu eines weiteren Rechtsgeschäftes (Einigung) bedarf.
Unser Fall liegt für den G indessen ungünstiger: V hat vor Zahlung der letzten Rate, also bevor G das Vollrecht erwerben konnte, den Rücktritt vom Kaufvertrag erklärt. Damit ist dem Anwartschaftsrecht die Grundlage entzogen. Es fällt in sich zusammen. Nun könnte man vielleicht so argumentieren: Schon vor der Rücktrittserklärung hatte G das Anwartschaftsrecht erworben. Da dieses Recht wie das Vollrecht Eigentum behandelt wird, ist es durch eine Änderung der schuldrechtlichen Beziehungen zwischen K und V nicht mehr berührt worden.
Eine derartige Begründung ist rechtlich unhaltbar. **Das Anwartschaftsrecht kann seinem Wesen nach nur zum Vollrecht erstarken, solange der Vertrag, aus dem**

es hervorgegangen ist, auf Erfüllung gerichtet ist. Hat der Rücktritt vom Vertrag das Signal auf entgegengesetzte Fahrt gestellt, so ist für ein Anwartschaftsrecht nicht länger Raum.

Jetzt halten Sie mir wahrscheinlich entgegen: Wenn das Anwartschaftsrecht wie das Vollrecht behandelt wird, muß es doch auch einen gutgläubigen Erwerb geben? Das ist richtig! Aber beachten Sie unseren Fall! G hatte vom Berechtigten erworben. Im übrigen müssen Sie, wenn die Frage des **gutgläubigen Erwerbs eines Anwartschaftsrechtes** zu prüfen ist, folgende Fallgestaltungen auseinanderhalten:

1. V, der nicht Eigentümer ist, verkauft eine Sache unter Eigentumsvorbehalt an den gutgläubigen K. K erwirbt das Anwartschaftsrecht in entsprechender Anwendung der §§ 932ff. BGB. Wenn er nach Erwerb des Anwartschaftsrechts bösgläubig wird, geht das Eigentum dennoch bei Eintritt der aufschiebenden Bedingung auf ihn über.

2. K hat eine unter Eigentumsvorbehalt gekaufte Sache an D verliehen und D überträgt das Anwartschaftsrecht im eigenen Namen auf den gutgläubigen G. Hier erwirbt G ein schon bestehendes Anwartschaftsrecht vom Nichtanwärter D. G sieht den Nichtanwärter D bei Übertragung des Anwartschaftsrechtes genau so wie ein Gutgläubiger den Nichteigentümer, wenn es sich um die Übertragung des Eigentums handelt.
G erwirbt gutgläubig das Anwartschaftsrecht in entsprechender Anwendung der §§ 932ff. BGB.

3. V hat dem K unter Eigentumsvorbehalt eine Sache verkauft. Später ficht er den Kaufvertrag wegen arglistiger Täuschung an. Danach überträgt er das Anwartschaftsrecht auf den gutgläubigen G. Hier fehlt schon ein gültiger Kaufvertrag. Gutgläubiger Erwerb des Anwartschaftsrechts ist nicht möglich, weil der gute Glaube an den Bestand der Kaufpreisforderung, mit deren Erfüllung die aufschiebende Bedingung eintreten würde, nicht geschützt wird.

Zur Wiederholung vgl. nochmals Fall Nr. 9 in Bd. III.

Fall Nr. 12: Gutgläubigkeit und Erwerbszeitpunkt

S hat mit G folgende Vereinbarung getroffen:

> Zur Sicherung eines Darlehens von 20000,– DM übereignet S dem G die in Halle I in den Boxen Nr. 1–8 lagernden Kupferrohre. S wird die Rohre sorgfältig verwahren und den Lagerbestand nach besten Kräften auf einen Wert von mindestens 22000,– DM halten.

Nachdem die Vermögenslage des S noch kritischer geworden ist, möchte G Kupferrohre im Werte von 10000,– DM abholen und für sich verkaufen. Jetzt eröffnet ihm S, daß die in den Boxen lagernden Rohre von L unter Eigentumsvorbehalt geliefert worden seien. G nimmt die Rohre mit, weil er sich im Recht glaubt. L verlangt Rückgabe der Rohre an S. Ist er dazu berechtigt?

Lösung

Nach § 985 BGB kann der Eigentümer die Herausgabe der Sache vom Besitzer verlangen. Es ist also zu prüfen, ob L, der unter Eigentumsvorbehalt geliefert hat, noch Eigentümer ist. Er könnte sein Eigentum durch den Sicherungsübereignungsvertrag zwischen S und G verloren haben. Da S nicht Eigentümer war und eine Übertragung des unmittelbaren Besitzes von S auf G nicht stattgefunden hat, kommt nur ein gutgläubiger Erwerb nach § 933 BGB in Betracht. Einigung und Vereinbarung eines gültigen Besitzkonstitutes stehen außer Zweifel. Fraglich ist jedoch, wie lange G gutgläubig sein mußte, um das Eigentum zu erwerben. **Nach § 933 BGB muß der Erwerber im Zeitpunkt der Übertragung des unmittel-**

baren Besitzes auf ihn oder den Besitzmittler noch gutgläubig sein. Diese Regelung wird verständlich, wenn man sich folgendes vergegenwärtigt: In § 929 BGB wird Einigsein bei Übergabe gefordert. An diesem Ausgangspunkt ist auch für den gutgläubigen Erwerb festzuhalten. Deswegen muß die Gutgläubigkeit bei einer Veräußerung nach § 929 BGB bis zum Zeitpunkt der Übergabe andauern (lesen Sie sorgfältig § 932 Abs. 1 S. 1, 2. Halbs. BGB).
Gutgläubigkeit nur bei Abschluß des Besitzmittlungsverhältnisses mit dem Veräußerer genügt nicht. G hat nach Abschluß des Besitzmittlungsverhältnisses und vor Erlangung des unmittelbaren Besitzes erfahren, daß L die Sachen unter Eigentumsvorbehalt geliefert hat. Ist er dadurch **bösgläubig** geworden? Der Erwerber ist nicht in gutem Glauben, wenn ihm bekannt oder infolge grober Fahrlässigkeit unbekannt ist, daß die Sache nicht dem Veräußerer gehört (§ 932 Abs. 2 BGB). Zu den Fahrlässigkeitsformen vgl. Fall Nr. 38 in Bd. I. Leichte Fahrlässigkeit beseitigt den guten Glauben also nicht!
Kennen bedeutet, positive Kenntnis haben (vgl. Fall Nr. 37 in Bd. I). G hatte zwar von der Lieferung unter Eigentumsvorbehalt gehört; vielleicht glaubte er aber, durch den Sicherungsübereignungsvertrag sei er längst Eigentümer geworden.

Merke: Selbst bei Kenntnis aller Tatsachen, aus denen das Nichteigentum des Veräußerers für einen Juristen folgt, kann Rechtsunkenntnis, sofern sie nicht auf grober Fahrlässigkeit beruht, den bösen Glauben ausschließen.

Da G geglaubt hat, er sei im Recht, wollen wir unterstellen, daß er sich bei Erwerb des unmittelbaren Besitzes für den Eigentümer gehalten hat. Diesen Inhalt muß der gute Glaube bei § 933 BGB haben. Anders bei § 932 Abs. 2 BGB: Dort muß der Erwerber den Veräußerer für den Eigentümer halten. Das ist bei § 933 BGB begrifflich nicht möglich; denn der Gutgläubige nimmt ja irrigerweise an, daß er bereits durch das Besitzkonstitut Eigentümer geworden ist. Es bleibt zu prüfen, ob G nicht grob fahrlässig gehandelt hat, als er nach Offenbarung des Eigentumsvorbehaltes weiterhin annahm, er sei bereits Eigentümer der Sache und könne sie deswegen mitnehmen. M. E. war es „ein starkes Stück", die Rohre einfach mitzunehmen, ohne vorher rechtlichen Rat einzuholen. Das ist aber eine Wertungsfrage, die man vielleicht auch anders entscheiden kann. Wenn wir davon ausgehen, daß G es infolge grober Fahrlässigkeit versäumt hat, sich über die Rechtslage zu vergewissern, war er bei Besitzerwerb im bösen Glauben; also ist er auch nach § 933 BGB nicht Eigentümer geworden.

Fall Nr. 13: Gutgläubiger Erwerb und Bestimmtheitsgrundsatz

S schuldet dem G 130000,– DM aus Schaumstofflieferungen. Zur Sicherheit für die Forderung vereinbaren sie:
Von den Möbeln, die im Schaufenster zur Goethestraße ausgestellt sind, übereignet hiermit der S dem G1 Einzelstücke bis zum Wert von 30000,– DM. Die Übergabe wird dadurch ersetzt, daß S diese Stücke für G1 in Verwahrung nimmt. S darf die Stücke im ordnungsgemäßen Geschäftsgang veräußern.
Eine Woche später übereignet S dem G2, dem er 5000,– DM schuldet, von den Möbeln im besagten Schaufenster einen Buchara-Teppich 3,50 × 5,30 m groß und eine Polstermöbelgarnitur, bestehend aus 2 Sesseln und einer viersitzigen Couch, schweinslederbezogen, Gestell aus heller Eiche. Die Übergabe wird wiederum durch einen Verwahrungsvertrag ersetzt.

Noch eine Woche später verlangt G3 von S Sicherheit für eine Forderung von 6000,– DM. S gibt dem G3 die im vorhergehenden Absatz genannten Möbel mit. G3 soll die Möbel im eigenen Namen und für eigene Rechnung verkaufen dürfen. Davon hören G1 und G2. Muß G3 die Polstergarnitur und den Teppich an G1 oder G2 herausgeben?

Lösung

Wir gehen nach der zeitlichen Reihenfolge vor und prüfen zunächst einen Herausgabeanspruch des G1 gegen G3. Als Anspruchsgrundlage kommt § 985 BGB in Betracht. Ob G1 Eigentümer der Sachen geworden ist, die jetzt der G3 besitzt, scheint fraglich. Nach dem Bestimmtheitsgrundsatz müssen die einzelnen Sachen, die übereignet werden sollen, so genau bezeichnet werden, daß sie von anderen zu unterscheiden sind. Gegen dieses Gebot haben S und G1 verstoßen. Ihre Einigung nach § 929 S. 1 BGB soll Einzelstücke im Werte von 30000,– DM erfassen. Daraus kann niemand entnehmen, um welche Einzelstücke aus dem Schaufenster es sich handelt. Der Eigentumserwerb des G1 scheitert also bereits an der mangelnden Bestimmtheit der Einigung.
Nun prüfen wir, ob G2 gegen G3 einen Herausgabeanspruch aus § 985 BGB hat. Da die beabsichtigte Sicherungsübereignung auf G1 unwirksam war, ist S noch Eigentümer der Sachen. Er hat mithin als Berechtigter verfügt. G 2 hat sich also mit einem Berechtigten nach § 929 S. 1 BGB geeinigt. Die Einigungserklärung ist in diesem Falle auch bestimmt genug, um die Möbel aussortieren zu können. Gegen die Wirksamkeit des vereinbarten Besitzkonstituts bestehen ebenfalls keine Bedenken. Folglich ist G2 gem. §§ 929, 930 BGB Eigentümer der bezeichneten Möbel geworden. Ob er es geblieben ist, steht auf einem anderen Blatt. G3 könnte die Möbel gutgläubig erworben haben. S war, als er sich mit G3 über dieselben Möbel einigte, die er vorher dem G2 übereignet hatte, Nichtberechtigter. Darüber, ob G3 gutgläubig war, sagt der Sachverhalt nichts. Das ist bewußt offen geblieben.

Merke: Wer vom Nichtberechtigten erworben hat, braucht nicht zu beweisen, daß er gutgläubig war; dem Erwerber muß vielmehr nachgewiesen werden, daß er bösgläubig war.

Aus diesem Grund gehen wir davon aus, daß G3 im guten Glauben erworben hat. Dadurch hat G2 sein Eigentum verloren. G3 kann also auch ihm gegenüber die Herausgabe der Möbel verweigern.

Fall Nr. 14: Gutgläubiger Erwerb, § 934 BGB

K hat ein Fernsehgerät unter Eigentumsvorbehalt des U gekauft. Nach einiger Zeit, aber noch vor Zahlung der letzten Rate, bringt er es dem U zur Reparatur. Das reparierte Gerät holt er nicht ab, weil ihm die Kosten zu hoch sind. Statt dessen verkauft er es an G für 600,– DM abzüglich Reparaturkosten. In der Vereinbarung heißt es:

G soll hiermit Eigentümer des Gerätes werden. Er darf es von U abholen.

U weigert sicht, dem G das Gerät herauszugeben. Er weist ein Schreiben vor, wonach er bereits vor 14 Tagen vom Kaufvertrag zurückgetreten ist, weil K mit der

Ratenzahlung im Verzuge war. Obwohl G die Reparaturrechnung bezahlen will, möchte U das noch sehr wertvolle Gerät behalten, um auch wegen der restlichen Raten entschädigt zu sein. Kann G das Gerät herausverlangen?

Lösung

G könnte gegen U einen Herausgabeanspruch nach § 985 BGB haben. Ob er Eigentümer geworden ist, erscheint sehr fraglich. Da K nur unter der aufschiebenden Bedingung vollständiger Zahlung des Kaufpreises berechtigt war, kommt ein Eigentumserwerb vom Berechtigten (§§ 929–931) nicht in Betracht; G hat allenfalls vom Nichtberechtigten erworben. Hier ist an einen Erwerb gem. **§ 932 BGB** zu denken. Diese Vorschrift **korrespondiert mit § 931 BGB.** Auch die Abtretung eines Herausgabeanspruches (als Übergabesurrogat) neben einer wirksamen Einigung kann zum gutgläubigen Erwerb führen.

Dabei unterscheidet **§ 934 BGB zwei Fälle:**
1. Der **Veräußerer ist mittelbarer Besitzer;** er hat also einen Herausgabeanspruch aus dem Besitzmittlungsverhältnis. In diesem Falle geht das **Eigentum auf den Gutgläubigen mit Abtretung des bestehenden Anspruchs** sofort über.
2. Der **Veräußerer ist nicht mittelbarer Besitzer und hat auch sonst keinen Herausgabeanspruch;** er tritt also einen nicht bestehenden Anspruch ab. Da der gute Glaube an das Bestehen eines Anspruches nicht geschützt wird, erlangt der Erwerber **erst Eigentum, wenn der Dritte ihm oder seinem (des Erwerbers) Besitzmittler auf Grund des abgetretenen vermeintlichen Anspruchs den Besitz verschafft.**

Auf unseren Sachverhalt trifft die erste Alternative zu: K hatte einen Herausgabe-(Rückgabe-)anspruch aus dem Werkvertrag, der ein Besitzmittlungsverhältnis nach § 868 BGB begründet. Durch Abtretung des bestehenden Anspruchs könnte G Eigentümer geworden sein.
An dieser Stelle werden Sie einwenden:
Warum steht derjenige, der über die Abtretung eines bestehenden Herausgabeanspruches vom Nichtberechtigten erwirbt, besser als derjenige, der über ein Besitzmittlungsverhältnis nach § 933 BGB erwerben sollte? In beiden Fällen handelt es sich doch um ein Übergabesurrogat, um eine vergeistigte Besitzübertragung. Weshalb ist dann nicht in beiden Fällen guter Glaube bis zur tatsächlichen Besitzerlangung erforderlich? Der sicherlich berechtigten Frage ist entgegenzuhalten, daß man immer den Grundsatz im Auge behalten muß: Wer übereignet, soll sich vom unmittelbaren Besitz als dem Aushängeschild des Eigentums lösen. Das hat derjenige bereits getan, der einen bestehenden Herausgabeanspruch abtritt. Der Veräußerer nach §§ 930, 933 BGB ist und bleibt hingegen unmittelbarer Besitzer.
Ein Unbehagen anderer Art bleibt: U, der Vorbehaltseigentümer und unmittelbare Besitzer der eigenen Sache soll das Eigentum dadurch verlieren, daß der Nichtberechtigte einen bestehenden schuldrechtlichen Anspruch auf Rückgabe der Sache an einen Gutgläubigen als Übergabesurrogat abgetreten hat. Wenn das richtig ist, kann es um den Satz „Besitz ist das Aushängeschild für Eigentum" nicht gut stehen. Die Lösung des Konflikts läßt sich aus § 936 Abs. 3 BGB ablesen. Bis zur Besprechung dieser Vorschrift wollen wir die Lösung unseres Falles ausnahmsweise vertagen.
Vielleicht sind Sie mit dem bisher Gesagten aus einem weiteren Grunde nicht zufrieden; weil Sie nämlich an Fall Nr. 11 denken. Dort scheiterte der gutgläubige

Erwerb des Anwartschaftsrechtes am Rücktritt des Verkäufers vom Kaufvertrage; hier ist die Rechtslage aber eine andere. K hat das Vollrecht Eigentum übertragen! Der gutgläubige Erwerb des Anwartschaftsrechtes scheiterte, weil das Anwartschaftsrecht ohne wirksames Verpflichtungsgeschäft nicht bestehen kann, und der gute Glaube an schuldrechtliche Ansprüche nicht geschützt wird.

Fall Nr. 15: Gutgläubiger Erwerb nach §§ 933, 934 BGB

Landwirt S hat unter Eigentumsvorbehalt eine Sprühmaschine zur Unkrautvertilgung gekauft. In seiner ständigen Geldnot schließt er mit G1 hinsichtlich der Spritze einen Sicherungsübereignungsvertrag mit Besitzkonstitut, der allen Erfordernissen entspricht. Eine Woche später leiht sich sein Nachbar N die Spritze aus. Während die Spritze noch bei N ist, erscheint der ungestüm drängende Gläubiger G2, der sofortige Sicherheit verlangt. S schickt den G2 zu N, wo er sich die Spritze abholen und dafür von der Schuld 2000,– DM streichen soll. Bei N treffen G1 und G2 zusammen. Sie streiten darüber, wer Eigentümer der Spritze ist. Können Sie es sagen?

Lösung

Wird beim Erwerb vom Nichtberechtigten – das war der S – die Übergabe durch ein Besitzkonstitut ersetzt, dann erlangt der Erwerber erst Eigentum, wenn ihm oder seinem Besitzmittler der unmittelbare Besitz übertragen wird. Da G1 nie unmittelbarer Besitzer geworden ist und N für ihn nicht Besitzmittler sein wollte, hat G1 kein Eigentum erworben.
Dem G2 hat der S in der Form des § 934 1. Altern. BGB das Eigentum übertragen wollen. Da er gegen den N aus Leihe einen Herausgabe(Rückgabe-)anspruch hatte, hat G2 einen bestehenden Anspruch erworben und damit das Eigentum.
Folgerung:
Das Hinausschieben des Eigentumserwerbs auf den Zeitpunkt der Erlangung unmittelbaren Besitzes (§ 933 BGB) läßt sich umgehen, wenn der Nichtberechtigte seinen unmittelbaren Besitz aufgibt, sich durch einen Dritten den Besitz vermitteln läßt, und dann den Herausgabeanspruch aus dem Besitzmittlungsverhältnis an den gutgläubigen Erwerber abtritt. Doch davor sei gewarnt! Strafrechtlich wird sich der Veräußernde kaum dem Vorwurf der Unterschlagung entziehen können!

Fall Nr. 16: Gutgläubiger Erwerb, verbotene Eigenmacht

K hat von H 100 qm rote Wandplatten, II. Wahl gekauft. Versehentlich lädt sein Fahrer F im Lager des H braune Platten, I. Wahl auf. Wochen später veräußert der Angestellte A des K die Platten an den G, der von den früheren Vorgängen nichts weiß. H verlangt die Platten von G zurück. Mit Recht?

Lösung

Wir prüfen, ob H gegen G einen Herausgabeanspruch nach § 985 BGB hat.
H könnte sein Eigentum bereits an K verloren haben. Das ist jedoch unwahr-

scheinlich. K hatte sich mit H über rote Platten, II. Wahl geeinigt. Da F braune Platten, I. Wahl aufgeladen hat, ist K nicht unmittelbarer Besitzer derjenigen Sachen geworden, über die er sich mit H geeinigt hatte. Schon daran scheitert der Eigentumserwerb.

Vielleicht hat H jedoch sein Eigentum durch Veräußerung der Platten von K an G verloren. Da K nicht Eigentümer geworden ist, kann der (unterstellt) gutgläubige G nur vom Nichtberechtigten erworben haben. Die Einigung zwischen G und K, dieser vertreten durch den Angestellten A, ist nicht zu beanstanden. G ist auch unmittelbarer Besitzer geworden, so daß man über § 932 BGB an einen Eigentumserwerb des G glauben könnte; aber § 935 BGB läßt das nicht zu. Nach dieser Vorschrift ist ein **gutgläubiger Erwerb gemäß §§ 932–934 BGB nicht möglich, wenn die Sache dem Eigentümer gestohlen worden, verloren gegangen oder sonst abhanden gekommen war (§ 935 Abs. 1 S. 1 BGB).** Grund und Sinn dieser Regelung: Wenn sich der Eigentümer freiwillig vom Besitz als dem Aushängeschild des Eigentums trennt, schützt das Gesetz den gutgläubigen Erwerber. Verliert der Eigentümer unfreiwillig den Besitz, geht sein Schutz vor. In § 935 Abs. 1 S. 2 BGB wird diese Konzeption fortgesetzt. Der Eigentümer genießt den Schutz vor dem gutgläubigen Erwerber auch dann, wenn sein Besitzmittler den unmittelbaren Besitz unfreiwillig verliert. Das ist folgerichtig.

Nun wollen wir prüfen, ob H auf die in § 935 Abs. 1 S. 1 BGB beschriebene Art den unmittelbaren Besitz verloren hat. Einen Diebstahl hat der Fahrer des K schon deswegen nicht verübt, weil er glaubte, die richtigen Platten aufzuladen. **Verloren** sind nur solche Sachen, die dem Besitzer **zufällig und nicht bloß vorübergehend außer Besitz geraten.** Hier hat nicht der Zufall den Besitz des H beendet, sondern das bewußte und gewollte Eingreifen des F. **Abhandengekommen** ist eine Sache, **wenn der unmittelbare Besitzer ohne seinen Willen und ohne sein Mitwirken den Besitz einbüßt.** Darunter fallen die verschiedensten Vorgänge vom Verlieren (Abhandenkommen ist also der Oberbegriff und hätte in § 935 BGB allein ausgereicht) über das Bestohlen- und Beraubtwerden bis zum Verlust durch höhere Gewalt. Häufig kommt dem Eigentümer die Sache durch **verbotene Eigenmacht** abhanden. So nennt man die widerrechtliche, also die vom Gesetz nicht gestattete und ohne Willen des Besitzers verübte Besitzentziehung oder Besitzstörung (nachlesen § 858 BGB). Wichtig sind die Worte **„ohne dessen Willen"!** Es heißt nicht **„gegen dessen Willen".** Daher liegt auch dann verbotene Eigenmacht vor, wenn der Besitzer von dem Eingriff in sein Besitzrecht gar nichts weiß.

Z.B.: A und B haben die gleichen Hüte. Nach einem gemeinsamen Wirtshausbesuch verwechselt A die Hüte und setzt den des B auf. A begeht verbotene Eigenmacht! Er entzieht dem B ohne dessen Willen den Besitz.

F, der rote Platten, II. Wahl aufladen sollte, verlädt statt dessen braune Platten, I. Wahl. Das geschieht ohne Willen des H. Folglich sind ihm die Platten abhandengekommen. G konnte deswegen trotz guten Glaubens an das Eigentum des K nicht Eigentümer der Platten werden.

Lesen Sie bitte § 935 Abs. 2 BGB. Für Geld, Inhaberpapiere und Sachen, die in einer öffentlichen Versteigerung veräußert werden, gilt die Einschränkung des gutgläubigen Erwerbs durch § 935 Abs. 1 BGB nicht.

Fall Nr. 17: Gutgläubig lastenfreier Erwerb

S betreibt seinen Gewerbebetrieb in gemieteten Räumen. Zur Büroausstattung gehört ein wertvoller Orientteppich. Neben anderen Sachen übereignet S diesen Teppich seiner Bank zur Sicherheit für ein Darlehen. Nachdem S mit der Rückzahlung in Verzug geraten ist, holt die Bank alle ihr übereigneten Sachen ab. Vermieter V hört davon am nächsten Tage. Er verlangt von der Bank, daß sie u.a. den Teppich in die Büroräume zurückschafft. Mit Recht?

Lösung

Als Anspruchsgrundlage für das Verlangen des V gegenüber der Bank kommt § 561 Abs. 2 BGB in Betracht. Der Vermieter eines Grundstücks hat an den eingebrachten Sachen des Mieters ein gesetzliches Pfandrecht zur Sicherung seiner Forderungen aus dem Mietverhältnis (§ 559 BGB). Er genießt damit einen ähnlichen Schutz wie der Unternehmer für seine Werklohnforderung. Im Unterschied zum Vermieter hat der Unternehmer jedoch Besitz an den Pfandobjekten (vgl. § 647 BGB).
Es taucht nun die Frage auf, ob V sein Vermieterpfandrecht durch den Sicherungsübereignungsvertrag verloren hat. Soweit S über das Eigentum verfügte, handelte er als Berechtigter. Die Einigung richtet sich daher nach § 929 S. 1 BGB, die Übergabe nach § 930 BGB. Wir unterstellen, daß S und die Bank sich in wirksamer Weise geeinigt und das Besitzkonstitut vereinbart haben. Dann hat die Bank Sicherungseigentum am Teppich erworben.
Eine andere Frage ist es, ob das Vermieterpfandrecht trotz Eigentumswechsel bestehen geblieben ist. Das richtet sich nach § 936 BGB. Diese Vorschrift ermöglicht dem Gutgläubigen einen lastenfreien Erwerb.

Eine Sache kann mit Rechten Dritter belastet sein, z.B. mit einem rechtsgeschäftlichen Faustpfandrecht, einem gesetzlichen Pfandrecht, einem Pfändungspfandrecht oder einem Nießbrauch. Das Gesetz mußte regeln, was mit diesen Rechten geschieht, wenn der Eigentümer wechselt und der neue in Bezug auf das belastende Recht gutgläubig war, es also nicht kannte und ohne grobe Fahrlässigkeit auch nicht kennen mußte. Dabei spielt es keine Rolle, ob der Erwerber das Eigentum vom Berechtigten oder vom Nichtberechtigten erwirbt. Der Erwerber kann also gutgläubig das Eigentum und zugleich gutgläubig lastenfreies Eigentum erwerben.
Beispiel: K ist als Vorbehaltskäufer eines Teppichs noch nicht Eigentümer. Der Gerichtsvollzieher pfändet den Teppich für G, der damit (nach der herrschenden Lehre) ein Pfändungspfandrecht erlangt. Dann veräußert K den Teppich an den D, der in Bezug auf das Eigentum des K und auf das Pfändungspfandrecht des G gutgläubig ist. G und der Vorbehaltsverkäufer verlieren ihre Rechte.
Im einzelnen wiederholt § 936 BGB für den gutgläubig lastenfreien Erwerb dieselben Regeln wie sie für den gutgläubigen Eigentumserwerb gelten. (Vgl. § 936 Abs. 1 S. 2 mit § 932 Abs. 1 S. 2; § 936 Abs. 1 S. 3 mit §§ 933, 934 2. Altern.) Der Gutgläubige erwirbt erst auf Grund der Veräußerung, wenn er den unmittelbaren Besitz erlangt oder den mittelbaren, vermittelt durch einen Dritten, dem der Veräußerer den unmittelbaren Besitz verschafft hat. Bis zu diesem Augenblick muß der gute Glaube fortdauern.

Wir wollen nun prüfen, was sich daraus für die Lösung unseres Falles ergibt.
Mit Abschluß des Sicherungsübereignungsvertrages hat die Bank zwar vom Berechtigten das Sicherungseigentum erworben; zum lastenfreien Erwerb hätte jedoch die Übergabe (§§ 936 Abs. 1 S. 2, 930, 933 BGB) hinzutreten müssen. Als

die Bank die Sachen abholen ließ und so unmittelbaren Besitz erlangte, war sie möglicherweise nicht mehr gutgläubig. Wenn die Bank etwa wußte, daß S seinen Betrieb in gemieteten Räumen unterhielt, mußte sie auch mit einem Vermieterpfandrecht rechnen; aber hier kommt es auf die Umstände des Einzelfalles an. Da Banken im allgemeinen sehr gut über die Verhältnisse ihrer Kunden orientiert sind, wollen wir unterstellen, daß ihr das Mietverhältnis bekannt war. Dann hätte sie sich bei Meidung des Vorwurfs grober Fahrlässigkeit erkundigen müssen. Sie war also bösgläubig und hat daher nicht lastenfrei erworben. Mithin besteht das Vermieterpfandrecht des V fort, und er kann Rückschaffung des Teppichs auf das Mietgrundstück verlangen.

Fall Nr. 18: Noch: Gutgläubig lastenfreier Erwerb

S hat sein Fernsehgerät dem U zur Reparatur gegeben. Da ihm die Reparatur zu teuer geworden ist, veräußert er das Gerät für 200,– DM an G, wobei er versichert, die Reparatur sei auf seinen Wunsch unterblieben. Er könne sich das Gerät bei U abholen. U will dem G das Gerät nur gegen Bezahlung der Reparatur aushändigen. Kann G das Gerät von U herausverlangen?

Lösung

G hat gegen U möglicherweise einen Herausgabeanspruch nach § 985 BGB. Die erste Voraussetzung dafür ist, daß G das Eigentum am Fernsehgerät erworben hat. G hat sich mit dem Eigentümer, also mit dem Berechtigten geeinigt (§ 929 S. 1 BGB). Die Übergabe haben sie durch Abtretung eines bestehenden Herausgabeanspruches (Nebenanspruch aus dem Werkvertrag) ersetzt. Damit ist G Eigentümer des Gerätes geworden.
Nun ist zu prüfen, ob U gegenüber dem Eigentümer G ein Recht zum Besitz hat (§ 986 Abs. 1 S. 1 BGB). In Betracht kommt sein Unternehmerpfandrecht aus § 647 BGB, das er unzweifelhaft erlangt hat. Ob es ihm noch zusteht oder ob G gutgläubig lastenfrei erworben hat, ist fraglich. Die Antwort fällt jedoch nicht schwer. Nach § 936 Abs. 3 BGB erlischt das belastende Recht nicht, wenn die Übergabe der Sache durch Abtretung eines Herausgabeanspruches ersetzt worden ist und derjenige, gegen den sich der Herausgabeanspruch richtet, Besitzer und Gläubiger des belastenden Rechtes ist. So liegt es hier. U ist Pfandrechtsgläubiger und unmittelbarer Besitzer, zugleich aber auch Schuldner des abgetretenen Herausgabeanspruches. Sein Pfandrecht ist also bestehen geblieben. Das berechtigt ihn, die Herausgabe an G zu verweigern. Vielleicht denken Sie jetzt: Zum gleichen Ergebnis hätten wir auch über § 986 Abs. 2 BGB gelangen können. Danach kann der Besitzer einer Sache, die nach § 931 BGB durch Abtretung des Anspruchs auf Herausgabe veräußert worden ist, dem neuen Eigentümer die Einwendungen entgegensetzen, die ihm gegen den abgetretenen Anspruch zustehen.
Die Vorschrift bringt eine Sonderregelung für schuldrechtliche Besitzrechte. (Vergleichen Sie bitte Fall Nr. 9 in Bd. III.)
Ein schuldrechtliches (obligatorisches) Recht zum Besitz gibt grundsätzlich nur ein Herausgabeverweigerungsrecht gegenüber demjenigen, mit dem es der Besitzer vereinbart hat. (Ausnahme § 571: Kauf bricht nicht Miete.) Nur für den Fall, daß der neue Eigentümer nach § 931 BGB erworben hat, können ihm auch die

schuldrechtlichen Einwendungen aus dem Verhältnis zwischen dem Besitzer und dem früheren Eigentümer entgegengehalten werden.
Jetzt wollen wir auf die noch offene Lösung des Falles Nr. 14 zurückgehen.
Sie haben gesehen, daß die Abtretung des Herausgabeanspruchs ein schwaches Übergabesurrogat darstellt. Belastungen bleiben bestehen, wenn der Herausgabeschuldner zugleich Rechtsinhaber der Belastung ist; sogar schuldrechtliche Einwendungen aus dem Verhältnis zum früheren Eigentümer bleiben dem Besitzer erhalten. Daraus muß man den Schluß ziehen: Wenn dem Besitzer dingliche Belastungen und sogar schuldrechtliche Einwendungen verbleiben, dann bleibt ihm erst recht das Eigentum erhalten. Die Abtretung des Herausgabeanspruches aus einem Besitzmittlungsverhältnis beliebiger Art führt also nicht zum gutgläubigen Eigentumserwerb oder zum gutgläubig lastenfreien Eigentumserwerb, wenn der unmittelbare Besitzer der wahre Eigentümer oder im Falle des § 936 BGB der Gläubiger des belastenden Rechts ist.
U hat im Falle Nr. 14 sein Vorbehaltseigentum daher durch die Abtretung des gegen ihn gerichteten Herausgabeanspruchs nicht verloren.

Fall Nr. 19: Guter Glaube an die Verfügungsmacht

K hat von dem 20-jährigen V käuflich ein Moped erworben. Eine Woche später erfährt er das wahre Alter des V. K ist völlig überrascht. Er möchte wissen, ob er auf das schon geäußerte Verlangen der Eltern des V das Moped zurückgeben muß.

Lösung

V hat gegen K möglicherweise einen Anspruch auf Rückgabe des Mopeds aus § 812 BGB.
Lesen Sie zunächst Fall Nr. 35 in Bd. III, soweit dort das Bereicherungsrecht behandelt ist.
Nach § 812 Abs. 1 S. 1 BGB ist K dem V zur Herausgabe des Mopeds verpflichtet, wenn er es durch Leistung des V auf dessen Kosten ohne rechtlichen Grund erlangt hat.
Was hat K erlangt? Sie dürfen nicht antworten: „Das Moped". Es kommt auf die genaue rechtliche Einordnung an. Folglich muß es heißen „Eigentum am Moped" oder „Besitz am Moped". Wir prüfen, ob K Eigentum am Moped erlangt hat. Dazu sind Einigung und Übergabe nach § 929 BGB erforderlich. V war zwar Eigentümer des Mopeds, aber als Minderjähriger nur beschränkt geschäftsfähig. Anders ausgedrückt: Als Rechtsinhaber war er zwar Berechtigter, aber nicht Verfügungsberechtigter. Die Übereignung, die ihm nicht lediglich einen rechtlichen Vorteil bringt, ist also schwebend unwirksam. Es könnte nun die Frage auftauchen, ob K gutgläubig erworben hat. Darauf gibt es nur ein klares „Nein".

Merke: Im bürgerlichen Recht wird der gute Glaube an die Verfügungsmacht nicht geschützt.

Der Schutz des Minderjährigen steht über dem Schutz des gutgläubigen Erwerbers. Da die Eltern des V das Moped zurückverlangen, versagen sie die Genehmigung. Somit wird die schwebend unwirksame Einigung nichtig. V ist also

Eigentümer des Mopeds geblieben. K hat nur den unmittelbaren Besitz erlangt. Das geschah durch Leistung des K (Frage: „Wodurch hat der Bereicherte etwas erlangt?").
Nach dem Rechtsgrund der Bereicherung forscht die Frage: „Warum hat der Bereicherte etwas erlangt? Hier könnte der Kaufvertrag als Grund für die Vermögensverschiebung herangezogen werden; aber der Kaufvertrag war wie die Übereignung schwebend unwirksam. Mit Versagung der Genehmigung ist er ebenfalls nichtig. Die Vermögensverschiebung geschah also rechtsgrundlos.
K hat den Besitz auch unmittelbar aus dem Vermögen des V erlangt, mithin auf dessen Kosten (Frage: „Wie"). Ergebnis: K muß den Besitz am Moped auf K zurückübertragen.

Fall Nr. 20: Guter Glaube an die Verfügungsmacht, § 366 HGB; Kommissionsgeschäft

A hat seinen VW bei dem Vertragshändler X, der zugleich eine Reparaturwerkstatt unterhält, ausbessern lassen, aber 1 Woche nach Beendigung der Reparatur noch nicht abgeholt. Y, ein angestellter Verkäufer des X, glaubt, es handele sich um einen in Zahlung gegebenen Wagen. Er veräußert ihn für 4000,– DM an den D. D nimmt den Wagen sofort mit. A verlangt den Wagen von D heraus. Macht es einen Unterschied, ob Y den Wagen namens des Vertragshändlers X oder namens des Kunden A verkauft hat?

Lösung

A kann den Wagen nach § 985 BGB nur dann von G herausverlangen, wenn er noch Eigentümer ist. Das erscheint mit Rücksicht auf den Verkauf an D fraglich. Da Y bei den Verkaufsverhandlungen als Angestellter des X gehandelt hat, kommt es darauf an, in welcher Rolle der D den X gesehen hat.
Es bieten sich drei Möglichkeiten an:
1. D kann geglaubt haben, X habe den Wagen von einem Kunden (Neuwagenkäufer) fest in Zahlung genommen, X sei also der Eigentümer und Y verkaufe das Fahrzeug im Namen des X. Dann erwirbt G Eigentum vom Nichtberechtigten, sofern er nicht bösgläubig ist (§ 932 BGB). Bösgläubigkeit in der Form grob fahrlässiger Unkenntnis liegt hier nahe. Wer sich als Käufer eines Kfz's vom Verkäufer nicht den Kraftfahrzeugbrief zeigen läßt, handelt grob fahrlässig. Der Kraftfahrzeugbrief lautet nämlich auf den Eigentümer und regelmäßig behält er ihn in der Hand, während der Kraftfahrzeugschein auf den Halter, der nicht notwendig Eigentümer zu sein braucht, ausgestellt wird (vgl. Fall Nr. 40 in Bd. III). In diesem Falle hat D kein Eigentum erworben. A kann den Wagen nach § 985 BGB von ihm herausverlangen. Seine schuldrechtlichen Ansprüche gegen X aus dem Kauf geben ihm kein Besitzrecht nach § 986 Abs. 1 BGB.
2. D kann auch gemeint haben, X habe den VW nicht fest in Zahlung genommen; er sei aber berechtigt, den Wagen im eigenen Namen zu verkaufen. Das kommt in der Praxis häufig vor. Der Neuwagenverkäufer hält sich damit seinen Kaufpreisanspruch gegen den Neuwagenkäufer für den Fall offen, daß der nicht fest in Zahlung genommene Wagen unabsetzbar sein sollte. Hierbei wird häufig eine Frist vereinbart. In diesem Falle hat D den X nicht für den Eigentümer, jedoch für berechtigt gehalten, den Wagen zu verkaufen. **Wenn im eigenen Namen auf**

Rechnung des A verkauft wird, handelt es sich um ein **Kommissionsgeschäft.** § 383 HGB kennt die Einkaufs- und die Verkaufskommission. Hier ist X, vertreten durch Y, als Verkaufskommissionär tätig geworden, obwohl er es in Wirklichkeit nicht war. Auf der anderen Seite hat D irrtümlich an eine Verfügungsmacht des X geglaubt.

Während der **gute Glaube an die Verfügungsmacht** im bürgerlichen Recht nicht **geschützt** wird, bestimmt **§ 366 BGB** etwas anderes. Veräußert oder verpfändet ein Kaufmann im Betriebe seines Handelsgewerbes eine ihm nicht gehörige bewegliche Sache, so wird der Rechtserwerber geschützt, wenn er den Kaufmann gutgläubig für verfügungsberechtigt gehalten hat. Das Gesetz sagt, die Vorschriften des BGB zugunsten derjenigen, welche Rechte von einem Nichtberechtigten herleiten, finden Anwendung. Das sind hinsichtlich des Eigentumserwerbs und des lastenfreien Eigentumserwerbs die Ihnen schon bekannten §§ 932–936 BGB und hinsichtlich des Erwerbs von rechtsgeschäftlichen Pfandrechten die §§ 1207, 1208 BGB. Den rechtsgeschäftlichen Pfandrechten stehen die gesetzlichen Pfandrechte des Kommissionärs, des Spediteurs, des Lagerhalters und des Frachtführers gleich (nachlesen §§ 397, 404, 410, 421, 440 HGB und mit § 647 BGB – Besitzpfandrechte! – vergleichen). **Durch § 366 HGB werden also die Möglichkeiten des gutgläubigen Erwerbs wesentlich erweitert.**

Wir unterstellen, daß D gutgläubig eine Verfügungsmacht des X vermuten durfte. Dann ist zwischen ihm und dem X ein Kaufvertrag über den PKW zustande gekommen. In Erfüllung dieses Vertrages hat X die Kaufsache an D übereignet. A muß den Eigentumserwerb des D hinnehmen.

Wie kann A sich gegenüber X schadlos halten?

Das kommt darauf an! (Eine häufige Antwort auf juristische Fragen.) A hat durch die Veräußerung einen Eigentumsverlust erlitten, also einen Schaden. Wenn der Erlös geringer ist als der Wiederbeschaffungswert, dann wird A einen Schadensersatzanspruch wegen verschuldeter Unmöglichkeit der Rückgabe (einer Nebenpflicht; § 280 BGB) geltend machen (nachlesen Fälle Nr. 2 und 18 in Bd. II).

Wenn X einen günstigen Verkaufspreis erzielt hat, wird A nach § 816 Abs. 1 S. 1 BGB vorgehen: X hat als Nichtberechtigter (Nicht-Eigentümer) über einen Gegenstand (den PKW des A) eine Verfügung getroffen (das Eigentum übertragen), die dem Berechtigten (dem A) gegenüber wirksam ist (wegen § 366 HGB). Deswegen ist X dem Berechtigten A zur Herausgabe des Erlangten (des Erlöses) verpflichtet. Wenn X das Geld noch nicht haben sollte, ist er Gläubiger der Kaufpreisforderung. Diese muß er dann als das Erlangte an A abtreten.

3. Schließlich kann D geglaubt haben, X verkaufe den Wagen namens eines Kunden.

Wir wollen diese Alternative gegenüber der vorhergehenden rechtlich abgrenzen. Bei der Fallgestaltung nach Ziff. 2 tritt X rechtlich im eigenen Namen auf, wirtschaftlich handelt er für A. Das ist ein Fall der **mittelbaren Stellvertretung,** wie es **beim Kommissionsgeschäft** üblich ist. Am normalen Kommissionsgeschäft sind drei Personen beteiligt: Der Kommittent, der den Kommissionär durch einen Geschäftsbesorgungsvertrag beauftragt und bevollmächtigt, mit einem Dritten einen Kaufvertrag abzuschließen. Da der Kommissionär Vertragspartner des Dritten ist, kann der Kommittent aus dem Vertrage des Kommissionärs mit dem Dritten unmittelbar keine Rechte erwerben (daher mittelbare Stellvertretung). Der Kommissionär muß ihm diese Rechte erst übertragen. Entsprechend läßt sich die Durchführung einer Kommission in drei Rechtsverhältnisse gliedern:

a) Kommissionsauftrag (Geschäftsbesorgungsvertrag, nachlesen Fall Nr. 35 in Bd. III) vom Kommittent an Kommissionär.
b) Ausführungsgeschäft zwischen dem Kommissionär und dem Dritten.
c) Abwicklungsgeschäft zwischen dem Kommissionär und dem Kommittenten, d.h. Übertragung der Ergebnisse aus dem Geschäft mit dem Dritten auf den Kommittenten.
Völlig anders ist die Rechtslage in der Fallgestaltung nach Ziff. 3. Hier handelt X als **unmittelbarer Stellvertreter** des A. Alle Rechtswirkungen aus dem Geschäft mit G treten unmittelbar in der Person des Vertretenen ein (§ 164 Abs. 1 S. 1 BGB).
Für die Frage des gutgläubigen Erwerbs ist es gleichgültig, ob G den X als Kommissionär (mittelbaren Stellvertreter) oder als unmittelbaren Stellvertreter gesehen hat. Maßgeblich ist allein, ob er ihn gutgläubig für berechtigt halten durfte, über den PKW zu verfügen (im eigenen oder im fremden Namen). Wir unterstellen Gutgläubigkeit. Dann ist G auch nach dieser Fallgestaltung Eigentümer des PKW's geworden. Aber: **Manchmal ist der sachenrechtlich wirksame Rechtserwerb auf Grund einer schuldrechtlichen Verpflichtung rückgängig zu machen.** So scheint es auch hier zu liegen.
A könnte gegen D aus § 812 BGB einen Anspruch auf Rückübertragung des Eigentums haben (dieses Mal nicht des Besitzes! Vgl. Fall Nr. 19).
Was hat G erlangt? Eigentum, wie wir oben herausgefunden haben.
Wodurch? Durch Leistung des anderen (aus der Sicht des D leistet A, vertreten durch X und dieser durch Y). Warum? Ohne Rechtsgrund; denn X hatte keine Vollmacht, so daß der Kaufvertrag, den X namens des A mit G schloß, schwebend unwirksam war (§ 177 BGB). Durch Rückfordern des PKW verweigert A die Genehmigung. Mithin ist der Kaufvertrag von Anfang an nichtig. G hat das Eigentum also rechtsgrundlos erlangt.
Wie? Unmittelbar aus dem Vermögen des A. G muß das Eigentum am PKW folglich auf den A zurückübertragen. Warum versagt diese Konstruktion, wenn X Kommissionär war? Rechtsgrund ist dann der Kaufvertrag, den X im eigenen Namen mit D geschlossen hat!

Fall Nr. 21: Eigentumserwerb an Grundstücken, Grundbuch

A in Dortmund ist Eigentümer eines Grundstücks in Köln, das er durch notariellen Vertrag an B in Düsseldorf verkaufen will. Den Vertragsantrag hat ein Notar in Dortmund beurkundet. Im Text heißt es u.a.: „A erklärt hiermit unwiderruflich die Auflassung und bewilligt zugleich die Eintragung des B in das Grundbuch."
Der Notar schickt die Urkunde zu seinem Kollegen nach Düsseldorf. Dort erklärt B vereinbarungsgemäß die Annahme. Sodann sendet B die Urkunden zum Grundbuchamt nach Köln, mit der Bitte, den Eigentumswechsel einzutragen. Das Grundbuchamt weigert sich. Mit Recht?

Lösung

Da wir prüfen wollen, ob B vom Grundbuchamt verlangen kann, in bestimmter Weise tätig zu werden, interessiert uns zunächst die Frage, welche Rolle die

Behörde „Grundbuchamt" im Privatrecht spielt. Lesen Sie zunächst Fall Nr. 10 in Bd. I.

Das beim Grundbuchamt (im folgenden GBA) geführte **Grundbuch** (im folgenden GB) ist nicht nur ein bloßes **Verzeichnis aller Grundstücke, die im jeweiligen Amtsgerichtsbezirk liegen; es gibt auch Auskunft über die wichtigsten privatrechtlichen Verhältnisse an den Grundstücken.** Aus diesem Grunde kann jeder, der ein berechtigtes Interesse nachweist, das GB einsehen oder beglaubigte Abschriften anfordern. Ein berechtigtes Interesse hat z.B. jeder, für den ein Recht im GB eingetragen steht, aber auch derjenige, dessen Recht an dem Grundstück noch nicht eingetragen worden ist. Ein wissenschaftliches oder historisches Interesse genügt ebenfalls.

Parallel zum GB werden **Grundakten** geführt. Dort verbleiben die Schriftsätze und Urkunden, die als Eintragungsgrundlagen gedient haben, sowie die Urschriften der Verfügungen und Entscheidungen des GBA, einschließlich der Kostenrechnungen. Das Recht der Einsichtnahme erstreckt sich auch auf die Grundakten. Die Anspruchsgrundlage für das Recht auf Grundbucheinsicht werden Sie im Sachenrecht vergeblich suchen. An dieser Stelle sollten Sie sich nochmals den **Unterschied zwischen dem materiellen und dem formellen Recht** deutlich machen. Das materielle oder sachliche Recht des BGB – hier des 3. Buches – regelt das Entstehen und Untergehen von sachenrechtlichen Ansprüchen. Die Behörde „Grundbuchamt" nimmt hingegen eine ähnliche Stellung ein wie das Prozeßgericht in einem Zivilprozeß zwischen den Parteien. Wer das Gericht anruft, um einen Zivilprozeß zu führen, muß die ZPO beachten. Sie enthält die formalen Kampfregeln, an die Gericht und Parteien gebunden sind. Wer das GBA anruft, um eine Eintragung in das GB vornehmen zu lassen, muß die Vorschriften der **Grundbuchordnung** (GBO) beachten. Dort finden sich die Vorschriften über das Verfahren vor dem GBA. Ergänzend gelten das Gesetz über die Freiwillige Gerichtsbarkeit (FGG) und das Rechtspflegergesetz (RPflG).

Für die Beamten des GBA ist darüber hinaus von besonderer Bedeutung die **Grundbuchverfügung** vom 8. 8. 1935 (GBVerf), in der die Einrichtung und Führung der Grundbücher geregelt ist.

Die genannten Gesetze und die Grundbuchverfügung sind die wichtigsten Quellen des Grundbuchrechts.

Das **Recht der Einsichtnahme,** von dem wir ausgegangen sind, ist im § 12 GBO und, soweit es sich um die Einsicht in die Grundakten handelt, in den §§ 124 GBO, 46 GBVerf verankert. Dem juristischen Laien fehlt allerdings in aller Regel die Fähigkeit, von dem Recht auf Einsicht in das GB sinnvollen Gebrauch zu machen: Er kann das Grundbuch nicht lesen. Das ist keine Bildungslücke, sondern verständliche Unkenntnis auf einem hochspezialisierten Gebiet. Deswegen sollte sich auch der Kaufmann eines Spezialisten bedienen, z.B. eines Notars, wenn er das Grundbuch einsehen will. Die Einsichtnahme durch diesen bevollmächtigten Spezialisten ist immer erlaubt, und die geringen Kosten machen sich bezahlt.

Einige Grundzüge sollte man dennoch beherrschen, um sich in einfachen oder dringenden Fällen persönlich unterrichten zu können. Daher finden Sie im Anhang das Muster zur Grundbuchverfügung, dargestellt am Grundbuch von Trienach. Zur Einführung in diese Lektüre einige Hinweise:

Das **Bestandsverzeichnis** enthält alle Grundstücke (Parzellen), die auf einem Grundbuchblatt stehen. Das Grundbuchblatt ist entgegen dem Wortsinn nicht ein einziges Blatt, sondern eine Verbindung mehrerer Blätter. Ansonsten könnten

die vielen Eintragungen, die oft erforderlich sind, gar nicht übersichtlich gestaltet werden. Wenn das BGB vom GB spricht, meint es immer das Grundbuchblatt. Bis vor einigen Jahren wurden die Grundbuchblätter beim GBA in Bänden registriert. Die Zitierweise eines Grundstückes lautete demgemäß: „... eingetragen im Grundbuch von Dortmund-Außenstadt Bd. 357 Bl. 11277." Heute sind die Grundbücher weitgehend auf das Loseblattsystem umgestellt. Es ermöglicht die Beschriftung mit der Maschine und Durchschreibeverfahren. Damit dient es der Übersichtlichkeit ebenso wie der Rationalisierung. Die Zitierweise lautet jetzt z.B.: „... eingetragen im GB von Dortmund Loseblatt Nr. 12389."
Orientieren Sie sich bitte an Hand der Spalten 1 bis 4, über welche Verhältnisse an den einzelnen Parzellen das Bestandsverzeichnis Auskunft gibt.
Die Eintragungen in Spalte 3 sind dem **Kataster** entnommen. Das Kataster, nach dem die Gemeinden ihre Grund- und Gebäudesteuern erheben, gibt amtliche Auskunft über die Lage, Größe und Wirtschaftsart des Grundstücks. Das GBA und die Katasterämter stehen in dauernder Verbindung, so daß Änderungen, z.B. in der Grundstücksgröße auf Grund einer Neuparzellierung, dem GBA sofort mitgeteilt werden.
Im Bestandsverzeichnis finden wir außerdem die **mit dem Eigentum am Grundstück verbundenen Rechte.** Sie werden gewissermaßen wie ein Grundstück behandelt. Hierher gehören z.B. Grunddienstbarkeiten, die dem jeweiligen Eigentümer des (herrschenden) Grundstücks das Recht geben, ein anderes Grundstück (das dienende) in bestimmter Weise zu nutzen (z.B. Wege- und Leitungsrechte). Sie werden bemerkt haben, daß im Bestandsverzeichnis des Musters mehrere Grundstücke stehen. Die GBO geht in § 3 Abs. 1 vom **Grundsatz des Realfoliums** aus. Er besagt: Jedes Grundstück erhält im GB eine besondere Stelle (Grundbuchblatt). Dieser Grundsatz ist in der Praxis weitgehend durchlöchert. § 4 Abs. 1 GBO gestattet nämlich, daß über mehrere Grundstücke desselben Eigentümers, deren Grundbücher von demselben GBA geführt werden, ein gemeinschaftliches Grundbuchblatt geführt werden kann, solange hiervon Verwirrung nicht zu besorgen ist **(Personalfolium).** Das gemeinschaftliche Blatt soll das Verfahren des GBA, aber auch die Verfügungen des Eigentümers über seinen Grundbesitz und seine Verwaltungstätigkeit erleichtern.
Rot unterstrichene Eintragungen (gerötete Eintragungen, Rötungen) sind „ungültig". Der Ausdruck „ungültig" ist aus grundbuchrechtlicher Sicht sehr ungenau, hier sollen aber keine weiteren Unterscheidungen getroffen, sondern nur verdeutlicht werden, daß die Rötung keine Hervorhebung ist. Sie dient vielmehr der Übersichtlichkeit. Durch Unterstreichen soll die Lesbarkeit dessen, was früher einmal der wirklichen oder vermeintlichen Rechtslage entsprach, erhalten bleiben. Dem Bestandsverzeichnis folgen die **drei Abteilungen des GB.**
In der **ersten Abteilung** finden wir den **Eigentümer** des oder der Grundstücke. Lesen Sie insbesondere die Spalten 1–4. Die Spalte 4 nennt den Erwerbsgrund, also Auflassung, Erbgang oder Zuschlag in der Zwangsversteigerung. Als Eigentümer kommen natürliche oder juristische Personen in Betracht.
In der **zweiten Abteilung** sind die **Lasten und Beschränkungen** des Grundstücks verzeichnet, z.B. Nießbrauchsrechte, dingliche Wohnrechte, persönliche beschränkte Dienstbarkeiten, Reallasten sowie alle eintragungsfähigen Verfügungsbeschränkungen, z.B. Konkurs- und Zwangsversteigerungsvermerk, aber auch die Anordnung einer Nacherbschaft.
Die **dritte Abteilung** enthält Hypotheken, Grund- und Rentenschulden. Das sind die **Grundpfandrechte** (Pfandrechte an Grundstücken).

Jetzt wollen wir uns der Lösung des Falles zuwenden. Dabei müssen wir wieder vom formellen GB-Recht ausgehen; denn wir prüfen, ob sich die Behörde GBA verfahrensrechtlich einwandfrei verhalten hat.

Eine Eintragung, die sich auf Rechtsverhältnisse bezieht (nicht auf tatsächliche, z. B. Änderung der Grundstücksgröße oder Bewirtschaftungsart), nimmt das GBA in aller Regel nur auf Antrag vor **(Antragsgrundsatz des § 11 Abs. 1 GBO).** Antragsberechtigt sind die Beteiligten, die von der Eintragung betroffen werden (§ 11 Abs. 2 GBO). Das sind der Eingetragene und der Einzutragende, der „gewinnende" und der „verlierende" Teil. Den Antrag auf Eintragung des Käufers B als neuen Eigentümer konnten daher sowohl A als auch B stellen. Die Bitte des B, ihn einzutragen, entspricht dem **1. Eintragungserfordernis.** Allein auf Grund des Antrags darf das GBA aber noch nicht tätig werden; die Eintragung erfolgt vielmehr erst dann, wenn derjenige sie bewilligt, dessen Recht von ihr betroffen wird **(Bewilligungsgrundsatz des § 19 GBO).**

Diese auf den ersten Blick umständlich anmutende Regelung stellt in Wirklichkeit eine große Erleichterung des Grundbuchverkehrs dar. Um das verstehen zu können, muß man das materielle Recht betrachten: Nach § 873 BGB sind zur Übertragung des Eigentums an einem Grundstück, zur Belastung eines Grundstücks mit einem Recht (z. B mit einer Hypothek) sowie zur Übertragung oder Belastung eines solchen Rechtes (z. B. die Übertragung oder Verpfändung einer Hypothek) die Einigung des Berechtigten und des anderen Teiles über die Rechtsänderung und die Eintragung der Rechtsänderung in das Grundbuch erforderlich, soweit nicht das Gesetz ein anderes vorschreibt (z. B. Erwerb durch Zuschlag in der Zwangsversteigerung). Schlagwortartig ausgedrückt: **Zum Erwerb eines Rechtes an einem Grundstück sind Einigung und Eintragung erforderlich.** (Was versteht man unter Rechten an einem Grundstück? Nachlesen Fall Nr. 8 in Bd. I.) Beim Vergleich mit den Vorschriften über den Eigentumserwerb an beweglichen Sachen werden Sie feststellen, daß im Recht der unbeweglichen Sachen die Übergabe durch die Eintragung in das Grundbuch ersetzt wird. Das ist kein neues Übergabesurrogat (wie §§ 930, 931 BGB); die Übertragung des unmittelbaren Besitzes an einem Grundstück spielt für den Rechtserwerb an dem Grundstück überhaupt keine Rolle. Maßgeblich dafür ist vielmehr – selbstverständlich neben der Einigung – die Grundbucheintragung. Der Grundbucheintrag nimmt im rechtsgeschäftlichen Verkehr mit Grundstücken die gleiche Funktion wahr wie der unmittelbare Besitz bei den beweglichen Sachen. Dort war der unmittelbare Besitz das Aushängeschild für das Eigentum, hier ist es die Grundbucheintragung (vgl. § 1006 BGB mit § 891 Abs. 1 BGB). Der unmittelbare Besitz an einer beweglichen Sache und die Grundbucheintragung haben Publizitätswirkung; aber die Wirkung der Grundbucheintragung ist viel stärker als die des unmittelbaren Besitzes. Das werden wir beim gutgläubigen Erwerb von Rechten an einem Grundstück noch sehen (§ 892 BGB).

Da das Grundstück über die wahre Rechtslage Auskunft geben soll, müßte also eigentlich der Grundbuchrechtspfleger in jedem Falle vor einer Eintragung prüfen, ob die Vertragspartner sich gem. § 873 BGB geeinigt haben. Das wäre bei der Vielzahl der vorkommenden Eintragungen eine mühevolle und zeitraubende Arbeit. Deswegen enthebt § 19 GBO den Rechtspfleger der Mühe, in allen Fällen zu untersuchen, ob sich die Parteien nach materiellem Recht wirksam geeinigt haben. Er darf sich mit der **einseitigen Bewilligungserklärung** desjenigen begnügen, dessen Recht von der Eintragung betroffen wird. Diesen Grundsatz nennt man das **formelle Konsensprinzip** (Konsens = Übereinstim-

mung). Wenn also eine Hypothek eingetragen werden soll, prüft der Rechtspfleger nicht nach, ob der Hypothekenbestellungsvertrag wirksam ist. Für ihn reicht die einseitige Bewilligungserklärung des Grundstückseigentümers aus.
Bei **Übertragung des Eigentums** an einem Grundstück, also bei einem besonders einschneidenden Vorgang, wird das formelle Konsensprinzip jedoch durchbrochen. In diesem Falle darf die Eintragung nur erfolgen, wenn die erforderliche Einigung des Berechtigten und des anderen Teils erklärt ist (§ 20 GBO). Gleiches gilt bei Bestellung, Änderung des Inhalts oder Übertragung eines Erbbaurechts. Hier muß der Rechtspfleger nachprüfen, ob über die Eintragungsbewilligung hinaus eine materiell-rechtlich wirksame Einigung vorliegt. Diese Ausnahme nennt man das **materielle Konsensprinzip.**
Für unsere Aufgabe ergibt sich daraus:
Die Eintragungsbewilligung mußte von demjenigen erklärt werden, dessen Recht betroffen wurde, also von dem eingetragenen Eigentümer A. Das ist geschehen; aber wir müssen zusätzlich prüfen, ob auch die materielle Einigung über den Eigentumsübergang wirksam ist. Sie wird vom Gesetz **Auflassung** genannt (§ 925 Abs. 1 S. 1 BGB). Abweichend vom Abschluß des Kaufvertrages über ein Grundstück, bei dem Antrag und Annahme getrennt beurkundet werden können (§§ 313, 128 BGB), kann die **Auflassung nur bei gleichzeitiger Anwesenheit beider Teile** (des Veräußernden und des Erwerbenden) vor einer zuständigen Stelle erklärt werden. Zuständige Stelle ist in erster Linie der Notar, auch wenn das Grundstück nicht in seinem Amtsbezirk liegt (§ 20 Abs. 2 Bundesnotarordnung). Deswegen hätte der Dortmunder Notar die Auflassung zwar beurkunden dürfen; aber A und B mußten gleichzeitig bei ihm erscheinen. Es hätte demnach nicht einmal ausgereicht, wenn B ohne Anwesenheit des A vor dem Dortmunder Notar die Auflassung angenommen hätte.
Das Grundbuchamt hat folglich mit Recht die Eintragung des B als neuen Eigentümer abgelehnt.

Fall Nr. 22: Vertretung bei der Auflassung

V will dem K ein Grundstück verkaufen und auflassen. Der Notar nennt einen Termin, zu dem beide nicht erscheinen können; sie entsenden aber jeder einen Vertreter, dem sie eine schriftliche Vollmacht gegeben haben. Trotzdem lehnt der Notar die Beurkundung ab. Mit Recht?

Lösung

Wir müssen untersuchen, ob die Behörde „Notar" berechtigterweise das Tätigwerden als Urkundsperson verweigert hat. Auch der Notar ist eine Behörde, also im Gegensatz zum Rechtsanwalt eine Amtsperson. Daran ändert auch der Umstand nichts, daß in einigen Ländern der Bundesrepublik eine Person zugleich Rechtsanwalt und Notar sein darf.
Nach § 925 Abs. 1 S. 1 BGB ist die gleichzeitige, jedoch nicht die persönliche Anwesenheit beider Teile erforderlich (vgl. Fall Nr. 15 in Bd. I). Daher konnten V und K Bevollmächtigte entsenden. Die Vollmacht bedarf zu ihrer materiell-rechtlichen Wirksamkeit nicht der Form, die für das abzuschließende Rechtsgeschäft vorgesehen ist (§ 167 Abs. 2 BGB; vgl. Fall Nr. 48 in Bd. I); aber das GBA würde auf Grund einer nur schriftlichen Vollmacht der rechtsgeschäftlichen Vertreter die Auflassung nicht eintragen.

Gemäß § 29 GBO sind nämlich Vollmachten, die zu den „sonstigen zu der Eintragung erforderlichen Erklärungen" gehören, vor dem GBA zur Niederschrift durch den Rechtspfleger zu erklären oder durch öffentliche oder öffentlich beglaubigte Urkunden nachzuweisen. Der Notar handelt somit durchaus sachgerecht, wenn er sich nicht mit der zwar materiell-rechtlich wirksamen Vollmacht zufrieden gibt, sondern sofort wegen § 29 GBO eine auch formell-rechtlich wirksame Vollmacht anfordert.
Häufig wird bei Auflassungen von der **Doppelvollmacht** Gebrauch gemacht (vgl. dazu Fall Nr. 72 in Bd. I).

Fall Nr. 23: Bindung an die Einigung, Anwartschaftsrecht aus Auflassung

V hat dem K am 1. 10. 1973 ein Grundstück in notariell beurkundeter Form verkauft und aufgelassen. Die Eintragungsbewilligung hat er noch nicht erklärt. Am 8. 10. 1973 bietet D, der von dem Verkauf an K weiß, dem V für das fragliche Grundstück 20000,– DM mehr. Noch am selben Tage schließt V mit D ebenfalls einen notariellen Kaufvertrag und läßt ihm das Grundstück auf. Am 15. 10. 1973 wird D als neuer Eigentümer eingetragen. K verlangt von D Übereignung des Grundstückes aus dem Gesichtspunkt des Schadensersatzes. Mit Recht?

Lösung

Wir prüfen, ob K gegen D einen Anspruch aus unerlaubter Handlung hat. (Wiederholen Sie zunächst die Fälle Nr. 38 und 39 in Bd. III.)
Nach dem Lösungsschema (vgl. S. 69 in Bd. III) fragen wir zunächst, welches der in § 823 Abs. 1 BGB genannten Rechtsgüter verletzt sein könnte. Daß es nicht das Eigentum ist, werden Sie sofort erkannt haben; denn zum Eigentumserwerb (Auflassung und Eintragung § 873 Abs. 1 BGB) ist es nicht gekommen. Deswegen legen wir uns die Frage vor, ob D ein sonstiges Recht i.S.d. § 823 Abs. 1 BGB verletzt hat. Durch den Abschluß des Kaufvertrages (Verpflichtungsgeschäft, Kausalgeschäft, causa, obligatorischer Vertrag, vgl. Fall Nr. 46 in Bd. I) hat sich V verpflichtet, dem K das Eigentum an dem Grundstück zu verschaffen (§ 433 Abs. 1 S. 1 BGB).
Dieser Verschaffungsanspruch ist rein schuldrechtlicher Natur (relatives Recht). Solche Ansprüche werden durch § 823 Abs. 1 BGB nicht geschützt. „Sonstige Rechte" sind nur die absoluten Rechte; möglicherweise stellt aber die Rechtsposition, die K durch die Auflassung erlangt hat, ein sonstiges Recht dar. Da die Auflassung nur einen Teil des Übertragungsaktes bildet, hat V seine Pflicht aus § 433 Abs. 1 S. 1 BGB noch nicht erfüllt. Er hat zwar eine Leistungshandlung vorgenommen, der Leistungserfolg kann jedoch erst mit der Eintragung eintreten. Die Eintragungsmöglichkeit darf der Veräußerer nicht durch entgegengesetztes Handeln verhindern. Bis zur Eintragung hat der Auflassungsempfänger lediglich eine Anwartschaft; diese ist aber nicht ungeschützt. Nach § 873 Abs. 2 BGB sind die Beteiligten an die Eintragung gebunden, wenn die Erklärungen notariell beurkundet oder vor dem Grundbuchamt abgegeben oder bei diesem eingereicht sind, oder wenn der Berechtigte dem anderen Teil eine Eintragungsbewilligung ausgehändigt hat. § 929 BGB enthält für bewegliche Sachen nur scheinbar eine andere Regelung. Dort ist Einigsein bei Übergabe erforderlich!

Im Grundstücksverkehr folgt die Eintragung (als „Ersatz" für die Übergabe) notwendig immer der Einigung nach – und das häufig erst Wochen später. **§ 873 Abs. 2 BGB erzwingt das Einigsein bei Eintragung,** indem er eine Bindungswirkung vorschreibt. Damit bleibt es bei dem Prinzip: Einigsein bei Übergabe bzw. Eintragung.

Die durch die Bindung geförderte **Erwerbsaussicht des Auflassungsempfängers erstarkt zu einem Anwartschaftsrecht,** das übertragen, gepfändet und verpfändet werden kann. Deswegen wird es als absolut wirkendes Recht i.S.d. § 823 Abs. 1 BGB behandelt.

Daraus folgt zweierlei:

1. Der alte Eigentümer kann noch als Berechtigter einem Dritten das Eigentum am Grundstück verschaffen; aber
2. die Verletzung des Anwartschaftsrechts des Auflassungsempfängers löst unter den weiteren Voraussetzungen des § 823 Abs. 1 BGB eine Schadensersatzpflicht aus.

Im vorliegenden Falle haben V und D das Anwartschaftsrecht durch die Eigentumsübertragung auf D verletzt. Kausalität der Verletzungshandlung für den eingetretenen Erfolg und Rechtswidrigkeit des Tuns stehen außer Zweifel.

Schuldhaft in der Form des Vorsatzes haben V und D gehandelt, weil sie alle Tatumstände gekannt und den eingetretenen Erfolg gewollt haben.

Der Schadensersatzanspruch des K ist grundsätzlich auf Naturalrestitution gerichtet (vgl. Fall Nr. 1 in Bd. II), § 249 BGB. D muß also den Zustand herstellen, der bestehen würde, wenn der zum Ersatz verpflichtende Umstand nicht eingetreten wäre. Der zum Ersatz verpflichtende Umstand liegt in der Veräußerung an D. Ohne diesen Umstand wäre V noch Eigentümer. Folglich muß D dem V – nicht dem K! – das Eigentum zurückübertragen. Erst danach kann K von V die noch fehlende Eintragungsbewilligung und vom GBA die Eintragung auf seinen Namen verlangen.

Problematisch wird es, wenn D und V sich weigern, freiwillig die Rückauflassung zu erklären. K muß dann zwei, notfalls drei, Prozesse führen:

Mit der ersten Klage muß er beantragen, den D zu verurteilen, das Grundstück an V aufzulassen und die Eintragungsbewilligung zu erklären. Die zweite Klage muß er gegen V richten mit dem Antrage, die Auflassung anzunehmen. Er kann beide Klagen miteinander verbinden. Nach Rechtskraft beider Urteile gilt die Auflassung von D an V erklärt (§ 894 ZPO). Dann muß er die Eintragung des V abwarten. Sollte V sich weiterhin weigern, ihm – dem K – die Eintragungsbewilligung zu geben, so ist eine neue Klage gegen V mit diesem Ziel notwendig.

Fall Nr. 24: Prioritätsgrundsatz

V hat dem K am 1. 10. 1973 ein Grundstück verkauft und aufgelassen. Auch die Eintragungsbewilligung stammt vom selben Tage. Am 8. 10. 1973 tätigt V die gleichen Geschäfte mit D, der von dem Geschäft, das V mit K vorgenommen hat, nichts weiß. D reicht den Kaufvertrag, die Auflassung und die Eintragungsbewilligung vom 8. 10. 1973 am 10. 10. 1973 dem GBA ein, während K erst am 15. 10. 1973 seine Eintragung als neuer Eigentümer beantragt. Wen wird das GBA als Erwerber eintragen?

Lösung

Im Sachenrecht gilt der **Prioritätsgrundsatz** („Wer zuerst kommt, mahlt zuerst"). Im Verkehr mit dem Grundbuchamt wird er dadurch gewährleistet, daß nach § 17 GBO von mehreren Eintragungen, die dasselbe Recht betreffen, die später beantragte Eintragung nicht vor dem früher gestellten Antrag erledigt werden darf. Auf diese Weise wird dem zeitlich früheren Antragsteller der bessere Rang gesichert. Demselben Ziel dient § 45 GBO. Der Unterschied liegt nur darin, daß § 17 GBO anzuwenden ist, wenn dasselbe Recht betroffen wird; z.B. wie in unserem Falle das Eigentum am Grundstück. § 45 GBO Abs. 1 gilt, wenn in einer Abteilung mehrere Rechte einzutragen sind (z.B. mehrere Hypotheken in Abt. III) oder wenn zeitlich nacheinander gestellte Anträge am selben Tage in verschiedenen Abteilungen eingetragen werden (z.B. Eigentumswechsel in Abt. I, dingliches Wohnrecht in Abt. II und Grundschulden oder Hypotheken in Abt. III). Danach muß das GBA im vorliegenden Falle zuerst dem Antrage des D entsprechen, obwohl Kaufvertrag, Auflassung an K und die dem K erteilte Eintragungsbewilligung älter sind.

Fall Nr. 25: Rangverhältnisse

Der Eigentümer E verpflichtet sich am 1. 10. 1973 gegenüber den Banken A, B und C zur Bestellung von 3 Hypotheken in Höhe von 30000,– DM für A, 20000,– DM für B und 10000,– DM für C. Die Eintragungsbewilligung für A geht am 2. 10. 1973 beim GBA ein. Die B- und C-Bank legen die ihnen erteilten Eintragungsbewilligungen erst am 8. 10. 1973 dem GBA vor. In welcher Reihenfolge wird das GBA eintragen?

Lösung

Auszugehen ist von § 45 Abs. 1 GBO. Danach erhält die Hypothek der A-Bank den ersten Rang, während die Hypotheken der B- und C-Bank den gleichen Rang bekommen. Dieses **Rangverhältnis wird unmittelbar aus der Reihenfolge, in der die Anträge erledigt werden, abgeleitet (§ 879 Abs. 1 BGB).**
Die Beteiligten, also Grundstückseigentümer und Gläubiger können, sofern nicht andere Gläubiger benachteiligt werden, einen von der gesetzlichen Regelung abweichenden Rang vereinbaren; das bedarf jedoch der Eintragung in das GB. So hätte z.B. die A-Bank mit E vereinbaren können, daß ihre Hypothek im Range nach den Hypotheken der B- und C-Bank eingetragen werden soll. Dann spielt die Reihenfolge der Antragstellung für das Verhältnis von A zu B und C keine Rolle mehr; die Reihenfolge der Antragstellung bleibt aber maßgebend für das Verhältnis zwischen B und C.
Ein schon **bestehendes Rangverhältnis kann nachträglich geändert werden (§ 880 Abs. 1 BGB).** Wenn es sich bei den betroffenen Rechten um Grundpfandrechte handelt (Grundschuld, Hypothek oder Rentenschuld), muß außer den beteiligten Rechtsinhabern der Eigentümer zustimmen. So könnten z.B. die A-Bank und die B-Bank mit Zustimmung des E vereinbaren, daß die Hypothek der B-Bank den Rang vor dem Recht der A-Bank erhalten soll. Fraglich ist, ob auch die C-Bank zustimmen muß. Um das beantworten zu können, ist es erforderlich, sich über die Bedeutung der Rangfolge einige Gedanken zu machen: Da an einem Grundstück mehrere Rechte derselben Art bestehen können, z.B. mehrere

Hypotheken, taucht das Problem auf, in welcher Reihenfolge die Gläubiger befriedigt werden sollen, falls der Schuldner eines Tages nicht mehr alle Schulden zu tilgen vermag. Wenn das Grundstück dann in die Zwangsvollstreckung gerät, der Erlös aber nicht für alle Gläubiger ausreicht, fragt es sich, wie verteilt werden soll. Das Gesetz hat sich dafür entscheiden müssen, dem **Rangbesseren volle Befriedigung zu gewähren, bevor der Rangschlechtere etwas erhält.** Hätte das Gesetz den Erlös verhältnismäßig verteilt, so wäre der Realkredit ausgehöhlt worden. Durch jeden später hinzutretenden Geldgeber hätten sich nämlich die Anteilsaussichten der früheren verschlechtert. Nach der jetzigen Regelung braucht der Geldgeber spätere Belastungen nicht zu fürchten. Ob er das Objekt für beleihungsfähig halten darf, richtet sich nur nach dem Beleihungszeitpunkt. Für diesen kann er sich durch Wertgutachten informieren. Eine bestehende Rangfolge darf, wenn man den vorgenannten Zweck des Ranges bedenkt, nicht über den Kopf eines Gläubigers hinweg zu seinem Nachteil geändert werden.

Daraus ergeben sich verschiedene Gestaltungsmöglichkeiten:

1. Alle Gläubiger, die den Tauschpartnern im Rang vorgehen, sind nicht betroffen.
2. Zwischenrechte werden durch die Rangänderung nicht berührt (§ 880 Abs. 5 BGB). Das ist ohne weiteres einleuchtend, wenn die tauschenden Rechte gleich sind, was allerdings höchst selten der Fall ist. Meistens bestehen in der Höhe des Betrages Unterschiede. Z.B.: Das zurücktretende Recht beläuft sich auf 20000,– DM, das vortretende auf 30000,– DM. Um die Gläubiger der Zwischenrechte nicht zu schädigen, können hier nur 20000,– DM vortreten. Wenn das zurücktretende Recht höher ist als das vortretende, tritt nur ein so großer Teil zurück, daß für das vortretende Recht insgesamt Platz wird. Z.B.: Zurücktretendes Recht 30000,– DM, vortretendes Recht 20000,– DM. Von den 30000,– DM treten nur 20000,– DM zurück. Die restlichen 10000,– DM stehen dann im Rang hinter den vortretenden 20000,– DM, aber vor den Zwischenrechten. Aus solchen Rangänderungen können im Zwangsversteigerungsverfahren ganz erhebliche Schwierigkeiten erwachsen.
3. Die nachrangigen Gläubiger werden nicht gehört. Ihnen kann es gleichgültig sein, welchen Rang die vorhergehenden Rechte untereinander haben.
4. Zu überlegen bleibt, wie sich die Rangverhältnisse gestalten, wenn – wie in unserem Falle – ein gleichrangiges Recht vor- oder zurücktritt. Wenn die A-Bank mit 30000,– DM den Rangrücktritt erklärt, die B-Bank aber nur für 20000,– DM Platz machen kann, dann tritt die A-Bank mit 20000,– DM gleichrangig neben die C-Bank. Die restlichen 10000,– DM erhalten den Rang zwischen den vorgetretenen 20000,– DM der B-Bank und den nachfolgenden Zwischenrechten. Die nachrangigen Gläubiger der B- und C-Bank sind nicht betroffen.

Fall Nr. 26: Einfluß von Verfügungsbeschränkungen, Berichtigungsanspruch

V hat dem K am 1. 10. 1973 ein Grundstück verkauft und aufgelassen. K reicht die Unterlagen mit der Eintragungsbewilligung am 2. 10. 1973 beim GBA ein und beantragt seine Eintragung. Da die Unbedenklichkeitsbescheinigung des Finanzamtes und das Bodenverkehrszeugnis nach dem Bundesbaugesetz fehlen, wird der Antrag nicht sofort erledigt. Am 15. 10. 1973 fällt V in Konkurs. Trotzdem trägt das GBA den K als neuen Eigentümer ein, nachdem er die fehlenden Bescheinigungen beigebracht hat. Der Konkursverwalter verlangt von K die Einwilligung darin, daß V wieder als Eigentümer eingetragen wird. Er meint, das GB sei durch die Eintragung des K unrichtig geworden. Hat der Konkursverwalter Recht?

Lösung

Die Anspruchsgrundlage, die das Verlangen des KV rechtfertigen könnte, finden Sie in § 894 BGB. Danach kann derjenige, dessen Recht am Grundstück nicht richtig eingetragen ist, von demjenigen, der zu Unrecht eingetragen steht, **Berichtigung des GB** verlangen. Das GB ist **unrichtig, wenn eine Eintragung die wahre Rechtslage nicht zutreffend wiedergibt.**
Trotz aller Vorsicht können Grundbucheintragungen von Anfang an unrichtig sein (z. B. die Einigung ist nichtig) oder durch Vorgänge außerhalb des Grundbuchs unrichtig werden (z. B. Zuschlag in der Zwangsvollstreckung, Erbgang).
Weigert sich der fälschlicherweise Eingetragene, in die Berichtigung einzuwilligen, so stehen dem wahren Berechtigten zwei Wege offen:
1. Wenn er die Unrichtigkeit des GB durch Urkunden i. S. d. § 29 GBO nachweisen kann, z. B. durch Erbschein, berichtigt das GBA auf den einseitigen Antrag des wahren Berechtigten (§ 22 GBO).
2. Kann die Unrichtigkeit des GB nicht in grundbuchmäßiger Form (§ 29 GBO) nachgewiesen werden, dann greift § 894 BGB ein. Diese Vorschrift gewährt dem materiell Berechtigten einen dinglichen Anspruch gegen den formell Berechtigten (Eingetragenen) auf Abgabe einer Berichtigungsbewilligung.
Vergleichen Sie hier wieder einmal das Recht der Fahrnis (Mobilien) mit dem der Grundstücke (Immobilien). Bewegliche und unbewegliche Sachen kann der Eigentümer nach § 985 BGB vom Besitzer herausverlangen. Mit dem Besitz an der beweglichen Sache verschafft er sich zugleich das Etikett seines Eigentums (§ 1006 BGB) und verhindert zukünftigen gutgläubigen Erwerb. Der Besitz am Grundstück hat jedoch keine Publizitätswirkung. Er fördert nicht den Erwerb des Grundstücks durch einen Gutgläubigen und steht ihm auch nicht entgegen. Da die Eigentumsvermutung im Grundstücksrecht an die Eintragung (§ 891 BGB) anknüpft, dient dem wahren Berechtigten in erster Linie die Grundbuchberichtigung. Dem trägt § 894 BGB Rechnung.
Wiederholen Sie nun zunächst Fall Nr. 1, wenn Sie nicht mehr wissen, welche Stellung der KV hat. Einen etwaigen Berichtigungsanspruch des V nach § 894 BGB kann der KV wegen § 6 KO im eigenen Namen geltend machen. Fraglich erscheint, ob V trotz der Eintragung des K noch Grundstückseigentümer, das GB also unrichtig ist. Durch die Auflassung allein hat K das Eigentum nicht erworben. Zwischen Auflassung und Eintragung liegt nun die Konkurseröffnung. Sie bewirkt nach **§ 6 Abs. 1 KO eine absolute Verfügungssperre** zu Lasten des Gemeinschuldners, d. h. er kann über sein zur Konkursmasse gehöriges Vermögen nicht mehr verfügen. Zwar behält er die Rechts- und Geschäftsfähigkeit; aber den Bestand der Masse soll er nicht mehr antasten können. Dieser Verlust stellt eine absolute, also gegenüber jedermann wirkende Verfügungsbeschränkung dar. Nun geht aber § 873 BGB davon aus, daß der Verfügende im Zeitpunkt der Eintragung noch verfügungsbefugt ist. Das trifft auf den Gemeinschuldner nicht mehr zu. Deswegen hätte das GBA, gäbe es nur den § 873 BGB, den V nicht mehr eintragen dürfen. Die richtige Lösung ist mit Hilfe der § 878 BGB § 15 S. 2 KO

zu finden. Nach § 878 BGB, der trotz § 15 S. 1 KO anwendbar bleibt, wird eine gem. § 873 BGB erklärte Einigung nicht dadurch unwirksam, daß der Berechtigte in der Verfügung beschränkt wird, wenn die Erklärung vorher für ihn bindend geworden (vgl. § 873 Abs. 2 BGB) **und** der Antrag auf Eintragung beim GBA gestellt worden ist. **Achten Sie also auf schnelle Antragstellung!**
In unserem Falle ist die Auflassung wegen der notariellen Beurkundung und der Erteilung einer Eintragungsbewilligung bindend (§ 873 Abs. 2 BGB). Den Antrag konnte K als der gewinnende Teil gem. § 13 GBO selbst stellen. Da er das vor Konkurseröffnung besorgt hat, wird er Eigentümer, obwohl ihn das GBA erst nach Konkurseröffnung eingetragen hat. Diese Regelung berücksichtigt ähnlich wie § 873 Abs. 2 BGB den Umstand, daß die Beteiligten auf den Zeitpunkt der Eintragung als den letzten notwendigen Akt zum Rechtserwerb oder auch Rechtsuntergang keinen Einfluß mehr ausüben können, nachdem sie den Antrag gestellt haben. Nur der Tag der Antragstellung liegt in ihrer Hand.

Fall Nr. 27: Gutgläubiger Erwerb

Der 19-jährige M veräußerte ein ihm gehöriges Grundstück an V, der den M für volljährig hält. Ein Jahr später veräußert V das Grundstück an K. Jetzt erst erfahren die Eltern des M von seinem Geschäft. Sie verlangen von K, daß er die Eintragung des M als Eigentümer bewilligt. Mit Recht?

Lösung

M, gesetzlich vertreten durch seine Eltern, macht gegen den K einen Berichtigungsanspruch nach § 894 BGB geltend. Mit seinem Verlangen hat er nur Erfolg, wenn er noch Eigentümer des Grundstücks ist. Wir müssen deswegen in der historischen Reihenfolge untersuchen, wie sich die Eigentumsverhältnisse am Grundstück entwickelt haben.
Da M minderjährig war und noch ist, konnte er keinen voll wirksamen Kaufvertrag (Verpflichtungsgeschäft) schließen und auch nicht voll wirksam an V auflassen (Erfüllungs- oder Verfügungsgeschäft). Beide Geschäfte brachten ihm nicht lediglich einen rechtlichen Vorteil (§ 107 BGB). Sie waren daher schwebend unwirksam (§ 108 Abs. 1 BGB). Eine Genehmigung der Geschäfte durch die Eltern ist nicht zu erkennen. Wir unterstellen, daß sie die Genehmigung gegenüber ihrem Sohn versagt haben (§ 182 Abs. 1 BGB). Da die Erteilung oder Verweigerung der Genehmigung, abgesehen vom Falle des § 108 Abs. 2 BGB, nicht fristgebunden ist, konnten die Eltern trotz des zwischenzeitlichen Verkaufs an K die Genehmigung noch verweigern. Die Verweigerung beseitigt den Schwebezustand. Der Kaufvertrag und die Auflassung sind jetzt als von Anfang an nichtig anzusehen (wiederholen Sie Fall Nr. 61 in Bd. I).
Die Nichtigkeit des Kaufvertrages hätte den Eigentumserwerb des V allerdings nicht gehindert. Hier begegnen wir einer Besonderheit unserer Rechtsordnung: Es ist der **Abstraktheitsgrundsatz des Sachenrechts.** (Wiederholen Sie Fall Nr. 48 in Bd. I.) Er besagt: Das schuldrechtliche Verpflichtungsgeschäft (Grundgeschäft, causa) ist vom dinglichen Verfügungsgeschäft (Erfüllungsgeschäft) streng zu unterscheiden. Die Unwirksamkeit des Verpflichtungsgeschäftes zieht deswegen nicht ohne weiteres die Unwirksamkeit des Erfüllungsgeschäftes nach sich. Ist das Grundgeschäft ungültig, fehlt allerdings der rechtliche Grund für

den Erwerb des dinglichen Rechts. Der Leistende kann daher in aller Regel seine Leistung zurückfordern. Dessen ungeachtet ist der Erwerber des dinglichen Rechts zunächst ungeschmälert Rechtsinhaber.

Beispiel:
1. V verkauft und übereignet dem K für 50,– DM eine Uhr. V ficht den Kaufvertrag wegen Eigenschaftsirrtums (§ 119 Abs. 2 BGB) erfolgreich an. Dann bleibt K trotzdem Eigentümer der übereigneten Uhr. Er ist allerdings um das Eigentum an der Uhr ungerechtfertigt bereichert (§ 812 Abs. 1 S. 2 BGB, „... wenn der rechtliche Grund später wegfällt". Könnten Sie auch § 812 Abs. 1 S. 1 BGB anwenden? „... ohne rechtlichen Grund etwas erlangt". Denken Sie daran, daß die Anfechtung rückwirkende Kraft hat, § 142 BGB. Deswegen muß er das Eigentum zurückübertragen. Es ist falsch, hier einen Herausgabeanspruch nach § 985 BGB anzunehmen; denn er setzt voraus, daß der Fordernde Eigentümer **ist,** hier will er es erst wieder **werden.**
2. Der wegen Geisteskrankheit entmündigte V veräußert dem K für 50,– DM seine Uhr. Der Vormund des V verlangt sie von K zurück. Hier können Sie mit dem Abstraktheitsgrundsatz nichts ausrichten! Die Geschäftsunfähigkeit des V ergreift das Verpflichtungs- und das Erfüllungsgeschäft. Deswegen ist V Eigentümer der Uhr geblieben. Der Vormund kann sie namens des V nach § 985 BGB von K herausverlangen.

Nun kehren wir zu unserem Ausgangsfall zurück. An der Minderjährigkeit des M und der verweigerten Genehmigung scheitert hier wie im Beispiel 2) die Einigung zwischen M und V. V ist also wegen Nichtigkeit der dinglichen Einigung (Auflassung) nicht Eigentümer des Grundstücks geworden. Da er aber als solcher im GB steht, nennt man ihn **Bucheigentümer.** Jetzt erhebt sich die Frage, ob K von dem Bucheigentümer, also dem materiell-rechtlich Nichtberechtigten, gutgläubig das Eigentum am Grundstück erworben hat. Ausgangspunkt ist **§ 891 BGB,** der den öffentlichen Glauben des GB normiert. Er bedeutet: **Die Richtigkeit einer Grundbucheintragung wird solange vermutet, bis sie widerlegt ist.** Jedermann kann sich auf die Richtigkeit der Eintragungen verlassen. Die Buchung hat Rechtsscheinwirkung bis zum Beweise des Gegenteils.

Die praktische Bedeutung der widerlegbaren Vermutung des § 891 BGB wirkt sich wie folgt aus: Wenn der wahre Eigentümer E vom Bucheigentümer B Berichtigung des GB gem. § 984 BGB verlangt, muß E beweisen, daß das GB unrichtig ist. Gelingt ihm der Beweis, wird B zur Abgabe der Berichtigungsbewilligung verurteilt.

Für den Fall, daß ein Dritter mit dem Buchberechtigten ein Rechtsgeschäft über ein unrichtig eingetragenes Recht schließt, reicht die widerlegbare Vermutung des § 891 BGB nicht aus. Der Gutgläubige muß sich **endgültig** darauf verlassen können, daß seinem Erwerb nicht später durch den Nachweis der Unrichtigkeit des GB der Boden entzogen wird. Deswegen bestimmt § 892 BGB zugunsten des gutgläubigen Erwerbers, daß

1. eingetragene Rechte den durch das GB verlautbarten Inhalt und Rang haben und daß Löschungen richtig sind **(positive Publizität);**
2. daß nichteingetragene, aber eintragungsfähige Rechte oder Verfügungsbeschränkungen nicht bestehen **(negative Publizität).**

Der Gutglaubenschutz versagt nur, wenn ein **Widerspruch** gegen die Richtigkeit einer bestimmten Eintragung im GB steht oder wenn **der Dritte die Unrichtigkeit kennt.** § 892 Abs. 1 S. 1 BGB geht also über § 932 Abs. 2 BGB hinaus. Während nach der letztgenannten Vorschrift bereits die grob fahrlässige Unkenntnis bösgläubig macht, schadet im rechtsgeschäftlichen Verkehr mit Grundstücken nur die Kenntnis, das positive Wissen um die Unrichtigkeit des GB.

Die Lösung unseres Falles ist nun ganz einfach: Da K die Unrichtigkeit des GB nicht kannte, hat er gem. § 892 Abs. 1 S. 1 BGB das Recht „Eigentum" am Grundstück gutgläubig erworben. Dieser Erwerb ist endgültig. M kann von K keine Grundbuchberichtigung verlangen.

Fall Nr. 28: Grenzen des gutgläubigen Erwerbs, Erbschein

Der Bucheigentümer B sen. wird von seinem Sohn B jun. bewerbt. Auf Grund eines Erbscheins wird B jun. als neuer Eigentümer eingetragen. Jetzt meldet sich der wahre Eigentümer E und verlangt vom B jun. Grundbuchberichtigung. Mit Recht?

Lösung

Der Berichtigungsanspruch des E gegen B jun. folgt möglicherweise aus § 894 BGB. Danach kann der materiell Berechtigte vom formell Berechtigten Grundbuchberichtigung verlangen, wenn der Grundbuchinhalt mit der wahren Rechtslage nicht übereinstimmt.

Im Streit zwischen E und B jun. spricht zunächst die Vermutung des § 891 Abs. 1 BGB für das Eigentum des B jun.; aber diese Vermutung ist widerlegbar. Deswegen ist anhand der unstreitigen Tatsachen in historischer Reihenfolge zu prüfen, wie sich die Rechtslage am Grundstück entwickelt hat.

Mit dem Tode einer Person (Erbfall) geht deren Vermögen (Erbschaft) als Ganzes auf eine oder mehrere Personen (Erben) über (§ 1922 Abs. 1 BGB). Diesen Rechtsübergang nennt man **Gesamtrechtsnachfolge oder Universalsukzession** im Gegensatz zur Einzelrechtsnachfolge (z.B. bei Übereignung eines einzelnen Grundstücks). Die Gesamtrechtsnachfolge des oder der Erben findet jedoch nur in das Vermögen des Erblassers statt. Ähnlich wie im Konkurs kann man hinsichtlich der Erbschaft zwischen einer Soll- und Istmasse unterscheiden (lesen Sie bitte Fall Nr. 12 in Bd. III). Hatte der Erblasser an einer Sache nur Besitz, aber kein Eigentum, so geht auf den Erben auch nur der Besitz über. Es bleibt zu prüfen, ob der Erbe B jun. gutgläubig das Eigentum am Grundstück erworben hat, weil sein Vater im GB eingetragen war. Anknüpfungspunkt in § 892 Abs. 1 S. 1 BGB sind die Worte **„... durch Rechtsgeschäft"**. Der Erwerb durch Erbgang, mag er auf Testament oder gesetzlicher Erbfolge beruhen, ist kein rechtgeschäftlicher Erwerb, sondern eine Gesamtrechtsnachfolge kraft Gesetzes. Auf Fälle des gesetzlichen Erwerbs findet § 892 BGB aber ebenso wenig Anwendung wie §§ 932–934, 936 BGB. B jun. ist also, selbst wenn er auf das Eigentum seines Vaters an dem Grundstück vertraut haben sollte, durch den Erbfall nicht Grundstückseigentümer geworden. Auch der Erbschein ändert daran nichts, obwohl er – ähnlich wie das Grundbuch – Publizitätswirkung hat, d.h. auch **an den Erbschein knüpft sich ein guter Glaube.** Lesen Sie unbedingt § 2366 BGB! Der gute Glaube erstreckt sich nur auf das Erbrecht, das dem Erben durch den Erbschein bescheinigt wird. Jedermann, der die Unrichtigkeit des Erbscheins nicht kennt, kann sich darauf verlassen, daß die im Erbschein genannte Person **wahrer Erbe** ist; der Erbschein stellt jedoch keine Vermutung hinsichtlich des **Umfanges der Erbschaft** auf. Mithin bleibt es bei dem schon gefundenen Ergebnis: B jun. ist nicht Grundstückseigentümer. Er muß dem E eine Berichtigungsbewilligung geben.

Fall Nr. 29: Grenzen des gutgläubigen Erwerbs, Verkehrsgeschäft

Bucheigentümer B hat eine Weinhandlung betrieben. Das Grundstück mit dem Lagerkeller gehört in Wirklichkeit dem E. Nach dem Tode des B setzen seine Erben X, Y und Z die Weinhandlung fort. 6 Monate nach ihrer Eintragung als die neuen Grundstückseigentümer schließen sie hinsichtlich des Weinhandels einen OHG-Vertrag und lassen das Grundstück an die OHG auf. Sie wird auch als neue Eigentümerin eingetragen. Jetzt meldet sich E und verlangt von der OHG Grundbuchberichtigung. Mit Recht?

Lösung

E hat gegen die OHG möglicherwiese einen Berichtigungsanspruch aus § 894 BGB. Der Anspruch ist gegeben, wenn die OHG nur formell Berechtigte und E materiell Berechtigter ist. Wie im vorhergehenden Falle konnten die Erben X, Y und Z nicht gutgläubig Eigentümer werden, weil sie von dem zu Unrecht eingetragenen Erblasser B nicht rechtsgeschäftlich, sondern gesetzlich erworben haben. Es fragt sich jedoch, ob durch die Übertragung des Grundstücks von der Erbengemeinschaft auf die OHG letztere gutgläubig Eigentümerin geworden ist. Dem ist folgendes vorauszuschicken:
Die **Erbengemeinschaft** X, Y und Z bildet eine sogenannte **Gesamthandsgemeinschaft.** Der Nachlaß stellt ein Sondervermögen dar, das bestimmten Bindungen unterliegt. Die einzelnen Nachlaßgegenstände, Sachen oder Rechte, gehören den Erben gemeinschaftlich. Der einzelne Erbe (Miterbe) kann weder über einen Nachlaßgegenstand verfügen (z.B. eine zum Nachlaß gehörige Uhr veräußern), noch kann er seinen Anteil an einem einzelnen oder an mehreren Nachlaßgegenständen übertragen. Allerdings darf er seinen gesamten Miterbenanteil übertragen (§ 2033 BGB). Damit scheidet er aus der Gesamthand aus und der Erwerber rückt ein.
Gesamthandsgemeinschaften kennt das Gesetz nur bei der BGB-Gesellschaft, der ehelichen Gütergemeinschaft, der Erbengemeinschaft, der OHG und der KG. Darüber hinaus ist es nicht möglich, etwa durch freie Vereinbarung nach § 305 BGB, eine Gesamthandsgemeinschaft zu gründen.
Wenn eine Erbengemeinschaft das ererbte kaufmännische Unternehmen eines Einzelkaufmanns gemeinsam fortsetzen will, muß sie sich für eine Gesellschaftsform entscheiden. Oft wählen die Erben die OHG oder die KG. Beide Gesellschaften sind zwar keine juristischen Personen; aber sie können unter ihrer Firma Rechte und Pflichten erwerben, sowie klagen und verklagt werden (§§ 124, 161 Abs. 2 HGB). Deswegen können die Erben im allseitigen Einverständnis einen Teil des Nachlasses, das Geschäftsvermögen, in ein neues Sondervermögen umwandeln, nämlich in das Vermögen der OHG oder KG. Dazu ist jedoch erforderlich, daß jedes Recht und jede Sache nach den Vorschriften, die für die Übertragung des Rechts oder der Sache gelten, auf die OHG übertragen wird. Forderungen müssen gem. § 398 BGB abgetreten, bewegliche Sachen gem. §§ 929–931 BGB und Grundstücke gem. §§ 873, 925 BGB übereignet werden. Die rechtsgeschäftliche Übertragung eines Vermögens ist also nur möglich, indem jeder Vermögensbestandteil nach der für ihn geltenden Übertragungsnorm veräußert wird.
Demgemäß haben die Erben das scheinbar ererbte Grundstück durch Rechtsgeschäft auf die OHG übertragen. Wir unterstellen, daß sie selbst an das Eigen-

tum des Erblassers geglaubt und alle sonstigen Vorschriften beachtet haben, die für die Übertragung des Eigentums am Grundstück bedeutsam sind. Dennoch ist es zweifelhaft, ob die OHG gutgläubig Eigentum erworben hat. Bei dem Rechtsgeschäft muß es sich um ein **Verkehrsgeschäft** handeln, d.h. die Beteiligung eines Dritten ist vonnöten. Anders ausgedrückt: Veräußernder und Erwerber müssen personenverschieden sein. Diesem Erfordernis ist nicht genügt, wenn die veräußernde Seite mit der erwerbenden identisch ist und nur in einem anderen rechtlichen Gewande auftritt.
(Für Interessierte: *Lutter,* Die Grenzen des sog. Gutglaubensschutzes im Grundbuch, Archiv für civilistische Praxis 164, 122ff.) Die OHG hat mithin trotz guten Glaubens ihrer Vertreter und eines rechtsgeschäftlichen Übertragungsaktes kein Eigentum erworben.

Der gute Glaube wird ferner nicht geschützt beim **Irrtum über die Identität der Person** (B jun. gibt sich mit Hilfe der Gleichnamigkeit als B sen. aus und veräußert das dem B sen. gehörige Grundstück an X, der den B jun. für den B sen. hält, oder gar nicht weiß, daß es zwei Personen mit demselben Namen gibt), beim **Irrtum über die Geschäftsfähigkeit** (z.B. der minderjährige M veräußert ein ihm gehöriges Grundstück an X, der M für volljährig hält), beim **Irrtum über tatsächliche Angaben** (z.B. im Bestandsverzeichnis ist die Grundstücksgröße mit 1100 qm statt richtig mit 1000 qm angegeben. Der gute Glaube kann aus 1000 qm keine 1100 qm machen!).

Fall Nr. 30: Vormerkung, einstweilige Verfügung

V hat dem K ein Grundstück für 100000,– DM verkauft. D bietet daraufhin dem V 120000,– DM. Außerdem nimmt V mit der B-Bank AG Verhandlungen über die Belastung des Grundstücks mit einer Hypothek in Höhe von 20000,– DM auf. Davon erfährt K. Er möchte wissen, ob und wie er sich gegen eine Veräußerung und Belastung des Grundstücks schützen kann.

Lösung

K sollte versuchen, mit Hilfe einer einstweiligen Verfügung eine **Vormerkung** eintragen zu lassen. Aus dem Kaufvertrag hat K lediglich einen schuldrechtlichen (obligatorischen) Anspruch auf Verschaffung des Eigentums an dem Grundstück (§ 433 Abs. 1 BGB). Dinglich Berechtigter ist nach wie vor der Eigentümer V. Der Kaufvertrag mit K hindert ihn nicht, einen weiteren Kaufvertrag über das Grundstück mit D zu schließen und ihm das Grundstück zu übereignen. Beide Verträge sind wirksam. Wenn er gegenüber dem einen Vertragspartner erfüllt, macht er sich zwar gegenüber dem anderen schadensersatzpflichtig; aber der Erwerber erlangt vom Berechtigten unanfechtbares Eigentum (ausgenommen ist der Fall des arglistigen Zusammenwirkens – Kollusion genannt – zwischen dem Verkäufer und dem zweiten Käufer, § 826 BGB). Seine schwache Rechtsposition kann der Grundstückskäufer indessen durch eine Vormerkung stärken lassen. **Die Vormerkung dient dem Schutz eines obligatorischen Anspruchs vor Verfügungen des Berechtigten.** Das geschieht in folgender Weise: Durch die Eintragung der Vormerkung wird das GB zwar nicht gesperrt, d.h. der Grundbuchbeamte braucht die Vormerkung nicht zu beachten, wenn die Eintragung weiterer Rechte beantragt wird; aber der Vormerkungsberechtigte, also derjenige, für den die Vormerkung im GB steht, kann von allen, die nach Eintragung der Vormerkung Rechte am Grundstück erworben haben, verlangen, daß sie weichen, soweit sie der Verwirklichung des vorgemerkten Rechtes im Wege stehen. Die Vormerkung führt zu einer gewissen „Verdinglichung" des obligatorischen Anspruchs. Lesen Sie jetzt § 883 BGB. Im Abs. 2 finden Sie die Formulierung „Eine Verfügung ... ist insoweit unwirksam, als sie den (vorgemerkten) Anspruch vereiteln oder beeinträchtigen würde". Durch diese Ausdrucksweise kennzeichnet das Gesetz die **relative Unwirksamkeit.** Sie bedeutet: **Zeitlich nach der Vormerkung eingetragene Rechte bestehen gegenüber jedem Dritten; nur zugunsten des vorgemerkten Rechtsinhabers müssen sie weichen.**

Nachdem wir uns mit der Frage befaßt haben, was unter einer Vormerkung zu verstehen ist und wie sie wirkt, wollen wir untersuchen, wie K eine Vormerkung erlangen kann.

Das Gesetz nennt in **§ 885 BGB zwei Möglichkeiten.** Die Eintragung erfolgt auf Grund

1. einer **einstweiligen Verfügung** oder
2. der **Bewilligung** desjenigen, dessen Grundstück oder Recht von der Vormerkung betroffen wird.

Die rechtsgeschäftlich bewilligte (konsentierte) Vormerkung findet sich häufig in Grundstückskaufverträgen. Oft wird auf den Kaufpreis lediglich eine Anzahlung geleistet. In solchen Fällen möchte der Verkäufer nicht vor Zahlung des vollen Preises übereignen und der Käufer nicht Gefahr laufen, trotz Anzahlung durch eine anderweitige Verfügung des Verkäufers das versprochene Grundstück zu verlieren.

Bewilligt der Verfügungsberechtigte die Vormerkung nicht, so ist der obligatorisch Berechtigte auf eine gerichtliche Entscheidung angewiesen; aber die kann unter Umständen lange auf sich warten lassen. Im normalen Zivilprozeß sind Ladungs- und Einlassungsfristen zu beachten (nachlesen Fall Nr. 36 in Bd. II), vielfach ist eine Beweisaufnahme erforderlich, wozu ein neuer Termin anberaumt wird, und selbst die Verkündung des Urteils gibt dem Kläger noch keinen Titel in die Hand. Erst müssen der oder die Richter das Urteil absetzen (mit den schriftlichen Gründen versehen). Bevor es zur Zwangsvollstreckung geeignet ist, benötigt es außerdem eine Klausel (§ 724ff. ZPO), und dann muß es dem Schuldner mit der Klausel zugestellt werden (§ 751 ZPO). Inzwischen kann der Verkäufer das Grundstück längst einem anderen Käufer übereignet oder ihm nach § 873 Abs. 2 BGB einen besseren Rang gesichert haben. Aus diesem Grunde kennt die ZPO für Fälle, in denen eine alsbaldige Entscheidung auf den Nägeln brennt, ein besonderes Eilverfahren.

Der 5. Abschnitt des 8. Buches der ZPO enthält die **Vorschriften über den Arrest und die einstweilige Verfügung.**

Nach **§ 935 ZPO** sind in bezug auf den Streitgegenstand einstweilige Verfügungen zulässig, wenn zu besorgen ist, daß durch die Veränderung des bestehenden Zustandes die Verwirklichung des Rechtes einer Partei vereitelt oder wesentlich erschwert werden könnte. Zwei Voraussetzungen müssen mithin gegeben sein:

1. Der Antragsteller muß einen **Verfügungsanspruch** haben. Darunter versteht man einen **materiell-rechtlichen Anspruch** (eine Anspruchsgrundlage in dem bisher besprochenen Sinne), **der nicht auf eine Geldleistung gerichtet** ist. Ansprüche dieser Art haben eine **Individualleistung** zum Gegenstand. Hingegen werden **Geldforderungen** grundsätzlich nicht durch einstwilige Verfügungen, sondern **durch Arrest gesichert (§ 916 ZPO).**

Die Individualleistung, um deren Sicherung der K sich bemüht, ist sein Anspruch aus § 433 Abs. 1 BGB auf Übereignung des Grundstücks. Wollte umgekehrt der

Verkäufer V seinen Zahlungsanspruch aus § 433 Abs. 2 BGB sichern, so müßte er mit einem Arrest gegen den K vorgehen.

2. Der Individualanspruch muß durch eine drohende Veränderung des bestehenden Zustandes gefährdet sein. Diese Voraussetzung heißt **Verfügungsgrund.** Die Tatsachen, aus denen eine Gefährdung des Individualanspruches zu besorgen ist, können sehr verschiedenartig sein. Z.B.: Bevorstehende bauliche Veränderungen, Wegschaffen von Sachen, drohender Fortgang des Schuldners, usw. Nicht ausreichend ist eine drohende Verschlechterung der Zugriffsmöglichkeiten durch einen allgemeinen Vermögensverfall des Schuldners; denn die einstweilige Verfügung und der Arrest sollen nicht dazu dienen, daß sich ein Gläubiger Vorteile vor anderen verschafft, mit denen er sonst das bittere Los des Konkursgläubigers teilen muß.

Die Tatsachen, mit denen der Antragsteller den Verfügungsanspruch (Anspruchsgrundlage) und den Verfügungsgrund (Gefährdung des Anspruchs) darlegt, muß er **grundsätzlich glaubhaft machen (§§ 936, 920 ZPO).**

Von der **Glaubhaftmachung** ist die Führung des **Vollbeweises** zu unterscheiden. Im normalen Erkenntnisverfahren (Fall Nr. 62 in Bd. II) müssen streitige Tatsachen bewiesen werden. Der Beweis ist geführt, wenn dem Gericht keine vernünftigen Zweifel an der Richtigkeit der zu beweisenden Tatsachen bleiben. Eine mathematische Beweisführung ist in aller Regel überhaupt nicht möglich. Die Glaubhaftmachung ist demgegenüber ein geringerer Grad der Beweisführung. Der Beweis soll das Gericht davon überzeugen, daß eine streitige Tatsache mit an Gewißheit grenzender Wahrscheinlichkeit wahr ist; zur Glaubhaftmachung genügt es hingegen, wenn das Gericht die Überzeugung gewinnt, für die Richtigkeit einer behaupteten Tatsache spreche eine überwiegende Wahrscheinlichkeit. In der gerichtlichen Praxis ist das wichtigste Mittel zur Glaubhaftmachung die eidesstattliche Versicherung eines Zeugen oder auch der Partei selbst (§ 294 ZPO).

K müßte also durch Vorlage des mit ihm geschlossenen Kaufvertrages seinen Verfügungsanspruch (§ 433 Abs. 1 BGB) glaubhaft machen. Die Vorlage der Urkunde ist natürlich ein viel besseres Mittel zur Glaubhaftmachung als die oftmals trügerische eidesstattliche Versicherung.

Die Gefährdung seines Individualanspruches, den Verfügungsgrund, braucht er ausnahmsweise nicht glaubhaft zu machen (§ 885 Abs. 1 S. 2 BGB). Sie folgt hier bereits aus der Tatsache, daß der Berechtigte noch zugunsten eines anderen verfügen kann, wie wir bereits gesehen haben. Es ist ja gerade der Zweck der Vormerkung, dieser Gefahrenlage zu begegnen.

Bleibt noch zu klären, an welches Gericht sich der K mit seinem Antrag auf Erlaß der einstweiligen Verfügung wenden muß. Nach der oben bereits erwähnten Vorschrift des § 936 ZPO finden die Vorschriften über die Anordnung von Arresten und über das Arrestverfahren entsprechende Anwendung, soweit nicht die §§ über die einstweilige Verfügung abweichende Vorschriften enthalten. Die **Zuständigkeit des Arrestgerichts** ist in § 919 ZPO geregelt; diese Vorschrift wird jedoch durch die Sonderregelung in §§ 937, 942 ZPO ausgeschlossen. **Die einstweilige Verfügung muß grundsätzlich beim Gericht der Hauptsache beantragt werden.** Gericht der Hauptsache ist das Gericht, bei dem K seinen Anspruch auf Übereignung des Grundstücks (die Hauptsache) einklagen müßte; hier also – wenn kein Gerichtsstand vereinbart worden ist – das für den Wohnsitz des Schuldners V zuständige Landgericht (wegen der Gerichtsstände Fall Nr. 26 in Bd. III nachlesen). Soll mit Hilfe der einstweiligen Verfügung eine Vormerkung eingetragen werden, so ist auch das Amtsgericht zuständig, in dessen Bezirk das Grundstück liegt (§ 942 Abs. 2 ZPO). Ansonsten ist das Amtsgericht, in dessen Bezirk sich der Streitgegenstand befindet, nur in dringenden Fällen zuständig (§ 942 Abs. 1 ZPO). Da die Dringlichkeit oft gegeben ist –

schon wegen der Gefährdung des Anspruchs – braucht sich der Antragsteller in aller Regel keine abschließenden Gedanken über den Gerichtsstand der Hauptsache zu machen. Das ist wegen der Eilbedürftigkeit gut so. Auf der anderen Seite gibt ihm das Amtsgericht in den Fällen des § 942 Abs. 1 ZPO von Amts wegen auf, innerhalb einer Frist die Ladung des Gegners zur Verhandlung über die Rechtmäßigkeit der einstweiligen Verfügung vor dem Gericht der Hauptsache zu beantragen. Im Falle des § 942 Abs. 2 ZPO bestimmt das Amtsgericht diese Frist nur auf Antrag des Gegners. Die Vormerkung wird also auch hier bevorzugt behandelt! Diese Bevorzugung ist nur verständlich vor dem Hintergrund des materiellen Rechts (Gefährdung des obligatorischen Anspruchs).
Der Antrag auf Erlaß der einstweiligen Verfügung kann vor der Geschäftsstelle zu Protokoll erklärt werden (§§ 936, 920 Abs. 3 ZPO). Daraus folgt in Verbindung mit § 78 Abs. 2 ZPO, daß selbst für die Antragstellung beim Landgericht ein Anwalt nicht notwendig ist. Wenn eine Erklärung zu Protokoll der Geschäftsstelle abgegeben werden kann, herrscht für diese Erklärung kein Anwaltszwang. Das gilt ohne Einschränkung im gesamten Prozeßrecht. Trotzdem ist es ratsam, einen Anwalt einzuschalten – wenn man Zeit dazu hat; denn das Gericht braucht über den Antrag nicht unbedingt ohne mündliche Verhandlung zu entscheiden, obwohl das in vielen Fällen geschieht (§§ 936, 921 Abs. 1 ZPO). Beraumt das Gericht einen Termin zur mündlichen Verhandlung an, so kann der Antragsteller sich nur noch durch einen beim Landgericht zugelassenen Anwalt vertreten lassen (nachlesen Fall Nr. 36 in Bd. II). Dasselbe gilt, wenn der Antragsgegner gegen die ohne mündliche Verhandlung erlassene einstweilige Verfügung Widerspruch erhoben hat (§§ 936, 924 ZPO). Im Falle des Widerspruchs muß das Gericht nämlich von Amts wegen einen Termin zur mündlichen Verhandlung anberaumen.

Wir gehen davon aus, daß K beim Gericht der Hauptsache eine einstweilige Verfügung beantragt und den Verfügungsanspruch glaubhaft gemacht hat. Dann wird das Landgericht ohne mündliche Verhandlung durch Beschluß (Urteil ergeht nur nach mündlicher Verhandlung; Ausnahme: Parteien haben auf mündliche Verhandlung verzichtet, § 128 Abs. 2 ZPO, oder es handelt sich um ein Schiedsurteil nach § 510 ZPO – Streitwert bei Klageeinreichung nicht über 50,– DM) eine einstweilige Verfügung des Inhalts erlassen, daß im Grundbuch von ... Blatt X eine Vormerkung mit folgendem Wortlaut einzutragen ist: ... Vormerkung zur Sicherung des Auflassungsanspruchs des K aus dem notariellen Kaufvertrag ...
Eine Vormerkung, die den Anspruch auf Auflassung sichert, heißt **Auflassungsvormerkung.** Wenn der Verkäufer V trotz dieser Vormerkung das Grundstück nun an D aufläßt und das GBA den D (erlaubtermaßen) einträgt, muß K folgenden Weg beschreiten, um sein vorgemerktes Recht zu verwirklichen:
Da der Eigentumserwerb des D gegenüber dem K relativ unwirksam ist (§ 883 Abs. 2 S. 1 BGB), ist für den K nach wie vor der V Grundstückseigentümer. Er kann von ihm die Auflassung so verlangen, als habe V überhaupt nicht zugunsten des D verfügt. Wenn V sich weigert, freiwillig die Auflassung zu erklären, muß K den V auf Abgabe der Auflassungserklärung verklagen. Mit der Rechtskraft des Urteils gilt die Auflassungserklärung des V als abgegeben (§ 894 ZPO). Da die Auflassung eine Einigung ist (dinglicher Vertrag), muß K jedoch zusätzlich die Annahme vor einem Notar erklären (§ 925 BGB). Mit der Eintragung erlangt er sodann das Eigentum am Grundstück; aber die Eintragung stößt auf Schwierigkeiten grundbuchrechtlicher (formal-rechtlicher) Art. Sie wissen bereits, daß das GBA nur tätig wird, wenn ein Berechtigter den Eintragungsantrag stellt (§ 13–15 GBO) und der Betroffene die Eintragung bewilligt (§ 19 GBO). Für das GBA ist derjenige Betroffener, der zufolge der Grundbucheintragung als Rechtsinhaber erscheint. Das ist der D. Er müßte also die Eintragungsbewilligung erklären. Dazu ist er nach § 888 BGB verpflichtet. Bei Weigerung des D hilft dem K nur die Klage auf

Abgabe der Bewilligungserklärung. Das rechtskräftige Urteil tritt gemäß § 894 ZPO an die Stelle der freiwilligen Erklärung. Nun steht der Eintragung des K als Eigentümer nichts mehr im Wege.
Jetzt wollen wir prüfen, was K unternehmen kann, um einer wirksamen Eintragung der Hypothek zugunsten der B-Bank vorzubeugen.
Die Hypothek ist ein Pfandrecht am Grundstück. Wird das durch die Hypothek gesicherte Darlehen nicht pünktlich zurückgezahlt, kann der Gläubiger aus der Hypothek die Zwangsvollstreckung des Grundstücks betreiben. Der Grundstückswert wird also durch Hypotheken ganz oder teilweise, je nach dem Umfang der Belastungen, aufgezehrt. Deswegen ist der Erwerber eines Grundstücks regelmäßig daran interessiert, möglichst wenige Belastungen zu übernehmen.
V hatte als Grundstückseigentümer trotz des Kaufvertrags mit K nicht nur die Möglichkeit, das Eigentum auf einen anderen als den K zu übertragen; er konnte das Grundstück auch noch belasten. Wenn es dem K jedoch gelungen ist, vor der Antragstellung durch den Hypothekar (§ 873 BGB in Verb. m. § 17 GBO) eine von V bewilligte Vormerkung zu beantragen oder wenn das Eintragungsersuchen des Gerichts (§ 941 ZPO) für eine durch einstweilige Verfügung bewilligte Vormerkung vorher beim GBA eingegangen ist, dann schützt die Vormerkung auch vor der Hypothek.
In diesem Falle hat es der K sogar leichter als bei der Eigentumsübertragung: Nachdem K als Eigentümer eingetragen worden ist, braucht er zur Beseitigung der Hypothek nur noch gegen den Hypothekar, die B-Bank, vorzugehen (§ 888 BGB). Von ihr kann er verlangen, daß sie die Löschung der Hypothek bewilligt. Notfalls muß er dazu allerdings wieder den Klageweg beschreiten.

Noch eine kurze Bemerkung zur einstweiligen Verfügung. Vielleicht hat jemand gedacht: Wenn es im einstweiligen Verfügungsverfahren bei der Auswahl des Gerichtsstandes großzügiger zugeht und außerdem die Glaubhaftmachung statt der Beweisführung genügt, dann sollte man doch immer eine einstweilige Verfügung beantragen? Dem ist zweierlei entgegenzuhalten:
1. Außer dem Verfügungsanspruch muß die Gefährdung des Anspruchs (Verfügungsgrund) dargetan werden.
2. Die einstweilige Verfügung führt, abgesehen von wenigen Ausnahmen, nie zur Erfüllung des Anspruchs, sondern immer nur zu einer vorläufigen Sicherung (vgl. die Vormerkung und den weiteren Weg, den K beschreiten mußte, um zur Erfüllung seines Anspruches aus § 433 Abs. 1 BGB zu gelangen). Wer z.B. nach § 985 BGB die Herausgabe einer Sache verlangen kann, wird im Wege der einstweiligen Verfügung regelmäßig nur erreichen, daß die Sache einer dritten Person zur Aufbewahrung herauszugeben ist, also etwa einem Gerichtsvollzieher. Die einstweilige Verfügung soll nicht zur Erfüllung, sondern nur zur Sicherung der späteren Durchsetzbarkeit des Anspruchs führen.

Fall Nr. 31: Übertragung der Vormerkung, gutgläubiger Erwerb

B ist als Eigentümer eines Grundstücks eingetragen. Wahrer Eigentümer ist E. B verpflichtet sich, der X-Bank für ein noch zu gewährendes Darlehen von 30000,– DM eine Hypothek zu bestellen. Gleichzeitig bewilligt er der X-Bank eine Vormerkung zur Sicherung der Hypothek. Die Auszahlung des Darlehens unterbleibt, weil die X-Bank nachträglich Bedenken bekommen hat, ob der Grundstückswert noch genügend Sicherheit bietet. Ihre Rechte aus der Vormerkung tritt sie an den privaten Geldgeber Y ab. Dieser gewährt daraufhin dem B ein

Darlehen von 30000,– DM. Bevor sein Antrag auf Eintragung als Hypothekar beim GBA eingeht, hat das GBA den Z als Gläubiger einer weiteren Hypothek über 20000,– DM eingetragen. Kann Y von Z verlangen, daß er ihm den besseren Rang einräumt?

Lösung

Y kann möglicherweise auf Grund des § 888 Abs. 1 BGB von Z den Rangrücktritt erzwingen. Erste Voraussetzung ist, daß Y eine Vormerkung auf Einräumung der Hypothek erlangt. Da Y die Vormerkung nicht unmittelbar von dem eingetragenen B erworben hat, sondern allenfalls durch Abtretung von X, müssen wir zunächst prüfen, ob X eine Vormerkung hatte.
B war nicht der wahre Eigentümer. Also taucht die Frage auf, ob der Buchberechtigte wirksam dem Gutgläubigen eine Vormerkung einräumen kann. **Die Vormerkung ist kein dingliches Recht am Grundstück; sie sichert nur einen obligatorischen Anspruch.** Deswegen ist § 892 BGB, der von Rechten **an** einem Grundstück oder von Rechten an einem solchen Recht handelt, unmittelbar nicht anwendbar; aber das Gesetz ist hier lückenhaft. Diese Lücke kann man durch eine analoge Anwendung des § 892 BGB schließen, wenn das der vom Gesetzgeber geregelten Interessenlage entspricht. Die Gutglaubensvorschriften wollen den rechtgeschäftlichen Verkehr mit Grundstücken erleichtern. Der redliche Erwerber soll sich auf die Eintragungen im GB verlassen können. Aus diesem Blickwinkel gesehen, besteht kein so großer Unterschied zwischen dem Erwerb des Rechtes am Grundstück und dem Erwerb einer Vormerkung, die einen Rechtserwerb am Grundstück sichert. Deswegen kann der Gutgläubige vom Buchberechtigten eine Vormerkung unter analoger Anwendung des § 892 BGB erwerben.
Bei den weiteren Überlegungen ist große Vorsicht geboten! Die Vormerkung soll einen obligatorischen Anspruch sichern. Daher hat sie nur Sinn, wenn ein derartiger Anspruch besteht oder entstehen kann (§ 883 Abs. 1 BGB). Hier sollte die Vormerkung den Anspruch auf Bestellung der Hypothek sichern. Mithin war ein Sicherungsobjekt vorhanden. Die X-Bank hatte also die Vormerkung erworben.
Fraglich ist nun, ob sie dieses Recht wirksam an Y abgetreten hat. Da die Vormerkung kein dingliches Recht am Grundstück ist, wird sie nicht gem. § 873 BGB übertragen. Als Sicherungsrecht ist die **Vormerkung** vom Bestand des zu sichernden Rechtes (des obligatorischen Anspruchs) abhängig. Sie ist **akzessorisch** (nachlesen Fall Nr. 34 in Bd. III). Eine Übertragung der Vormerkung ohne gleichzeitige Übertragung des zu sichernden Anspruchs ist daher nicht möglich. Vielmehr geht die Vormerkung als Sicherungsrecht kraft Gesetzes auf den Erwerber des von ihr gesicherten Anspruchs über. Eine gesonderte Übertragung der Vormerkung ist nicht erforderlich (§ 401 BGB). Deswegen müssen wir prüfen, ob die X-Bank den gesicherten Anspruch übertragen hat. Das ist sehr zweifelhaft. Zwar kann der Anspruch auf Einräumung einer Hypothek abgetreten werden (wegen der Abtretungsverbote und -hindernisse vgl. Fälle Nr. 52 und 53 in Bd. II); aber die X-Bank hat ausdrücklich die Rechte aus der Vormerkung abgetreten. Trotz dieser unglücklichen Ausdrucksweise könnte man helfen (§ 133 BGB, unbedingt nachlesen!), wenn aus dem Sachverhalt zu erkennen wäre, ob Y in den Hypothekenbestellungsvertrag zwischen B und der X-Bank „eingestiegen" ist, d.h. ihn mit dem vereinbarten Inhalt hingenommen oder ob er mit B einen völlig neuen Hypothekenbestellungsvertrag geschlossen hat (andere Zinsen, Fällig-

keiten, usw.). Im letzteren Falle hat keine Abtretung stattgefunden, also hat Y auch keine Vormerkung erworben. Im ersteren Falle erwirbt er die Vormerkung – jedoch nicht gutgläubig, sondern von der materiell-rechtlichen Vormerkungsinhaberin X-Bank, die sie ihrerseits gutgläubig von B erworben hatte.
Aus Ihren Kenntnissen müssen Sie ableiten können, daß eine Vormerkung niemmals gutgläubig erworben werden kann, wenn der zu sichernde obligatorische Anspruch nicht besteht. Da es keinen gutgläubigen Erwerb von schuldrechtlichen Ansprüchen gibt, ist der Erwerb des Sicherungsrechtes „Vormerkung" sinnlos: Es gibt nichts zu sichern!
Wenn Y die Vormerkung erworben hat, kann er gegen Z gem. § 888 BGB vorgehen. Z muß dem Y den besseren Rang einräumen.

Von den Fällen, daß a) ein Nichtberechtigter dem Inhaber eines obligatorischen Anspruchs eine Vormerkung einräumt, b) ein Berechtigter oder Nichtberechtigter eine Vormerkung für einen nichtbestehenden obligatorischen Anspruch einräumt, ist c) der Fall zu unterscheiden, daß der obligatorische Anspruch zwar besteht, die dafür bestellte Vormerkung jedoch aus irgendeinem Grunde unwirksam ist (z.B. eine Gesellschaft ist bei Abschluß des Kaufvertrages über ein Grundstück wirksam vertreten, aber nicht bei Bewilligung der Auflassungsvormerkung). Wird jetzt der bestehende Anspruch aus der Auflassung wirksam abgetreten, dann erwirbt der Gutgläubige auch die nicht bestehende Vormerkung. Streitig ist nur, ob sich der Vormerkungserwerb analog nach § 892 oder § 893 BGB vollzieht.

Fall Nr. 32: Widerspruch

P ist Prokurist in der Firma A & B OHG. Er verkauft ein Grundstück der OHG an den Kaufmann K, dem er es auch aufläßt. K wird als neuer Eigentümer eingetragen. Er möchte auf dem Grundstück eine Tankstelle erbauen. Die Ölgesellschaft X ist bereit, die Baukosten zinsgünstig vorzuschießen, wenn sie durch eine Hypothek sichergestellt wird. Davon erfährt die OHG. Sie hält sich nach wie vor für die Grundstückseigentümerin und möchte wissen, wie sie sich gegen Verfügungen des K über das Grundstück schützen kann.

Lösung

Der OHG ist zu raten, auf dem Wege über die einstweilige Verfügung einen Widerspruch eintragen zu lassen. **Der Widerspruch beseitigt den Gutglaubenschutz.** Wenn das Grundbuch unrichtig ist und die Gefahr eines gutgläubigen Erwerbs besteht, muß der materiell Berechtigte darauf bedacht sein, wirksame Verfügungen des nur formell Berechtigten zu verhindern. Dem dient der Widerspruch. Während die Vormerkung den obligatorisch Berechtigten vor Verfügungen des dinglich Berechtigten schützt, schützt der Widerspruch den materiell Berechtigten (den wahren Rechtsinhaber) vor Verfügungen des formell Berechtigten (des nur scheinbar Berechtigten).

Merke: Die Vormerkung prophezeit (den Rechtserwerb); der Widerspruch protestiert (gegen die Vermutung der Richtigkeit des Grundbuchs).

Der Widerspruch wird eingetragen entweder auf **Bewilligung** des Betroffenen, also desjenigen, der zu Unrecht als Rechtsinhaber im GB steht, **oder** auf Grund

einer **einstweiligen Verfügung** (§ 899 Abs. 2 BGB). Diese Regeln kennen Sie bereits von der Vormerkung (vgl. § 885 Abs. 1 BGB). Wir gehen davon aus, daß K nicht bereit ist, einen Widerspruch zu bewilligen. Dann ist die OHG auf eine einstweilige Verfügung angewiesen.
Zuständig für den Erlaß der einstweiligen Verfügung ist neben dem Gericht der Hauptsache (§ 937 Abs. 1 ZPO) das Gericht der „belegenen Sache" (§ 942 Abs. 2 ZPO). Gericht der Hauptsache ist das Gericht, bei dem die OHG ihren vermeintlichen Berichtigungsanspruch (§ 894 BGB) einklagen muß. Dafür gibt es den **ausschließlichen Gerichtsstand des § 24 ZPO.** Er verdrängt jeden anderen Gerichtsstand, also den allgemeinen, den besonderen und den vereinbarten. Da das Grundstück sicherlich einen Wert von mehr als 1500,– DM hat, müßte die OHG vor dem Landgericht klagen, in dessen Bezirk das Grundstück „belegen" ist. Wir unterstellen, daß die OHG die einstweilige Verfügung bei diesem Gericht beantragt.
Der Antrag hat nur Aussicht auf Erfolg, wenn die OHG einen Verfügungsanspruch glaubhaft macht. Als Verfügungsanspruch (materielle Anspruchsgrundlage) kommt ein Berichtigungsanspruch gegen K in Betracht (§ 894 BGB). Wir müssen also prüfen, ob die Grundbucheintragung nicht mit der wahren Rechtslage übereinstimmt. Die Eintragung des K steht außer Frage; aber die Auflassung ist möglicherweise unwirksam. Die OHG als Handelsgesellschaft kann unter ihrer Firma Rechte erwerben und übertragen (§ 124 HGB). Jeder Gesellschafter kann sie, sofern der Gesellschaftsvertrag nichts anderes besagt, im rechtsgeschäftlichen Verkehr vertreten; hier hat jedoch der Prokurist für sie gehandelt. Er darf Grundstücke nur veräußern, wenn ihm diese Befugnis besonders erteilt ist (§ 49 Abs. 2 HGB). Nach dem Sachverhalt hat die OHG den P nicht „besonders" zu Geschäften der in § 49 Abs. 2 BGB genannten Art bevollmächtigt. Er handelte mithin als Vertreter ohne Vertretungsmacht. Die Geschäfte, Kaufvertrag und Auflassung, waren also schwebend unwirksam (§ 177 Abs. 1 BGB). Da die OHG eine Genehmigung verweigert hat, sind beide Geschäfte von Anfang an nichtig (vgl. Fall Nr. 60 in Bd. I). Die von P erklärte Auflassung hat nicht zum Eigentumserwerb des K geführt. Folglich ist das GB unrichtig.
Bleibt zu prüfen, ob die OHG auch einen Verfügungsgrund hat. Als Belastung droht die Eintragung der Hypothek zugunsten der Ölgesellschaft.
Eine Glaubhaftmachung der Tatsachen, aus denen die Gefährdung folgt, ist wie bei dem Antrag auf Erlaß einer einstweiligen Verfügung zur Eintragung einer Vormerkung nicht erforderlich (§ 899 Abs. 2 S. 2 BGB und § 885 Abs. 1 S. 2 BGB).
Die OHG wird also mit ihrem Antrag Erfolg haben. Auch der Widerspruch ist auf Ersuchen des Gerichts, das die einstweilige Verfügung erläßt (§ 941 ZPO), einzutragen. Wenn die Ölgesellschaft nach Eintragung des Widerspruchs beantragt, für sie die Hypothek einzutragen, kann sie nicht mehr geltend machen, sie habe die OHG gutgläubig für die Grundstückseigentümerin gehalten.

Fall Nr. 33: Guter Glaube an handelsregisterliche Eintragungen

Einzelkaufmann Kurt Meier hat seinem Angestellten P Prokura erteilt und diese zur Eintragung in das Handelsregister (im folgenden HR) angemeldet. Der Rechtspfleger trägt den P versehentlich als Prokuristen der Kurt Meier OHG ein, die es auch gibt. Die Eintragungsnachricht erhält Kurt Meier, der zugleich alleinvertretungsberechtigter Gesellschafter der Kurt Meier OHG ist, am 15. 10. 1973.

Am selben Tage wird die Eintragung bekannt gemacht. Die B-Bank kündigt am 31. 10. 1973 zum 31. 12. 1973 ein der OHG gewährtes Darlehen durch Erklärung gegenüber dem P. Die OHG will die Kündigung erst zum 31. 3. 1974 gelten lassen, weil die Kündigungsfrist 3 Monate beträgt und Kurt Meier von der Kündigung erst am 2. 12. 1973 erfahren hat. Da die OHG nicht zahlt, verlangt die B-Bank ab 1. 1. 1974 5% Zinsen. Mit Recht?

Lösung

Die B-Bank kann ihren Zinsanspruch gegen die OHG möglicherweise aus § 352 HGB herleiten. Nach dieser Vorschrift belaufen sich die gesetzlichen Zinsen, einschließlich der Verzugszinsen, bei beiderseitigen Handelsgeschäften auf 5% (zum Begriff des Handelsgeschäfts Fall Nr. 40 in Bd. II nachlesen). Handelsgeschäfte sind alle Geschäfte eines Kaufmanns, die zum Betriebe des Handelsgewerbes gehören (§ 343 Abs. 1 HGB). Daß die OHG und die B-Bank die Kaufmannseigenschaft besitzen, folgt aus §§ 1 Abs. 2 Nr. 4, 105 Abs. 1 HGB. Die von Kaufleuten vorgenommenen Rechtsgeschäfte gelten im Zweifel als zum Betriebe ihres Handelsgewerbes gehörig (§ 344 Abs. 1 HGB). Mangels weiterer Anhaltspunkte gehen wir davon aus, daß die Darlehensgewährung ein Handelsgeschäft darstellte.
Nun ist zu prüfen, ob sich die OHG mit der Rückzahlung des Geldes im Verzuge befindet (zu den Voraussetzungen des Schuldnerverzuges Fall Nr. 21 in Bd. II nachlesen).
Erste Voraussetzung des Verzugs ist die Fälligkeit der Schuld. Hier tritt Fälligkeit mit dem Wirksamwerden der Kündigung ein (§ 609 Abs. 1 BGB). Also müssen wir vorab untersuchen, ob die B-Bank das Darlehen wirksam gekündigt hat. Die Kündigung ist eine einseitige, empfangsbedürftige Willenserklärung (zum Begriff nachlesen Fall Nr. 17 in Bd. I). Sie müßte der OHG rechtzeitig zugegangen sein.
Da die OHG durch ihre Organe (was ist das? Nachlesen Fälle Nr. 7 und 50 in Bd. I) oder auch durch rechtsgeschäftliche Vertreter (Bevollmächtigte) handelt, ist zu fragen, ob P die OHG bei der Entgegennahme der Kündigung vertreten konnte. Kurt Meier wollte ihn zum Vertreter seines Einzelhandelsunternehmens machen. Mit der OHG ist es nicht identisch; aber die Eintragung des P als Prokurist der OHG könnte zur Folge haben, daß Dritte den P als Prokuristen der OHG ansehen durften, und daß ihr Vertrauen auf die Richtigkeit der Eintragung Schutz genießt. Damit sind wir wieder bei einem Gutglaubensproblem, ähnlich wie wir es bei § 892 BGB angetroffen haben. Die hier maßgebliche Regelung finden Sie in § 15 HGB, der durch Art. I Nr. 2 des Gesetzes zur Durchführung der ersten Richtlinie des Rates der Europäischen Gemeinschaften zur Koordinierung des Gesellschaftsrechts vom 15. 8. 1969 (BGBl. I 1146) neu gefaßt worden ist. **Zwischen dem Gutglaubensschutz nach § 892 BGB und dem nach § 15 HGB besteht indessen ein großer Unterschied:** § 892 BGB schützt auch den guten Glauben an eine Eintragung, die von Anfang an falsch war (z. B. A wird als Gläubiger einer Hypothek eingetragen, obwohl die Hypothek sofort in der Person des B entstanden war). Dagegen gewährt § 15 HGB nur Schutz, wenn eine einmal richtig gewesene Eintragung unrichtig wird, eine Anpassung der ursprünglich richtigen Eintragung an die veränderte Rechtslage also unterbleibt.
Anders ausgedrückt: **Der Leser des Grundbuches kann sich auf die Richtigkeit und Vollständigkeit der Eintragungen verlassen. Das Grundbuch hat positive**

(Reden) und negative Publizität (Schweigen). Hingegen darf der Leser des Handelsregisters nur auf die Vollständigkeit der Eintragungen vertrauen.

Merke: Nur dem Schweigen des Registers darf man trauen. Das Handelsregister hat nur negative Publizität.

Nach diesen grundsätzlichen Bemerkungen wollen wir uns dem Fall zuwenden: Wenn es dort heißt, der Einzelkaufmann Kurt Meier habe dem P Prokura erteilt, müssen wir annehmen, daß die Prokurabestellung abgeschlossen war, bevor Kurt Meier zur Anmeldung schritt. (Wie wird eine Prokura bestellt? Wodurch unterscheiden sich deklaratorische und konstitutive Eintragungen in das Handelsregister? Vgl. Fall Nr. 54 in Bd. I.) P ist also Prokurist des Einzelkaufmanns Kurt Meier. Die falsche Eintragung beeinflußt diesen Rechtszustand nicht.
Fraglich ist, ob die B-Bank darauf vertrauen durfte, P sei Prokurist der OHG. Da es sich um eine anfänglich falsche Eintragung handelt, wird ihr guter Glaube weder durch Abs. 1 noch durch Abs. 2 des § 15 HGB geschützt.

Gegenbeispiel: A hat die ordnungsgemäß eingetragene Prokura des P widerrufen, aber das Erlöschen der Prokura nicht zum Handelsregister angemeldet. Der Widerruf läßt die Prokura erlöschen, ohne daß es dazu der Eintragung bedarf; das Erlöschen der Prokura ist jedoch in gleicher Weise wie die Erteilung anzumelden (§ 53 Abs. 3 HGB; deklaratorische Eintragungen). Es handelt sich also um einzutragende Tatsachen i. S. d. § 15 Abs. 1 HGB. Solange das Erlöschen nicht eingetragen und bekanntgemacht ist, kann ein Dritter, der die wahre Rechtslage nicht kennt (was heißt Kenntnis?), sich auf den Fortbestand der Prokura verlassen. Das Handelsregister **schweigt über das Erlöschen** der Prokura.

Nun erfordert gerade der Rechtsverkehr unter Kaufleuten im besonderen Maße einen Vertrauensschutz. Die Rechtspraxis hat gezeigt, daß diesem Erfordernis mit der Regelung des § 15 HGB nicht ausreichend gedient ist. Deswegen haben sich über § 15 HGB hinaus zwei Grundsätze herausgebildet:
1. Wer im Handelsverkehr öffentlich eine Erklärung abgibt oder abgeben läßt, ist gutgläubigen Dritten gegenüber daran gebunden.

Beispiel: A meldet den P versehentlich als Prokurist an. Nach Eintragung und Bekanntmachung können gutgläubige Dritte sich darauf verlassen, das P Prokurist ist, auch wenn das Versehen des A nicht schuldhaft war. Der Unterschied zum Ausgangsfall und der Grund für die Einstandspflicht des A liegen darin, daß A und nicht der Rechtspfleger (ein Dritter) die ursprüngliche Falscheintragung veranlaßt hat.

Merke: Ist der Rechtsschein von dem in Anspruch genommenen Kaufmann selbst veranlaßt, so kommt es auf sein Verschulden nicht an.

2. Wer im Handelsverkehr eine scheinbar von ihm stammende Erklärung, insbesondere eine Eintragung im Handelsregister, schuldhaft nicht beseitigt, kann sich gutgläubigen Dritten gegenüber nicht auf die Unrichtigkeit der Erklärung oder Eintragung berufen. Da hier die Veranlassung von einem Dritten ausgeht, tritt die Bindungswirkung nur ein, wenn der scheinbar Erklärende schuldhaft den Rechtsschein nicht beseitigt.

Merke: Ist der Rechtsschein von einem Dritten veranlaßt, so haftet der scheinbar Erklärende nur, wenn er den Rechtsschein schuldhaft bestehen läßt.

Sie werden bemerkt haben, daß die Rechtsgrundsätze zu 1. und 2. eine Art positive Publizität des Handelsregisters begründen.
Der zu Ziff. 2 genannte Rechtsgrundsatz hat auf die Lösung unseres Falles möglicherweise Einfluß. Von einem Kaufmann wird verlangt, daß er die Bekanntmachungen des Handelsregisters liest. Wenn er das unterläßt, verstößt er gegen die Sorgfaltspflicht des ordentlichen Kaufmanns (§ 347 HGB). Hätte Kurt Meier die ihm obliegende Sorgfalt beachtet und die Bekanntmachungen verfolgt, wäre ihm das Versehen des Rechtspflegers aufgefallen, und er hätte für eine Berichtigung sorgen können. Da er das unterlassen hat, muß er sich von der gutgläubigen B-Bank so behandeln lassen, als habe er den P zum Prokuristen der OHG bestellt. Die B-Bank konnte darauf vertrauen, daß P der richtige Empfänger für die Kündigungserklärung war. Mithin ist die Kündigung wirksam geworden, und das auch rechtzeitig. Die Rückzahlung des Darlehens ist also seit dem 1. 1. 1974 fällig. Oder? Beachten Sie bitte § 193 BGB. Der 1. 1. ist ein staatlich anerkannter allgemeiner Feiertag. Folglich tritt an seine Stelle der nächste Werktag, der 2. 1. 1974.
Zweite Voraussetzung des Verzugs ist die Mahnung; hier ist sie jedoch mit Rücksicht auf die kalendermäßige Bestimmung des Leistungszeitpunktes entbehrlich (§ 284 Abs. 2 S. 1 BGB).
Das Vertretenmüssen (§ 285 BGB) soll uns nicht länger beschäftigen. Die OHG hätte darlegen müssen, daß sie nicht zu vertreten braucht (vgl. die Regelung der Beweislast am Fall Nr. 21 in Bd. II). Nach allem kann die B-Bank 5% Verzugszinsen seit dem 2. 1. 1974 von der OHG verlangen (selbstverständlich auch die Rückzahlung des Darlehens zum selben Zeitpunkt).

Fall Nr. 34: Positive Publizität des Handelsregisters

A hat seinem Prokuristen P wegen Unzuverlässigkeit die Prokura entzogen. Das Erlöschen der Prokura ist am 15. 10. 1973 eingetragen und am 22. 10. 1973 bekanntgemacht worden. Am 24. 10. 1973 nimmt P namens des A bei der B-Bank ein Darlehen von 80000,– DM auf und verschwindet mit dem Geld. Haftet A auf Rückzahlung?

Lösung

A muß das Geld zurückzahlen, wenn zwischen ihm, vertreten durch P, und der B-Bank ein Darlehensvertrag zustande gekommen ist (§ 607 Abs. 1 BGB). Als Prokurist hätte P die erforderliche Vertretungsmacht gehabt (§ 49 Abs. 1 HGB); aber die Prokura war bei Abschluß des Darlehensvertrages bereits erloschen. Auf § 15 Abs. 1 HGB kann sich die Bank nicht berufen; denn das Handelsregister gibt die Rechtslage zutreffend wieder. Richtige Tatsachen, die eingetragen und bekanntgemacht sind, muß ein Dritter grundsätzlich gegen sich gelten lassen. Das ist eigentlich selbstverständlich; § 15 Abs. 2 S. 2 HGB trägt aber dem Umstande Rechnung, daß Dritte unter gewissen Umständen kurzfristig nach Bekanntmachung noch keine Gelegenheit gehabt haben, die Veröffentlichungsblätter des Registergerichts zu lesen. Deshalb braucht der Dritte die eingetragene und bekanntgemachte Tatsache bei Rechtshandlungen, die innerhalb von 15 Tagen nach der Bekanntmachung vorgenommen werden, nicht gegen sich gelten zu lassen, **sofern er beweist, daß er die Tatsache weder kannte noch kennen**

mußte. Nach Ablauf dieser Frist schadet auch schuldlose Unkenntnis. An die Beweisführung werden sehr strenge Anforderungen gestellt **(Teufelsbeweis).** Nichtlesen der Bekanntmachungsblätter genügt auf gar keinen Fall. Verhinderung der Kenntnisnahme durch Umstände, die nicht auf schuldhaftes Verhalten des Dritten beruhen, können eine Ausnahme begründen. Im vorliegenden Falle hat die beweispflichtige Bank nichts dafür vorgetragen, was die Annahme einer schuldlosen Unkenntnis rechtfertigt. Sie muß also das Erlöschen der Prokura gegen sich gelten lassen. Mithin ist zwischen ihr und dem A kein Darlehensvertrag zustande gekommen. Daher besteht kein Rückzahlungsanspruch aus § 607 Abs. 1 BGB.

Fall Nr. 35: Faustpfandrecht

S schuldet dem G 1200,– DM aus Benzinlieferungen, 20000,– DM aus einem Darlehen und 2000,– DM aus der Reparatur von Kraftfahrzeugen. Zur Sicherheit für die 1200,– DM verpfändet der S dem G ein Bild. Das Bild nimmt der G mit; ebenso ein Fernsehgerät, das zur Sicherung der Reparaturforderung dienen soll. Dieses Gerät hat V unter Eigentumsvorbehalt geliefert. Es ist noch nicht bezahlt. Zur Sicherung des Darlehens verpfändet S dem G einen LKW, wobei sie vereinbaren, daß S den LKW für G in Besitz nehmen soll. S braucht den LKW nämlich, um seinen Gewerbebetrieb fortsetzen zu können. Bei Fälligkeit der gesicherten Forderungen zahlt S nicht. G möchte das Bild, das Fernsehgerät und den LKW für sich verwerten. Er wendet sich deswegen an einen Gerichtsvollzieher. S hört davon und widerspricht einer Verwertung der Gegenstände. Mit Erfolg?

Lösung

Pfandrecht am Bild: Nach § 1204 BGB kann eine bewegliche Sache zur Sicherung einer Forderung in der Weise belastet werden, daß der Gläubiger berechtigt ist, **Befriedigung aus der Sache zu ziehen (Pfandrecht).** Die Verwertung des Pfandes erfolgt durch Verkauf (§ 1228 BGB); der Pfandgläubiger ist zum Verkauf jedoch erst berechtigt, wenn die durch das Pfand gesicherte Forderung ganz oder zum Teil fällig ist. Diesen Zeitpunkt nennt man Pfandreife. Wir müssen also untersuchen, ob G ein Pfandrecht an dem Bilde erlangt hat und Pfandreife eingetreten ist.

Das Pfandrecht ist wie das Eigentum ein gegen jedermann wirkendes dingliches Recht an der Sache (§ 1227 BGB); es genießt nahezu gleichen Schutz wie das Eigentum, auch seine Entstehung ist der Eigentumsübertragung nachgebildet. Vergleichen Sie hierzu den Wortlaut des § 1205 Abs. 1 BGB mit dem des § 929 BGB. Die Einigung ist zwar modifiziert (statt Eigentumsübergang ist Pfandrechtsbestellung gewollt); aber ansonsten ist es der gleiche Vorgang. § 1205 Abs. 2 BGB regelt eine Besonderheit, auf die an anderer Stelle noch einzugehen ist.

In unserem Falle haben sich S und G über die Pfandrechtsbestellung geeinigt. S hat dem G auch den unmittelbaren Besitz übertragen und damit das nach § 1205 Abs. 1 BGB Erforderliche getan.

Die Entstehung des Pfandrechtes ist allerdings noch an eine andere Voraussetzung geknüpft. Nach § 1204 BGB dient es zur Sicherung einer Forderung. Daraus folgt: **Ein Pfandrecht ohne zu sichernde Forderung ist unmöglich. Das**

Pfandrecht ist akzessorisch (vgl. das Verhältnis zwischen Vormerkung und dem zu sichernden Anspruch). Ohne die zu sichernde Forderung kann das Pfandrecht folglich weder entstehen noch fortbestehen noch übertragen werden (lesen Sie bitte die §§ 1204, 1250, 1252, 1273 BGB).
Vielleicht können Sie sich diese Akzessorietät an einem „Vergleich" mit einer Erscheinung aus der Tierwelt merken: Die Schnecke ist die nackte, ungesicherte Forderung, ihr Häuschen das sichernde Pfand. Ohne Schnecke **entsteht** kein Häuschen, wo die Schnecke hinkriecht, **folgt** ihr das Häuschen, und wenn die Schnecke stirbt, **verfällt** (allerdings langsam) auch das Haus.
Da G gegen den S eine bestimmte Forderung hatte, zu deren Sicherung das Pfandrecht am Bild dienen sollte, bereitet die Akzessorietät hier keine Schwierigkeiten. G hat mithin am Bilde ein Pfandrecht erlangt.
Pfandrecht am Fernsehgerät: Auch hier sicherte das Pfandrecht eine bestehende Forderung. Aus Gründen der Akzessorietät sind gegen seine Entstehung keine Bedenken anzumelden.
Fraglich ist, ob die Einigung keinen Mangel aufweist. Nach § 1205 BGB muß sich der Eigentümer der Sache mit dem Gläubiger einigen; S war aber als Vorbehaltskäufer nur Inhaber eines Anwartschaftsrechts. Das Anwartschaftsrecht ist eine Entwicklungsstufe, aus der bei Bedingungseintritt das Vollrecht automatisch hervorgeht. Deswegen ist das Anwartschaftsrecht als absolutes Recht geschützt und in mancher Beziehung den dinglichen Rechten gleichgestellt (vgl. Fall Nr. 10). Außerdem ist es übertragbar und pfändbar. S und G haben jedoch nicht das Anwartschaftsrecht, sondern die Sache selbst verpfändet. Daher müssen wir zunächst prüfen, ob G **durch Verfügung eines Nichtberechtigten das Pfandrecht erworben** hat. Aus den §§ 932–935 BGB ist Ihnen der Eigentumserwerb vom Nichtberechtigten geläufig. Die Verweisungsvorschrift finden Sie in § 1207 BGB. Dort wird die entsprechende Anwendbarkeit der §§ 932, 935 BGB normiert. Das Fehlen des § 933 BGB ist ebensowenig ein Versehen des Gesetzgebers wie die Nichterwähnung der Übergabesurrogate aus den §§ 930, 931 BGB (vgl. §§ 1205 Abs. 2, 1206 BGB). Hier wird vielmehr deutlich, weshalb das Pfandrecht an beweglichen Sachen **Faustpfandrecht** heißt. Die Übergabesurrogate stellen eine „Aufweichung" des Besitzes als Indikator für Eigentum dar. Diese Aufweichung macht das Gesetz bei der Regelung des Pfandrechtes nicht mit. **Gutgläubiger Erwerb durch Einigung und Vereinbarung eines Besitzmittlungsverhältnisses ist schlechthin ausgeschlossen.** Auch die Abtretung eines Herausgabeanspruches reicht nicht in jedem Falle aus, und zwar weder für den Erwerb vom Berechtigten noch für den gutgläubigen Erwerb vom Nichtberechtigten. **Die §§ 1205 Abs. 2, 1206 BGB enthalten eine besondere Regelung.** Wenn der Eigentümer mittelbarer Besitzer der Sache ist, kann er statt der Verschaffung des unmittelbaren Besitzes die Übergabe durch Übertragung des mittelbaren Besitzes ersetzen. Zugleich muß er dem unmittelbaren Besitzer die Verpfändung anzeigen. D.h.: Es muß ein Besitzmittlungsverhältnis bestehen, aus dem der Verpfänder einen Herausgabeanspruch hat. Diese Regelung tritt an die Stelle der §§ 930, 931 BGB. **Bei § 931 genügt die Abtretung irgendeines Herausgabeanspruches – hier muß es der Herausgabeanspruch aus einem Besitzmittlungsverhältnis sein.**
§ 1206 BGB behandelt die Einräumung des Mitbesitzes, wenn der Verpfänder oder ein Dritter Besitzer der Sache ist.
Der gutgläubige Erwerb durch Einräumung des unmittelbaren Besitzes weist keine Abweichungen gegenüber dem § 932 BGB auf. Unter der Voraussetzung,

daß G den S gutgläubig für den Eigentümer des Fernsehgerätes gehalten hat, ist er also Inhaber eines Faustpfandrechtes geworden.
Pfandrecht am LKW: Da das Pfandrecht die Darlehensforderung sichern soll, ist der Akzessorietät genügt. Eine Einigung zwischen dem Eigentümer und dem Gläubiger über das Entstehen des Pfandrechts (§ 1205 Abs. 1 S. 1 BGB) liegt ebenfalls vor; es fehlt jedoch die Einräumung des unmittelbaren Besitzes. Das vereinbarte Besitzmittlungsverhältnis reicht nicht aus. **§ 1205 Abs. 2 BGB findet nur Anwendung, wenn der Besitzmittler ein Dritter ist, also nicht der verpfändende Eigentümer selbst.** Auch § 1206 BGB kann nicht helfen.

Mitbesitz ist denkbar beim unmittelbaren und beim mittelbaren Besitz.
Z. B.: Zwei Studenten mieten ein Zimmer. Beide sind unmittelbare und Mitbesitzer.
A hat den Hund der Eheleute C während ihrer Urlaubsreise in Pension. Beide Ehegatten sind mittelbare und Mitbesitzer.

Der Mitbesitz in § 1206 BGB ist darüber hinaus in besonderer Weise qualifiziert. Beim Mitbesitz der unmittelbaren Besitzer muß sich die Sache unter dem Mitverschluß des Gläubigers befinden (z. B. Gläubiger G hat den Gegenschlüssel zu einem Lager, in dem sich die verpfändeten Sachen befinden). Beim Mitbesitz der mittelbaren Besitzer ist der Herausgabeanspruch der mittelbaren Besitzer gegen den unmittelbaren Besitzer gesamthänderisch gebunden, d. h. der unmittelbare Besitzer darf die Sache nur an beide gemeinsam herausgeben. Diese Abrede finden Sie in dem sogenannten **Pfandhaltervertrag** (ein Treuhänder verwahrt die verpfändete Sache für den Eigentümer und den Pfandgläubiger).
Beide Alternativen treffen unseren Sachverhalt nicht. Die Parteien haben zwar eine Verpfändung erklärt; die Einzelheiten ihrer Vereinbarung sprechen aber eher für eine Sicherungsübereignung. Ein Pfandrecht des G am LKW ist jedenfalls nicht entstanden. Ob er Sicherungseigentümer geworden ist, mag fraglich sein. Vielleicht kann man die nichtige Pfandrechtsbestellung in eine wirksame Sicherungsübereignung umdeuten (vgl. § 140 BGB. Unbedingt nachlesen!).
Da die Forderungen, zu deren Sicherung die Pfandrechte an dem Bild und am Fernsehgerät bestehen, fällig sind, ist auch die **Pfandreife** eingetreten (§ 1228 Abs. 2 BGB).

Vor Pfandreife kann der Gläubiger das Pfand öffentlich versteigern lassen, wenn durch Verderb des Pfandes oder eine zu besorgende wesentliche Wertminderung die Sicherheit des Pfandgläubigers gefährdet ist (§ 1219 Abs. 1 BGB). Allerdings muß der Pfandgläubiger den drohenden Wertverlust dem Eigentümer vorher mitteilen, damit dieser das Pfand zurücknehmen und eine andere Sicherheit bieten kann (§ 1218 BGB).

Hier kann S der Verwertung des Pfandes nicht widersprechen. Bis zur endgültigen Verwertung des Pfandes ist es allerdings noch ein langer Weg! Die Vorschriften über den Pfandverkauf sehen ein recht umständliches Verfahren vor.

Deswegen und mit Rücksicht darauf, daß der Schuldner durch Verpfändung die Benutzungsmöglichkeit der Sache verliert (durch Übertragung des unmittelbaren Besitzes oder Mitverschluß), hat die Sicherungsübereignung, bei der dem Schuldner der unmittelbare Besitz verbleibt, das Pfandrecht als Mittel der Kreditsicherung aus weiten Bereichen (Warenlager, Produktionsmittel, Arbeitsgerät, insbesondere Fahrzeuge) verdrängt. Vorteilhaft ist lediglich, daß der Gläubiger das Pfand für sich verwerten kann, ohne vorher einen Titel erwirken zu müssen. **Ein gerichtliches Verfahren zur Ermittlung der Forderungshöhe und des Rechtes zum Pfandverkauf braucht also nicht stattzufinden.** Allerdings ist eine vor Eintritt der Verkaufsberechtigung getroffene Vereinbarung, wonach das Pfand bei Pfandreife dem Gläubiger als Eigentum zufallen soll, nichtig. Dasselbe gilt für eine Verpflichtung zur Übertragung des Eigentums. § 1229 BGB will den bedrängten Schuldner vor Übereilung schützen. Nach Eintritt der Verkaufsberechtigung kann der Schuldner die Pfandsache dem Gläubiger jedoch übereignen; denn jetzt sieht der Schuldner klar, während er sich vorher vielleicht der trügerischen Vorstellung hingegeben hat, bei Pfandreife doch bezahlen zu können.

Fall Nr. 36: Veräußerung eines Faustpfandes

S hat in größter Not seiner Schwester X einen Platinbrillantring im Werte von 10000,– DM weggenommen und ihn dem G zur Sicherung einer Forderung von 6000,– DM verpfändet. Bei Pfandreife beauftragt G den Gerichtsvollzieher (GV), den Ring öffentlich zu versteigern. Der GV setzt einen Termin zur öffentlichen Versteigerung an, macht ihn bekannt und führt die zu versteigernden Sachen auf. Im Termin bietet D für den Ring 5000,– DM. Der GV erteilt ihm den Zuschlag und händigt ihm den Ring gegen Barzahlung aus. Bevor er den Erlös an den G ausgezahlt hat, meldet sich die von S unterrichtete X. Sie verlangt von D den Ring heraus. Falls sie den Ring nicht bekommen kann, möchte sie wenigstens den Erlös vom GV ausbezahlt erhalten.

Lösung

Wir wollen zunächst prüfen, ob die X den Ring von D herausverlangen kann. Als Anspruchsgrundlage kommt § 985 BGB in Betracht. Danach kann der Eigentümer vom Besitzer die Herausgabe der Sache verlangen. Fraglich ist allerdings, ob die X noch Eigentümerin des Ringes ist. Dadurch, daß S den Ring fortgenommen hat, ist ihr Eigentum sicherlich nicht untergegangen. Auch die Verpfändung hat nicht zu einem Eigentumsverlust geführt, da dies nach dem Inhalte des Rechtsgeschäftes gar nicht beabsichtigt war.
Durch die öffentliche Versteigerung des Ringes als Pfand hat die X jedoch möglicherweise ihr Eigentum verloren. Diese Frage läßt sich so einfach nicht beantworten. Wir müssen dazu den langen Weg durch die **Institutionen des Pfandverkaufs** antreten.
Es ist zu unterscheiden zwischen dem **privaten Pfandverkauf ohne Titel** (§ 1233 Abs. 1 BGB) und dem **Verkauf auf Grund eines Duldungstitels nach den Vorschriften der ZPO.** Im letzteren Falle benötigt der Gläubiger ein Urteil, demzufolge der Schuldner den Pfandverkauf dulden muß. Wir untersuchen hier den privaten Pfandverkauf ohne Titel, da der GV das Pfandobjekt auf diese Weise veräußert hat.
Innerhalb der Vorschriften über den privaten Pfandverkauf unterscheidet man zwischen solchen, von denen die Rechtmäßigkeit des Verkaufs abhängt und bloßen Sollvorschriften. Die **Rechtmäßigkeitsvoraussetzungen** nennt § 1243 BGB (nachlesen).
Bei Beachtung aller Vorschriften hätten G und der GV so vorgehen müssen:
1. G hatte dem S den **Verkauf des Pfandes** nach Eintritt der Pfandreife **anzudrohen und den geforderten Betrag zu nennen.** Der Verkauf durfte nicht vor Ablauf eines Monats nach Androhung erfolgen (§§ 1234, 1228 BGB; Sollvorschrift). Die Frist ist abdingbar. Gegen diese Vorschrift haben G und der GV verstoßen.

2. Der **Verkauf** mußte **durch eine öffentliche Versteigerung** erfolgen (Rechtmäßigkeitsvoraussetzung, § 1235 Abs. 1 BGB). Der **freihändige Verkauf** ist nur zulässig, wenn das Pfand einen **Börsen- oder Marktpreis** hat (§§ 1235 Abs. 2, 1221 BGB).
Merken Sie sich die Begriffe: Der freihändige Verkauf ist eine Unterart des privaten Pfandverkaufs. Die Begriffspaare lauten: Privater Pfandverkauf – Verkauf nach den Vorschriften der ZPO; öffentliche Versteigerung – freihändiger Verkauf.

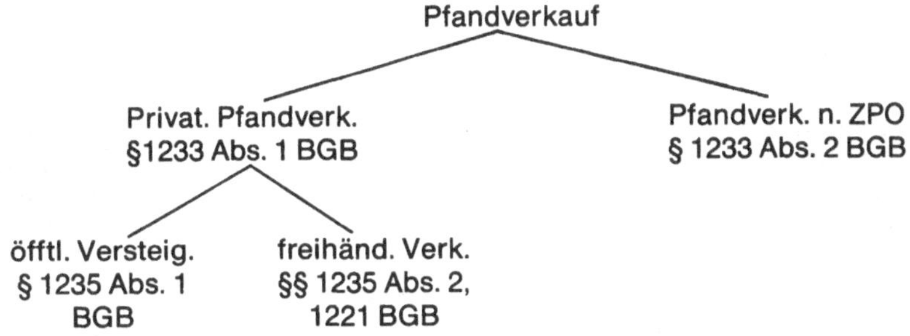

Was eine öffentliche Versteigerung ist, bestimmt § 383 Abs. 3 BGB (nachlesen!). Hier ist der zuständige GV tätig geworden. § 1235 Abs. 1 BGB ist also beachtet.
3. **Zeit und Ort der Versteigerung** sind unter allgemeiner Bezeichnung des Pfandes **öffentlich bekanntzumachen** (§ 1237 S. 1 BGB, Rechtmäßigkeitsvoraussetzung). Diesem Erfordernis hat der GV entsprochen. Die Vorschrift hat den Sinn, einem größeren Bieterkreis die bevorstehende Versteigerung anzuzeigen und damit die Aussichten auf einen höheren Erlös zu fördern.
4. Der **Eigentümer** ist von der Versteigerung zu **benachrichtigen** (§ 1237 S. 2 BGB, Sollvorschrift). Es ist möglich, daß ein Dritter, der nicht der persönliche Schuldner des Gläubigers ist, eine ihm gehörige Sache als Pfand für den Schuldner bereitstellt (z.B.: Der Vater V verpfändet eine ihm gehörige Uhr für eine Schuld seines Sohnes S gegenüber dem Gläubiger G. Persönlicher und dinglicher Schuldner (was bedeuten diese Begriffe? Nachlesen Fall Nr. 8 in Bd. I) können auseinanderfallen, und zwar anfänglich (siehe Beispiel) oder später (z.B.: Der persönliche und dingliche Schuldner S veräußert die dem Gläubiger G verpfändete Sache durch Einigung und Abtretung des Herausgabeanspruches gegen G an den D. S bleibt persönlicher Schuldner; D wird dinglicher Schuldner). § 1237 S. 2 BGB gilt, wenn persönlicher und dinglicher Schuldner personenverschieden, aber auch wenn sie identisch sind.
Nach dem Sachverhalt hat der GV den Eigentümer nicht benachrichtigt. Damit ist ein Verstoß gegen die Sollvorschrift zu bejahen.
5. Der **Pfandverkauf** erfolgt **gegen sofortige Barzahlung** (§ 1238 Abs. 1 BGB; Sollvorschrift). D hat den gebotenen Betrag bar entrichtet. Beachten Sie § 1238 Abs. 2 BGB: Wird der Preis nicht bar gezahlt, so gilt der Gläubiger trotzdem als befriedigt. Er kann sich nur noch an den Ersteher halten. Der Schuldner wird frei.
6. **Gold- und Silbersachen** dürfen **nicht unter dem Gold- und Silberwert zugeschlagen** werden (§ 1240 BGB; Rechtmäßigkeitsvoraussetzung). Ob diese Vorschrift beachtet worden ist, kann fraglich sein. Wahrscheinlich liegt der Hauptgrund für den hohen Wert des Ringes im Stein. Das mag aber dahingestellt

bleiben; denn das Edelmetall Platin fällt, obwohl es wertvoller als Gold und Silber ist, nicht unter § 1240 BGB. Ein Kuriosum! Die Vorschrift ist mithin nicht verletzt.

7. **Gläubiger, Schuldner und Eigentümer dürfen mitbieten.** Wenn der Gläubiger den Zuschlag erhält, gilt er in Höhe des von ihm gebotenen Preises als befriedigt. So wird vermieden, daß er zunächst zahlt und dann das Geld zurückempfängt (§ 1239 Abs. 1 BGB).

Zusammenfassung:
Der GV hat nicht gegen Rechtmäßigkeitsvoraussetzungen verstoßen; aber er hat die Sollvorschrift des § 1237 S. 2 BGB außer acht gelassen. Ferner hat G die Sollvorschrift des § 1234 BGB verletzt.

Wir müssen untersuchen, ob die X trotzdem ihr Eigentum am Ring verloren hat.

Durch eine rechtmäßige Pfandveräußerung geht das Eigentum an der Pfandsache auf den Ersteher über (Zuschlag = Abschluß des Verpflichtungsgeschäftes, vgl. § 156 Abs. 1 BGB; Übergabe an den Ersteher = Vollzugsgeschäft, vgl. § 929 BGB).

Rechtmäßig ist die Pfandveräußerung jedoch nur, wenn eine Sache veräußert worden ist, an der das **Pfandrecht tatsächlich bestand.** Also müssen wir außer den Vorschriften, die den Pfandverkauf regeln, auch prüfen, ob der G überhaupt ein Pfandrecht erlangt hatte. Da S nicht Eigentümer des Ringes war, kommt nur ein gutgläubiger Erwerb in Betracht. Nach § 1207 BGB findet § 935 BGB entsprechende Anwendung. Das bedeutet: An gestohlenen Sachen kann auch der Gutgläubige kein Pfandrecht erwerben. Folglich war die Veräußerung unrechtmäßig i.S.d. § 1242 Abs. 1 BGB, und D konnte nach dieser Vorschrift nicht Eigentümer des Ringes werden.

Müßte das endgültige Ergebnis so lauten, wäre es um den Anreiz, in einer öffentlichen Versteigerung etwas zu erwerben, schlecht bestellt; denn gerade bei verpfändeten Sachen liegt der Verdacht nahe, sie könnten dem wahren Eigentümer gestohlen worden, verloren gegangen oder sonst abhanden gekommen sein. Deswegen mußte das Gesetz die Möglichkeiten des gutgläubigen Erwerbs ausdehnen. Das geschieht durch § 1244 BGB. Danach ist **gutgläubiger Erwerb an einer Sache, die als Pfand veräußert wird,** ohne daß dem Veräußerer ein Pfandrecht zusteht oder den Erfordernissen genügt wird, von denen die Rechtmäßigkeit der Versteigerung abhängt, dennoch möglich, **sofern wenigstens eine öffentliche Versteigerung stattgefunden hat** (§§ 1235, 1240 Abs. 2 BGB). So gewinnt die öffentliche Versteigerung an Anziehungskraft. Da hier der GV öffentlich versteigert hat, ist der gutgläubige D Eigentümer des Ringes geworden. Die X kann ihn also nicht nach § 985 BGB herausverlangen.

Der öffentlichen Versteigerung ist die Veräußerung auf Grund eines Titels nach § 1233 Abs. 2 BGB gleichgestellt; denn dort hat bereits ein Gericht geprüft, ob das Pfandrecht besteht. Ein etwaiger Irrtum des Gerichts schützt den gutgläubigen Erwerber. Bewegliche Sachen werden nach den Vorschriften der ZPO im Regelfall ebenfalls im Wege öffentlicher Versteigerung verwertet (§ 814 ZPO).

Nun ist noch zu prüfen, ob die X vom GV den Erlös, den er noch in Händen hat, herausverlangen kann. Wenn ein Pfandrecht bestanden hat, **gebührt der Erlös dem Gläubiger in Höhe seiner Forderung. Soweit der Erlös reicht, erlischt die Forderung (§ 1247 S. 1 BGB). Im übrigen tritt der Erlös an die Stelle des Pfandes (§ 1247 S. 2 BGB).** Diesen Vorgang nennen wir **Surrogation.** Der Ausdruck be-

sagt: Ohne eine weitere Rechtshandlung setzt sich das Eigentum an der Pfandsache als Eigentum am Erlös fort. Der Eigentümer der Pfandsache wird also automatisch Eigentümer des **überschießenden** Erlöses. Diese Folge tritt erst recht ein, wenn die Veräußerung des Pfandes unrechtmäßig war. Unrechtmäßig ist sie z.B. bei Veräußerung einer Sache, an der kein Pfandrecht bestanden hat, oder bei Verletzung von Rechtmäßigkeitsvoraussetzungen.
(Die Verletzung von Sollvorschriften macht nur schadensersatzpflichtig, § 1243 Abs. 2 BGB). Hier sind die Rechtmäßigkeitsvoraussetzungen zwar beachtet, aber es bestand kein Pfandrecht. Folglich ist die X Eigentümerin des gesamten Erlöses geworden. Der GV muß ihr daher die 5000,– DM aushändigen.

Fall Nr. 37: Verpfändung eines Rechts

S hat gegen D1 eine am 1. 7. 1973 fällige Kaufpreisforderung von 5000,– DM, gegen D2 einen Anspruch auf Lieferung eines PKW's zum 1. 8. 1973, und von D3 hat er unter Eigentumsvorbehalt eine Drehbank gekauft, die mit Zahlung der letzten Rate in sein Eigentum übergehen soll. G hat gegen S eine Forderung von 25000,– DM. G vereinbart mit S folgendes: Hiermit verpfändet der S dem G seine Kaufpreisforderung gegen D1, seinen Anspruch auf Lieferung eines PKW's, Typ Audi 100 LS, aus dem Kaufvertrag vom 1. 6. 1973, und sein Anwartschaftsrecht an der von D3 unter Eigentumsvorbehalt gelieferten Drehbank vom Typ xyz, Nr. 23468195. G nimmt hiermit die Verpfändung der genannten Rechte an.
S teilt den D1, D2 und D3 die Verpfändung mit. Die Forderung des G wird am 1. 11. 1973 fällig. Er möchte wissen, wie die Rechtslage bis zu diesem Tage und danach ist.

Lösung

Da nicht nach bestimmten Ansprüchen gefragt ist, gehen wir bei unserer Untersuchung nicht von einer Anspruchsgrundlage aus, sondern prüfen, ob Pfandrechte an den genannten Objekten entstanden sind, welche Beziehungen dadurch zwischen den Beteiligten herrschen und auf welchem Wege Pfandrechte an Rechten zur Befriedigung des Gläubigers führen.
Die Bestellung des Pfandrechtes an Sachen folgt den Regeln, die für die Eigentumsübertragung gelten. Der gleiche Grundsatz läßt sich für die Verpfändung von Rechten aufstellen. Er lautet:

Ein Recht wird so verpfändet, wie es übertragen wird (§ 1274 Abs. 1 BGB).
Ein nicht übertragbares Recht kann nicht verpfändet werden (§ 1274 Abs. 2 BGB).

a) Verpfändung der Kaufpreisforderung:
Die Kaufpreisforderung des S gegen D1 wird durch Abtretung gem. § 398 BGB übertragen. Dazu genügt die bloße Einigung; also müßte auch zur Verpfändung die bloße Einigung genügen. Nach § 1280 BGB ist jedoch **neben der Einigung über die Verpfändung einer Forderung die Anzeige des „Gläubigers" an den „Schuldner" erforderlich.**
An dieser Stelle müssen wir uns über die Benennung der beteiligten Personen einigen. Es besteht ein Dreiecksverhältnis: Der Pfandgläubiger ist Inhaber der zu sichernden Forderung gegen seinen Schuldner. Dieser wiederum ist Gläubiger eines weiteren Schuldners. Den Pfandgläubiger nennen wir entsprechend der

Ausdrucksweise der ZPO Gläubiger; sein Schuldner behält die Bezeichnung Schuldner. Dessen Schuldner heißt Drittschuldner.

Gläubiger ——————→ Schuldner
(Pfandgläubiger) (Gläubiger i.S.d. § 1280)

↓

Drittschuldner
(Schuldner i.S.d. § 1280)

Durch die Anzeige der Verpfändung seitens des Schuldners S erlangt der Drittschuldner D1 die Gewißheit, daß S die Verpfändung gegen sich gelten lassen will. Deswegen reicht es nicht aus, wenn der Drittschuldner auf anderen Wegen Kenntnis von der Verpfändung erlangt.
Die wirksame Verpfändung des Rechts löst eine Sperre aus: Schuldner und Drittschuldner können das Recht nur noch mit Zustimmung des Gläubigers aufheben (§ 1276 BGB). Das Sicherungsobjekt kann dem Gläubiger also nicht mehr ohne seinen Willen entzogen werden.
Jetzt wollen wir untersuchen, welche Rechtsstellung der Gläubiger **nach Verpfändung, aber vor Pfandreife** hat.
Gem. § 1281 BGB kann der Drittschuldner D1 nur an den Gläubiger und den Schuldner S **gemeinsam** leisten. Dadurch sollen Eigenmächtigkeiten des Gläubigers oder Schuldners vermieden werden. Bei Einziehung einer Geldforderung sind Gläubiger und Schuldner einander verpflichtet, für die mündelsichere Anlage des Geldes zu sorgen. Gleichzeitig ist dem Gläubiger ein Pfandrecht am Anlagebetrag zu bestellen. Was unter **mündelsicherer Anlage** zu verstehen ist, können Sie in den §§ 1806–1808 BGB nachlesen.
Der Gesetzgeber ist bei dieser Regelung davon ausgegangen, daß die gesicherte Forderung des Gläubigers noch nicht fällig ist und ihm deswegen der eingezogene Betrag nicht sofort in Höhe der gesicherten Forderung zufallen darf. Da zwischen Einziehung der verpfändeten Forderung und Fälligkeit der gesicherten Forderung aber ein längerer Zeitraum liegen kann, ist u.U. ein nennenswerter Zinsgewinn zu erzielen. Daraus folgt für unseren Fall: Nach dem 1. 7. 1973 können S und G die Kaufpreisforderung in Höhe von 5000,– DM gemeinsam einziehen und das Geld mündelsicher anlegen. Diese Anlage muß bis zur Fälligkeit der gesicherten Forderung am 1. 11. 1973 dauern.
Nach **Eintritt der Verkaufsberechtigung (Pfandreife)** ändert sich die Rechtslage. Haben Gläubiger und Schuldner die gepfändete Forderung **noch nicht gemeinsam eingezogen** (weil sie z.B. später als die gesicherte Forderung fällig geworden ist), so kann der Gläubiger jetzt allein einziehen, und der Drittschuldner darf nur noch an ihn leisten (§ 1282 BGB). Eine Geldforderung darf der Gläubiger jedoch nur in der Höhe einziehen, wie es zu seiner Befriedigung erforderlich ist (§ 1282 Abs. 1 S. 1 BGB). Den Überschuß behält der Schuldner zur freien Verfügung. Da G und S die Kaufpreisforderung bereits eingezogen und das Geld angelegt hatten, ist die Rechtslage hier noch anders:
Mit der Leistung vor Pfandreife hatte der Schuldner Eigentum am eingezogenen Betrag erlangt, und dem Gläubiger war ein Pfandrecht eingeräumt worden. Dieses **Pfandrecht wandelt sich bei Pfandreife in Miteigentum des Gläubigers**

am angelegten Geld um. Er bekommt nun das Recht, von dem Geld soviel wegzunehmen, wie zu seiner Befriedigung erforderlich ist. Diese Konstruktion setzt voraus, daß das eingezogene Geld getrennt aufbewahrt wird. Bei bargeldloser Überweisung oder Vermischung des Geldes mit anderen Zahlungsmitteln der Bank pp, sieht die dogmatische Begründung wieder anders aus. Einzelheiten interessieren hier aber nicht. Im Ergebnis verhält es sich bei bargeldloser Zahlung oder Vermischung ähnlich, wie wenn eine fällige Forderung nach Pfandreife noch nicht eingezogen worden und das Geldinstitut Drittschuldner wäre; d.h.: der Gläubiger kann von dem Geldinstitut, bei dem der eingezogene Betrag mündelsicher angelegt worden ist, Auszahlung der zu seiner Befriedigung erforderlichen Summe verlangen. Auf diesem Wege wird G das Geldinstitut, bei dem das Geld mündelsicher angelegt worden ist, zur Zahlung des ihm gebührenden Betrages auffordern.

b) Verpfändung des Lieferanspruchs:

Für die Verpfändung gilt wiederum § 1274 BGB: Da der Lieferungsanspruch aus § 433 Abs. 1 BGB durch schlichte Einigung nach § 398 BGB abgetreten wird, sind zur Verpfändung ebenfalls nur die Einigung über das Entstehen des Pfandrechtes und die Anzeige nach § 1280 BGB erforderlich. Auch hier tritt die Sperre des § 1276 BGB ein. S und D2 können den Kaufvertrag daher nicht ohne Zustimmung des G rückgängig machen.

Im übrigen ist wieder zwischen den beiden Zeiträumen **vor und nach Pfandreife zu unterscheiden.**

Will D2 den PKW vereinbarungsgemäß zum 1. 8. 1973 liefern, so muß er dem G und dem S gemeinschaftlichen Besitz verschaffen (§ 1281) oder auf Verlangen des G oder des S an einen gerichtlich bestellten Vertreter abliefern (§ 1281 BGB). **Mit der Lieferung erwerben der Schuldner S das Eigentum und der Gläubiger G ein Pfandrecht an der geleisteten Sache (§ 1287 BGB).** Die Sache tritt automatisch an die Stelle der Forderung. Dies ist das Surrogationsprinzip. Das Pfandrecht an der Sache entsteht kraft Gesetzes ohne Zutun der Parteien. Die Verwertung der Pfandsache richtet sich nach den §§ 1228ff. BGB. Das Verfahren läuft so weiter, als sei von Anfang an die Sache selbst verpfändet worden.

Sollte D2 **nach Eintritt der Pfandreife** (Fälligkeit der gesicherten Forderung) noch nicht geleistet haben, kann G ohne Mitwirkung des S Leistung an sich allein verlangen. Mit Lieferung des PKW's erwirbt S das Eigentum daran, und G erlangt ein Pfandrecht. Das ist dieselbe Rechtslage wie bei Lieferung vor Pfandreife; aber der **Gläubiger G ist jetzt der alleinige Besitzer der Sache.** Die Verwertung der Sache folgt wie oben den §§ 1228ff. BGB.

c) Verpfändung des Anwartschaftsrechts:

Das Anwartschaftsrecht des Vorbehaltskäufers ist ein Recht im Durchgangsstadium. Es ist in der Entwicklung zum Vollrecht „Eigentum" begriffen (vgl. Fall Nr. 9 in Bd. III). Da es übertragbar ist, kann es auch verpfändet werden. Gemäß dem Grundsatz des § 1274 BGB richtet sich die **Verpfändung nach den Regeln für die Übertragung des Anwartschaftsrechts.** Wir müssen also zunächst feststellen, wie das Anwartschaftsrecht übertragen wird. Die Antwort lautet: Das Anwartschaftsrecht wird so übertragen wie das Vollrecht. Hier zeigt sich einmal mehr die Verdinglichung des Anwartschaftsrechts. Da bewegliche Sachen durch Einigsein bei Übergabe übereignet werden, ist zur Übertragung des Anwartschaftsrechts ebenfalls ein Einigsein bei Besitzübertragung erforderlich (§§ 929–931 BGB). Folglich mußte S dem G sein Anwartschaftsrecht so verpfänden, als wäre es eine bewegliche Sache (§§ 1205, 1206 BGB).

Wir gehen davon aus, daß S unmittelbarer Besitzer der von D3 gelieferten Drehbank war. Ausreichend ist dann neben der selbstverständlich notwendigen Einigung nur eine Übertragung des unmittelbaren Besitzes auf den Pfandgläubiger G. Anderseits war die Anzeige der Verpfändung an D3 überflüssig, da § 1280 BGB nur für die Verpfändung von Forderungen gilt, und hier die Regeln über das Faustpfandrecht eingreifen. Von einer Übertragung des unmittelbaren Besitzes ist im Sachverhalt nicht die Rede. Die Anzeige an D3 läßt vielmehr den Schluß zu, daß G und S geglaubt haben, die §§ 1273ff. BGB seien anzuwenden. G hat mithin kein Pfandrecht am Anwartschaftsrecht des S erworben.
Hätte G ein Pfandrecht am Anwartschaftsrecht des S erlangt, so müßte § 1287 BGB entsprechend angewandt werden. Das bedeutet: Mit Zahlung der letzten Rate (Eintritt der aufschiebenden Bedingung) erwirbt S das Eigentum und G ein Faustpfandrecht an der Drehbank.

Lesen Sie bitte sorgfältig den § 1287 S. 2 BGB: Hat sich der Gläubiger den Anspruch auf Übereignung eines Grundstücks verpfänden lassen, dann erwirbt der Gläubiger mit der Eigentumsübertragung (vom Drittschuldner auf den Schuldner) an dem Grundstück eine Sicherungshypothek. Ähnlich ist es, wenn sich der Gläubiger das Anwartschaftsrecht desjenigen verpfänden läßt, dem das Grundstück bereits aufgelassen worden ist, dessen Eintragung aber noch fehlt. Auch hier erlangt der Gläubiger mit der Eigentumseintragung des Schuldners eine Sicherungshypothek.

Fall Nr. 38: Pfändung einer Sache, Erinnerung, Drittwiderspruchsklage

Gläubiger G hat gegen den kaufmännischen Angestellten S ein für vorläufig vollstreckbar erklärtes Urteil über 4500,– DM nebst 4% Zinsen seit dem 1. 4. 1973. Im Auftrage des G pfändet der GV bei S eine Hammondorgel, ein Radiogerät und ein Moped.
S wendet sich gegen die Pfändung mit folgenden Behauptungen: Die Hammondorgel habe allein 6500,– DM gekostet. Das Radio brauche er dringend, um am Zeitgeschehen teilnehmen zu können. Das Moped habe D unter Eigentumsvorbehalt geliefert; es sei noch nicht bezahlt. G möchte wissen, wie er sich verhalten soll.

Lösung

Im Gegensatz zu den unter Nr. 34–36 besprochenen Fällen hat S dem G nicht freiwillig durch Rechtsgeschäft ein Pfandrecht an den Sachen eingeräumt, sondern G hat unter Einschaltung staatlicher Macht gegen den Willen des S durch Hoheitsakte in das Vermögen des S gegriffen. Diesen Vorgang nennt man **Zwangsvollstreckung.**

Sie ist zum weitaus größten Teil im 8. Buch der ZPO und im Gesetz über die Zwangsversteigerung und die Zwangsverwaltung von Grundstücken (ZVG) geregelt. Da es sich um zwangsweise Eingriffe handelt, hat das Gesetz zwingende Regeln aufgestellt, die einerseits dem Gläubiger die Verwirklichung des Urteilsspruches ermöglichen, anderseits den Schuldner vor Willkür schützen. Diese Aufgabenstellung muß man sich immer vor Augen halten, bevor man über den Formalismus des Vollstreckungsrechts klagen möchte. Es ist wie im Sport: Je härter und gefährlicher die Gegner aufeinanderstoßen, desto notwendiger sind strenge Kampfregeln.

Wir wollen nun im einzelnen untersuchen, welche Voraussetzungen erfüllt sein müssen, bevor eine Zwangsvollstreckung stattfinden darf.
Das Schlagwort lautet: **Der Gläubiger braucht Titel, Klausel und Zustellung.**
Zum **Titel:** Der bekannteste und häufigste Vollstreckungstitel ist das Urteil (§ 704 ZPO). Daneben nennt die ZPO in § 794 weitere Titel, u.a. den gerichtlichen Vergleich (Ziff. 1), den Kostenfestsetzungsbeschluß gem. § 104 ZPO (Ziff. 2), den Vollstreckungsbefehl gem. § 699 ZPO (Ziff. 4) und die Unterwerfungserklärung in einer gerichtlichen oder notariellen Urkunde (Ziff. 5).
Urteile, die nicht mehr mit einem Rechtsmittel (regelmäßig Berufung oder Revision) angefochten werden können, sind **formell rechtskräftig.** Aus ihnen kann der Gläubiger vollstrecken, ohne befürchten zu müssen, eine höhere Instanz werde den Titel aufheben oder zu seinem Nachteil ändern. In dieser Gefahr schwebt aber ein Gläubiger, der aus einem nur für **vorläufig vollstreckbar** erklärtem Urteil zwangsweise gegen den Schuldner vorgeht. Über ihm hängt das Damoklesschwert der Schadensersatzpflicht (§ 717 ZPO). Die vorläufige Vollstreckbarkeit wird deswegen bei Urteilen, die einiges Gewicht haben, von einer **Sicherheitsleistung durch den Gläubiger** abhängig gemacht. Auf diese Weise soll der Schuldner davor geschützt werden, daß ein finanzschwacher Gläubiger, von dem er im Falle einer Abänderung des Urteils vielleicht nichts zurückbekommt, vor Rechtskraft vollstreckt. Umgekehrt kann der Schuldner die Zwangsvollstreckung aus Urteilen, die ohne Sicherheitsleistung vorläufig vollstreckbar sind, seinerseits durch Sicherheitsleistung abwenden. Durch diese Sicherheitsleistung beseitigt der Schuldner ein Risiko für den Gläubiger; denn der Gläubiger muß eine zwischenzeitliche Verschlechterung der Vermögenslage des Schuldners und damit eine Verschlechterung seiner Zugriffsmöglichkeiten befürchten. Welche Urteile ohne oder gegen Sicherheitsleistung für vorläufig vollstreckbar zu erklären sind, und wann der Schuldner seinerseits durch Sicherheitsleistung die Vollstreckung abwenden kann, lesen Sie in den §§ 708–713a ZPO. Dort finden Sie auch noch einige Feinheiten, auf die hier nicht näher einzugehen ist. Merken Sie sich bitte außerdem: Die Anordnung der vorläufigen Vollstreckbarkeit ist nur bei Urteilen notwendig. Die in § 794 ZPO genannten Titel sind unter den dort genannten Voraussetzungen ohne weiteres vollstreckbar.

G hat ein vorläufig vollstreckbares Urteil, mithin einen Titel i.S.d. § 704 Abs. 1 ZPO.
Als nächstes benötigt er eine **Klausel.** Sie ist ein Vermerk auf der Urteilsausfertigung und lautet: Vorstehende Ausfertigung wird dem usw. (Bezeichnung der Partei) zum Zwecke der Zwangsvollstreckung erteilt (§ 725 ZPO). Zusammen mit der Klausel heißt die Urteilsausfertigung **vollstreckbare Ausfertigung** (§ 724 ZPO).

Die Klausel soll dem Vollstreckungsorgan sagen, daß gegen den Beginn der Zwangsvoll-Streckung keine Bedenken bestehen. Sie setzt grünes Licht! In einfach gelagerten Fällen ist für die Erteilung der Klausel der Urkundsbeamte der Geschäftsstelle zuständig, in qualifizierten Fällen der Rechtspfleger (§ 20 Ziff. 12 RPflG).

Der Sachverhalt äußert sich nicht zu der Frage, ob G dem GV eine vollstreckbare Ausfertigung des Urteils übergeben hat; wir wollen das aber unterstellen.
Das Vollstreckungsorgan prüft, bevor es mit der Zwangsvollstreckung beginnt, ob der Titel dem Vollstreckungsschuldner bereits **zugestellt** ist. Wenn nicht, genügt die gleichzeitige Zustellung (§ 750 Abs. 1 ZPO), d.h. der GV stellt den Titel unmittelbar vor Beginn der Zwangsvollstreckung zu. In allen Fällen, in denen der Rechtspfleger wegen einer Rechtsnachfolge für die Klauselerteilung zuständig war, müssen außerdem die Klausel und in den Fällen des § 726 Abs. 1 ZPO auch die dort genannten Urkunden zugestellt werden (§ 750 Abs. 2 ZPO). Durch diesen „Formalismus“ soll dem Schuldner deutlich gemacht werden, daß er jetzt mit der

Zwangsvollstreckung rechnen muß. Es handelt sich um die formale Kriegserklärung des Gläubigers. Auch die Zustellung des Titels an S wird unterstellt.
Nun wenden wir uns der Frage zu, ob G sich an das richtige **Vollstreckungsorgan** gewandt hat. Nach § 753 ZPO wird die Zwangsvollstreckung, soweit sie nicht den Gerichten zugewiesen ist, im Auftrage des Gläubigers vom **Gerichtsvollzieher** durchgeführt. Er ist das **klassische Vollstreckungsorgan!** Um seinen Auftrag durchführen zu können, darf er notfalls die Wohnung und Behältnisse des Schuldners durchsuchen, Türen und Behältnisse öffnen lassen, bei Widerstand Gewalt anwenden und die Hilfe der Polizei beanspruchen (§ 758 ZPO). Über seine Vollstreckungshandlungen nimmt er ein Protokoll auf (§ 762 ZPO). Die **sachliche Zuständigkeit** eines Vollstreckungsorgans hängt ab,
a) von dem Anspruch, der zwangsweise durchgesetzt werden soll;
b) von dem Objekt, in das der Gläubiger vollstreckt.
Hier vollstreckt der Gläubiger G wegen einer Geldforderung (Buchstabe a) in bewegliche Sachen (Buchstabe b). Dafür ist nach der Grundregel des § 753 ZPO der Gerichtsvollzieher zuständig. Wie er bei der Zwangsvollstreckung wegen einer Geldforderung in bewegliche Sachen vorzugehen hat, bestimmen die §§ 808–827 ZPO.
§ 808 ZPO regelt den **Vorgang der Pfändung:** Grundsätzlich nimmt der GV die im Gewahrsam des Schuldners befindliche Sache (die ZPO – älter als § 90 BGB – sagt noch körperliche Sache) in seinen Besitz. Andere Sachen als Geld, Kostbarkeiten und Wertpapiere beläßt er regelmäßig dem Schuldner; aber er **legt ein Pfandsiegel an** – er klebt den Kuckuck an – um die Pfändung sichtbar und damit wirksam zu machen. Das ist die **Beschlagnahme. Durch sie erlangt der Gläubiger ein Pfändungspfandrecht,** das ihm dieselben Rechte gewährt wie ein durch Vertrag erworbenes Faustpfandrecht (§ 804 ZPO).
Nach diesen grundsätzlichen Überlegungen wollen wir prüfen, ob G an der Hammondorgel ein Pfändungspfandrecht erworben hat.
Wir unterstellen, daß der GV das Pfandsiegel ordnungsgemäß nach § 808 ZPO angebracht hat.
Gesetzesnotwendig entsteht das Pfändungspfandrecht nach § 804 Abs. 1 ZPO. Gem. § 803 Abs. 1 S. 2 ZPO darf die Pfändung nicht weiter ausgedehnt werden, als es zur Befriedigung des Gläubigers und zur Deckung der Vollstreckungskosten erforderlich ist **(Verbot der Überpfändung).** Dagegen könnte der GV zwar verstoßen haben; das Pfändungspfandrecht ist aber trotzdem entstanden. Es ist eine untrennbare Folge der staatlichen Beschlagnahme (durch Wegnahme oder Anbringung des Siegels). Eine andere Frage ist, ob die Beschlagnahme wegen Überpfändung wieder aufgehoben werden muß. Darüber entscheidet das Vollstreckungsgericht auf **Erinnerung** des Schuldners.
Vollstreckungsgericht ist immer das Amtsgericht. Örtlich ist das Amtsgericht zuständig, in dessen Bezirk das Vollstreckungsverfahren stattfinden soll oder stattgefunden hat (§ 764 ZPO). S müßte sich also mit der Erinnerung an das für seinen Wohnsitz zuständige Amtsgericht wenden.
Die Erinnerung nach § 766 ZPO ist ein Rechtsbehelf, mit dem Verstöße gegen die **Art und Weise der Zwangsvollstreckung oder Verfahrensfehler des GV** gerügt werden können (vgl. auch § 766 Abs. 2 ZPO). Darunter fallen Rügen, die **Formalien** betreffen; nicht solche, die sich gegen die Richtigkeit des Titels wenden, oder mit denen geltend gemacht wird, der gepfändete Gegenstand gehöre nicht dem Schuldner. Mit der Erinnerung kann man z.B. beanstanden, es liege gar kein Titel gegen denjenigen vor, in dessen Vermögen der GV vollstreckt habe, z.B.

Namensverwechslung, die Klausel fehle, die Zustellung sei fehlerhaft, Fehlen der Sicherheitsleistung. Die Überpfändung nach § 803 Abs. 3 S. 2 ZPO stellt ebenfalls einen formalen Verstoß dar. Das Gericht wird auf die Erinnerung des S also prüfen, ob die übrigen Pfandobjekte zur Befriedigung des Gläubigers und zur Kostendeckung voraussichtlich genügen. Diese Frage läßt sich nur beantworten, wenn der mutmaßliche Erlös aus der betroffenen Sache und den sonstigen Pfandobjekten abzuschätzen ist. Hier steht mit Sicherheit zu erwarten, daß der Erlös aus dem Radio und dem Moped – die Zulässigkeit der Pfändung dieser Sachen unterstellt – nicht genügt. Der Wert eines Musikgerätes sackt ebenfalls sehr schnell unter dem Ladenverkaufspreis herab, so daß von einer Überpfändung nicht die Rede sein kann. Die Erinnerung des S wird also keinen Erfolg haben.

Als nächstes prüfen wir, ob der GV das Radio pfänden durfte und wie sich der S dagegen wehren kann. Daß die Pfändung wieder eine Beschlagnahme ausgelöst hat und dadurch ein Pfändungspfandrecht entstanden ist, ziehen wir nicht in Zweifel.

§ 811 ZPO nennt Sachen, die dem Schuldner nicht im Wege der Pfändung genommen werden dürfen. Der Schuldner kann sie zwar freiwillig verpfänden – wie er sie auch verschenken könnte; aber dem Gläubiger ist die **Kahlpfändung verboten.** Es lohnt sich § 811 ZPO zu lesen! Das Radio wird dort nicht ausdrücklich genannt; es zählt jedoch zum Hausgerät. Ein einfaches Radio muß dem Schuldner verbleiben. Unentbehrlich im engsten Sinne des Wortes brauchen die Sachen nicht zu sein. Sollte der Schuldner ein sehr teures Radio besitzen, etwa in Form einer Musiktruhe, so kann der Gläubiger eine **Austauschpfändung** beantragen: Er stellt dem Schuldner ein bescheidenes Gerät zur Verfügung und verwertet für sich das wertvolle (§§ 811 a, 811 b ZPO).

Verstöße gegen § 811 ZPO werden als **Verfahrensfehler** des GV mit der **Erinnerung** nach § 766 ZPO gerügt. Sofern es sich um ein einfaches Radio handelt, wird das Vollstreckungsgericht die Zwangsvollstreckung in dieses Gerät für unzulässig erklären. Der GV hebt sie dann auf (§§ 776, 775 Nr. 1 ZPO).

Zu prüfen ist noch, ob die Pfändung des Mopeds bestehen bleiben kann.

Der Gläubiger darf nur in das Vermögen des Schuldners vollstrecken; der **GV** kümmert sich allerdings nicht darum, ob die nach § 808 ZPO zu pfändende Sache dem Schuldner gehört. Er **prüft nur, ob die Sache im Gewahrsam des Schuldners steht.** Hat ein Dritter Gewahrsam, so darf er pfänden, wenn der Dritte zur Herausgabe der Sache bereit ist (§ 809 ZPO). Verstöße gegen diese Vorschrift werden auch mit der Erinnerung gerügt, die jetzt aber dem Dritten, nicht dem Schuldner zusteht; denn allein der Dritte ist durch den Verfahrensfehler des GV in seinen Rechten verletzt.

Hier war S Gewahrsamsinhaber, jedoch nicht Eigentümer. Der GV durfte also pfänden. Durch die Beschlagnahme ist auch ein Pfändungspfandrecht entstanden. Wenn S mit der Erinnerung geltend machen sollte, die gepfändete Sache gehöre ihm nicht, wird er keinen Erfolg haben. Der **Eigentümer** muß vielmehr mit der **Drittwiderspruchsklage** nach § 771 ZPO gegen G vorgehen. Geschieht das nicht, wird die Sache durch öffentliche Versteigerung für den G verwertet (§ 814 ZPO). Auf eine Drittwiderspruchsklage des D würde hier höchstwahrscheinlich die Zwangsvollstreckung in das Moped für unzulässig erklärt. Deswegen steht ein Gläubiger, der von dem Eigentumsvorbehalt eines Lieferanten weiß, vor der Frage, wie er sich die Sache zu seinen Gunsten sichern soll.

Es bietet sich die **Pfändung des Anwartschaftsrechtes** an. Das Wie dieser Pfändung ist umstritten. Einige kurze Hinweise sollen genügen:
Da das Anwartschaftsrecht wie eine Sache übertragen und verpfändet wird, sollte man annehmen, es würde auch wie eine Sache gepfändet. In der Tat wird diese konsequente Ansicht vertreten; die noch herrschende Meinung vertritt allerdings die Theorie der **Doppelpfändung.** Sie besagt, der Gläubiger muß **das Recht und die Sache pfänden** lassen.
Damit stehen wir vor der Frage, **wie Rechte gepfändet werden.** Das ist in den **§§ 828–863 ZPO** geregelt. **Vollstreckungsorgan** ist hierbei das **Vollstreckungsgericht (Amtsgericht).** Örtlich zuständig ist grundsätzlich das Amtsgericht, in dessen Bezirk der Schuldner seinen allgemeinen Gerichtsstand hat (§ 828 ZPO).
Die beteiligten Personen kennen Sie schon: Gläubiger, Schuldner und Drittschuldner.
Der Pfändungsvorgang muß sich notwendig von § 808 ZPO unterscheiden; Rechte können nämlich nicht in Besitz genommen werden, und auch ein Pfandsiegel läßt sich nur bei Sachen anbringen. So tritt an die Stelle der Inbesitznahme durch den Gerichtsvollzieher der **Pfändungsbeschluß** des Vollstreckungsgerichtes (§§ 829, 830, 830a, 857, 858 ZPO). § 831 ZPO macht nur eine scheinbare Ausnahme. Die dort genannten Wertpapiere werden auch sonst wie Sachen behandelt, d.h. die verbrieften Rechte werden durch Übereignung des Papiers übertragen, nicht durch Abtretung gem. § 398 BGB.
Das Anwartschaftsrecht ist nach der herrschenden Lehre ein Recht im Sinne des § 857 ZPO. Drittschuldner ist der Vorbehaltsverkäufer. Ihm stellt der Gläubiger den Pfändungsbeschluß zu (§ 829 Abs. 2 S. 1 ZPO). In der Praxis wird jedoch diese Zustellung durch die Geschäftsstelle des Amtsgerichts vermittelt (§§ 828 Abs. 2 S. 3, 166 Abs. 2, 168 ZPO).
Der Pfändungsbeschluß enthält **für den Drittschuldner das Verbot, an den Schuldner zu leisten (§ 828 Abs. 1 S. 1 ZPO).** Vgl. die Parallele in § 1282 Abs. 1 S. 1 BGB. Dieses Verbot nennt man das **Arresstatorium.**
Im Pfändungsbeschluß gebietet das Vollstreckungsgericht zugleich dem **Schuldner, sich jeder Verfügung über das Recht, insbesondere der Einziehung, zu enthalten.** Dieses Gebot heißt **Inhibitorium.** Mit der Zustellung an den Drittschuldner ist die Pfändung als bewirkt anzusehen. Sie wirkt also wie die Siegelung gemäß § 808 ZPO. Vgl. auch die Parallele im § 1280 BGB (Anzeige des Schuldners an den Drittschuldner).
Die unter Eigentumsvorbehalt gelieferte Sache selbst wird nach § 808 ZPO gepfändet. Diese Doppelpfändung verschafft dem Gläubiger zwei Vorteile:
1. Er darf den Restbetrag zahlen und so den Eigentumserwerb des Vorbehaltskäufers herbeiführen, ohne daß dieser sich dagegen wehren kann.
2. Durch die vorausgegangene Sachpfändung erlangt der Gläubiger ein Pfändungspfandrecht mit dem Rang seiner Erstpfändung.
Da S nur die Sache gepfändet hat, muß er auf die Drittwiderspruchsklage des D freigeben, oder er wird entsprechend verurteilt.
Hätte er das Anwartschaftsrecht allein gepfändet, würde er mit Zahlung der letzten Rate nicht automatisch ein Pfandrecht an der Sache erlangen. **§ 1287 BGB gilt für das Pfändungspfandrecht an Rechten nicht.** Das muß man wissen, wenn man vermeiden will, daß andere Gläubiger, die erst nach Bedingungseintritt gepfändet haben, trotzdem im Range vorgehen.

Fall Nr. 39: Forderungspfändung, sofortige Beschwerde

G hat dem S ein Grundstück auf Rentenbasis verkauft. In dem Kaufvertrag heißt es u. a.:

> Der Kaufpreis wird in Form einer monatlichen Rente von 600,– DM, die bis an das Lebensende des G zu zahlen ist, entrichtet. Kommt S mit der Zahlung einer Rate länger als zwei Monate in Rückstand, wird der dreijährige Rentenbetrag im voraus fällig. Für alle Ansprüche aus diesem Vertrage unterwirft sich der S der sofortigen Zwangsvollstreckung in sein gesamtes Vermögen.

G hat sich eine vollstreckbare Ausfertigung von dieser Urkunde besorgt und beim AG Dortmund, in dessen Bezirk der S wohnt, beantragt, die Kriegsbeschädigtenrente des S in Höhe von monatlich 230,– DM zu pfänden.
Das Gehalt des S ist bereits durch andere Pfändungen bis zur Pfändungsfreigrenze beschlagnahmt. Das Vollstreckungsgericht lehnt die Pfändung der Kriegsbeschädigtenrente mit der Begründung ab, solche Renten seien unpfändbar.
Was kann G dagegen unternehmen?

Lösung

Da es um die Frage der Unpfändbarkeit geht, könnte man an den Rechtsbehelf der Erinnerung nach § 766 ZPO denken. Mit jener Erinnerung sind **Zwangsvollstreckungsmaßnahmen** angreifbar. Von den Maßnahmen sind die **Entscheidungen** in der Zwangsvollstreckung zu trennen. Unter einer **Maßnahme ist das Eingreifen des Vollstreckungsorgans ohne vorherige Anhörung** des Schuldners oder Gläubigers zu verstehen.
Z. B.: Erlaß des beantragten Pfändungsbeschlusses; hierbei muß sogar eine vorherige Anhörung des Schuldners unterbleiben, weil das Gesetz Schiebungen verhüten will (§ 834 ZPO).
Von einer **Entscheidung** spricht man, **wenn das Gericht beide Teile vor dem Spruch gehört oder den Antrag auf Erlaß einer Maßnahme angelehnt hat.** Letzteres ist hier der Fall. Entscheidungen sind aber nicht mit der Erinnerung, sondern mit der **sofortigen Beschwerde** anzufechten (§ 793 ZPO).

Durch das Rechtspflegergesetz vom 5. 11. 1969 hat sich allerdings eine geringe Änderung ergeben. Für den Erlaß des Pfändungsbeschlusses ist jetzt der Rechtspfleger zuständig (§ 20 Nr. 17 RPflG). Gegen seine Entscheidungen findet zunächst die Rechtspflegererinnerung statt (§ 11 RPflG). Sie wird auch **Durchgriffserinnerung** genannt und hat mit der Erinnerung nach § 766 ZPO nur den Namen gemeinsam. Durchgriffserinnerung heißt sie aus folgendem Grunde: Grundsätzlich kann der Rechtspfleger prüfen, ob er der Erinnerung abhelfen, d.h. seine eigene Entscheidung ändern will. Bleibt er von der Richtigkeit seiner Entscheidung überzeugt, legt er die Erinnerung dem Richter vor (hier dem Richter am Amtsgericht). Wenn dieser die Entscheidung des Rechtspflegers ebenfalls für richtig hält, verfügt er die Vorlage der Erinnerung an die nächst höhere Instanz, hier an das Landgericht. Das ist der Durchgriff, der das Verfahren vereinfachen und beschleunigen soll. Handelt es sich um eine sofortige (befristete) Erinnerung, darf der Rechtspfleger nicht abhelfen (§ 11 Abs. 2 S. 1 RPflG). Er legt die Erinnerung dann sofort dem Richter vor. Von einer sofortigen Erinnerung spricht man, wenn sie innerhalb einer Frist von zwei Wochen nach Zustellung der anzufechtenden Entscheidung eingelegt werden muß (§ 11 Abs. 1 S. 2 RPflG). Dieses Merkmal gilt auch für die sofortige Beschwerde (§§ 793, 577 Abs. 2 ZPO). Sie ist im Gesetz die Ausnahme. Daher ist die einfache (unbefristete) Beschwerde gegeben, wenn das Gesetz die Befristung nicht ausdrücklich nennt. Im Zwangsvollstreckungsrecht findet gem. § 793 ZPO die sofortige Beschwerde statt. Der Gesetzgeber wollte dadurch alsbald klare Verhältnisse schaffen. Für die sofortige Beschwerde gilt nämlich wie für die sofortige Erinnerung das Abhilfeverbot (§ 577 Abs. 3 ZPO). Sie bringt die Sache zwingend in die höhere Instanz (Devolutionseffekt).

Zurück zum Fall:
Da nach früherem Recht (vor dem Rechtspflegergesetz vom 5. 11. 1969) gegen eine Entscheidung des Vollstreckungsorgans die sofortige Beschwerde stattgefunden hätte, ist die Ablehnung des Pfändungsbeschlusses durch den Rechtspfleger heute mit der sofortigen Erinnerung anzufechten (§ 11 Abs. 1 S. 2 RPflG). Der Rechtspfleger muß sie dem Amtsrichter vorlegen (§ 11 Abs. 2 S. 1 RPflG). Ob die Erinnerung Erfolg haben wird, soll anschließend untersucht werden.
Der Rentenanspruch des S ist eine Geldforderung, die durch Pfändungsbeschluß beschlagnahmt wird (§ 829 ZPO). Ob die Kriegsbeschädigtenrente der Pfändung unterliegt, ist eine andere Frage.
Sobald der Gläubiger in **Arbeits- oder Renteneinkommen** vollstrecken will, wird es problematisch. Die Grenzen der Pfändung solcher Einkünfte werden in den §§ 850–850 i ZPO abgesteckt. Einzelheiten dieser sehr differenzierten Regelung können hier nicht besprochen werden, aber die Grundzüge sollten bekannt sein:
Das Gesetz unterscheidet zwischen **unbeschränkt und nur beschränkt pfändbarem Arbeitseinkommen.** Unbeschränkt pfändbar bedeutet nicht, daß dieses Einkommen dem Schuldner restlos weggepfändet werden kann; es gelten vielmehr die Pfändungsgrenzen des § 850 c ZPO. Aber **in das unbeschränkt pfändbare Einkommen kann jeder Gläubiger vollstrecken, während das beschränkt pfändbare Einkommen nur bestimmten Unterhaltsgläubigern zur Verfügung steht (§ 850 d ZPO) oder Fruchtlosigkeit anderer Vollstreckungsversuche voraussetzt (§ 850 b ZPO).** Von den Renten, die in § 850 Abs. 3 Buchst. b und § 850 b Abs. 1 ZPO genannt sind, muß man diejenigen Renten unterscheiden, die nach dem Bundesversorgungsgesetz gezahlt werden: Dafür gilt § 850 i Abs. 4 ZPO, der die Sozialversicherungsgesetze und das Bundesversorgungsgesetz im Auge hat. Diese Gesetze enthalten Sondervorschriften (vgl. insbesondere § 119 RVO, § 76 AngestelltenversicherungsG, § 60 Knappschaftsgesetz, § 67 Bundesversorgungsgesetz, § 14 Bundesentschädigungsgesetz). Die Kriegsbeschädigtenrente wird nach dem Bundesversorgungsgesetz gewährt. Nach § 67 Abs. 1 dieses Gesetzes ist die Pfändung des Anspruchs auf Versorgungsbezüge ausgeschlossen. Im Abs. 2 sind Gläubiger genannt, zu deren Gunsten ausnahmsweise die Pfändung zulässig ist (wegen der Ansprüche aus Darlehen, die als Vorschuß auf Versorgungsleistungen gezahlt worden sind, aus unrechtmäßig empfangenen Versorgungsleistungen, aus gesetzlichen Unterhaltspflichten und aus vorsätzlicher unerlaubter Handlung). Zu diesen Gläubigern zählt G nicht. Der Rechtspfleger hat daher zutreffend die Pfändung der Kriegsbeschädigtenrente abgelehnt.

Fall Nr. 40: Überweisungsbeschluß

S hat sich in einem gerichtlichen Vergleich gegenüber G verpflichtet, an ihn 2500,– DM zu zahlen. Auf Grund des Vergleichs erwirkt er zwei Pfändungs- und Überweisungsbeschlüsse. Durch den ersten Beschluß läßt er sich die Gehaltsforderung des S gegen den Arbeitgeber A pfänden und überweisen. Der zweite Beschluß soll eine Darlehensforderung des S gegen den D erfassen. A teilt dem G mit, er könne die Pfändung nicht anerkennen, weil er in dem Angestelltenvertrag mit S die Nichtabtretbarkeit der Gehaltsforderung vereinbart habe. D erklärt dem G, er habe nie ein Darlehen von S erhalten. Was kann G gegen A und D unternehmen?

Lösung

Durch den Pfändungsbeschluß nach § 830 ZPO wird die gepfändete Forderung beschlagnahmt. Da das Gericht den Schuldner vorher nicht hört, sondern nur prüft, ob die Forderung nach den Behauptungen des Gläubigers rechtlich denkbar ist, geht die Pfändung ins Leere, wenn die Forderung aus irgendeinem Grunde nicht besteht. Ebenso wie eine nicht vorhandene Forderung nicht gutgläubig erworben werden kann, ist ihre Pfändung unmöglich. Bestreitet der Drittschuldner den Bestand der Forderung (zur Auskunftspflicht des Drittschuldners vgl. § 840 ZPO), dann muß der Gläubiger notfalls gegen den Drittschuldner klagen. Die Beschlagnahme allein reicht dazu aber nicht aus. Deswegen ist neben der Beschlagnahme die **Überweisung der Forderung** erforderlich. Sie stellt bei der Pfändung von Rechten, insbesondere bei der Forderungspfändung, die **Pfandverwertung** dar. Der Gläubiger erlangt durch sie diejenige Stellung, die vor ihm der Schuldner hatte – nicht mehr und nicht weniger. Er kann die Forderung also in Höhe seines titulierten Anspruchs einziehen, insbesondere den Drittschuldner verklagen (§ 841 ZPO). Umgekehrt hat der Drittschuldner gegenüber dem Gläubiger dieselben Rechte, die ihm gegenüber dem Schuldner zugestanden haben.

Gemäß § 830 Abs. 1 ZPO ist die gepfändete Forderung dem Gläubiger nach seiner Wahl **zur Einziehung oder an Zahlung Statt zum Nennwert zu überweisen.** Zwischen der Überweisung zur Einziehung und der an Zahlung Statt besteht ein **wichtiger Unterschied.** Wiederholen Sie zunächst Fall Nr. 35 in Bd. II.

Die Überweisung an Zahlung Statt wirkt wie eine Erfüllung durch Abtretung der Forderung. An die Stelle der Erfüllung durch Zahlung tritt die Erfüllung durch Überweisung der Forderung. Diese Art der Überweisung ist **für den Gläubiger gefährlich.** Er ist mit der Zustellung des Überweisungsbeschlusses an den Drittschuldner als befriedigt anzusehen, wenn die gepfändete und überwiesene Forderung besteht. Folglich hat er gegen den ursprünglichen Schuldner keine Ansprüche mehr. Kann er die Forderung vom Drittschuldner nicht beitreiben, weil der z. B. vermögenslos ist, geht der Gläubiger leer aus. **Anders ist die Rechtslage nach Überweisung zur Einziehung.** Hierbei geht die Forderung nicht in das Vermögen des Gläubigers über; er kann sie aber im eigenen Namen geltend machen. Erlangt er dadurch keine Befriedigung, bleibt sein Anspruch gegen den Schuldner erhalten. Anderseits haftet der Gläubiger dem Schuldner auf Ersatz des Schadens, der auf eine verzögerte Einziehung der überwiesenen Forderung zurückzuführen ist (§ 842 ZPO).

Im vorliegenden Falle kann G den D auf Rückzahlung des Darlehens verklagen. Ob D das Darlehen erhalten hat, muß in diesem Prozeß geklärt werden.

Auch den A muß der G verklagen, wenn A nicht freiwillig leistet. Die Aussichten der Klage wollen wir prüfen; wiederholen Sie aber zunächst die Fälle Nr. 52 und 53 in Bd. II.

Nach § 851 Abs. 1 ZPO ist eine **Forderung pfändbar, wenn sie übertragbar ist;** nach § 400 BGB ist eine unpfändbare Forderung nicht übertragbar. Beide Vorschriften stehen in Wechselwirkung.
Von dieser Regelung macht § 851 Abs. 2 ZPO eine notwendige Ausnahme. Danach § 399 BGB jede Geldforderung durch freie Vereinbarung für nicht abtretbar erklärt werden kann, würden es die Vertragspartner in der Hand haben, Geldforderungen unpfändbar zu machen. Dieses unbillige Ergebnis wird durch § 851 Abs. 2 ZPO vermieden. Nur dann ist eine nach § 399 BGB nicht abtretbare Forderung zugleich unpfändbar, wenn der Gegenstand, auf den sie gerichtet ist, der Pfändung nicht unterliegt (z. B. der Anspruch auf Lieferung von Sachen, die nach § 811 ZPO unpfändbar sind). Geld ist grundsätzlich pfändbar (§§ 808, 815 ZPO). G kann also die Gehaltsforderung des S im Rahmen der Vorschriften über die Pfändung des Arbeitseinkommens trotz des vereinbarten Abtretungsverbots pfänden.

Abwandlung

A hat am Ende des Monats, in dem ihm der Pfändungs- und Überweisungsbeschluß zugestellt worden ist, den pfändbaren Teil des Gehaltes seines Angestellten S an G abgeführt; dadurch ist die Schuld des S aber noch nicht getilgt. Im nächsten Monat weigert sich A, einen weiteren Betrag an G abzuführen. Er meint, G müsse zunächst einen neuen Pfändungs- und Überweisungsbeschluß erwirken. Hat A Recht?

Lösung

Grundsätzlich ist jede Forderung, die aus einem selbständigen Schuldverhältnis entspringt, gesondert zu pfänden und zu überweisen. Gleiches gilt, wenn eine Schuld in Raten getilgt werden darf, z. B. die in Raten tilgbare Kaufpreisforderung des Vorbehaltsverkäufers. Die Pfändung erstreckt sich nur dann auf alle Raten, wenn das besonders gesagt ist. Anders verhält es sich bei Lohnforderungen oder ähnlichen Forderungen auf fortlaufende Bezüge, vgl. § 832 ZPO. Hier ist ein Hinweis auf die Pfändung auch der künftig fällig werdenden Ansprüche entbehrlich.

Fall Nr. 41: Zwangsvollstreckung zur Herausgabe von Sachen, Vornahme und Duldung von Handlungen

S ist rechtskräftig verurteilt, an G ein Grundstück herauszugeben, einen darauf errichteten Schuppen abzubrechen und zu dulden, daß G einen Zaun auf der Grundstücksgrenze errichtet. S weigert sich, dem Urteil zu entsprechen. G möchte wissen, wie er den Urteilsspruch zwangsweise durchsetzen kann.

Lösung

1. Herausgabe des Grundstücks:

Bisher haben wir besprochen, wie wegen einer Geldforderung vollstreckt wird. Da es auch andersartige Ansprüche gibt, z. B. den Herausgabeanspruch, muß die ZPO hierfür ebenfalls Vollstreckungsmöglichkeiten vorsehen.

Bewegliche Sachen nimmt der GV dem Schuldner einfach weg (§§ 883, 884 ZPO). Hat der Schuldner eine **unbewegliche Sache,** also ein Grundstück herauszugeben oder zu räumen, so setzt der GV den Schuldner aus dem Besitz und weist den Gläubiger in den Besitz ein (§ 885 ZPO). Bei der **„Entsetzung“** darf der GV auch Gewalt anwenden (§ 758 ZPO); aber die Gewalt darf sich nur gegen den Schuldner richten. So darf der GV z.B. nicht den Schuppen abreißen, den der Schuldner auf dem Grundstück errichtet hat. Hierzu bedarf der Gläubiger eines besonderen Titels.

2. Abbruch des Schuppens:

G hat einen Titel, der ihm den Abbruch gestattet. Wenn der Schuldner das Urteil nicht befolgt, kann der Gläubiger sich vom **Prozeßgericht** des ersten Rechtszuges ermächtigen lassen, **auf Kosten des Schuldners die Handlung vorzunehmen.** Vollstreckungsorgan ist jetzt das Prozeßgericht, also das Gericht, vor dem das Erkenntnisverfahren gelaufen ist (was ist ein Erkenntnisverfahren? Nachlesen Fall Nr. 62 in Bd. II). Die Zwangsvollstreckung liegt bereits in dem Ermächtigungsbeschluß, nicht erst in der Vornahme der Handlung.

Nun gibt es Handlungen, die nur der Schuldner selbst vornehmen kann, z.B. wenn es auf besondere geistige oder künstlerische Fähigkeiten und Kenntnisse ankommt, die andere Personen nicht haben. Deswegen ist der **Ermächtigungsbeschluß** nach § 887 ZPO nur zulässig, **bei vertretbaren Handlungen** (... deren Vornahme durch einen Dritten erfolgen kann ...). Daher spricht man auch von einer **Ersatzvornahme.**

Kann die Handlung nicht von einem Dritten vorgenommen werden **(unvertretbare Handlung),** so besteht die Zwangsvollstreckung darin, daß das Prozeßgericht des ersten Rechtszuges den Schuldner durch **Geld- oder Haftstrafen** zur Vornahme der Handlung anhält (§ 888 Abs. 1 ZPO).

3. Duldung der Errichtung des Zaunes:

Duldungs- oder Unterlassungspflichten des Schuldners werden in ähnlicher Weise durchgesetzt wie die Erwirkung einer unvertretbaren Handlung. Das ist verständlich; denn es kommt auch hier auf ein höchstpersönliches Verhalten des Schuldners an. Lesen Sie bitte § 890 ZPO.

Pfandrechte

- **rechtsgeschäftliche**
- **gesetzliche**
  - Besitzpfandrechte
    - *a) Unternehmer § 647 BGB*
    - *b) Kommissionär § 397 HGB*
    - *c) Spediteur § 410 HGB*
    - *d) Lagerhalter § 421 HGB*
    - *e) Frachtführer § 440 HGB*
  - besitzlose Pfandrechte
    - *a) Vermieter § 559 BGB*
    - *b) Verpächter § 585 BGB*
    - *c) Gastwirt § 704 BGB*
- **Pfändungspfandrechte**

Arten der Zwangsvollstreckung

- **wegen Geldforderungen**
  - ins bewegl. Vermögen
    - in Sachen
    - in Rechte
      - Geldfordg.
      - Sachfordg.
      - sonst. Vermögensrechte
  - ins unbewegl. Vermögen
    - Zwangsverstg.
    - Zwangsverw.
    - Zwangshyp.
- **wegen anderer Ansprüche**
  - Herausgabe
  - Handlungen od. Unterlassungen
  - Abgabe von Willenserkl.

Aufgabe

Tragen Sie bei den „Arten der Zwangsvollstreckung“ die zuständigen Vollstreckungsorgane ein.

Vollstreckungsorgane	für Vollstreckungen zuständig
a) Gerichtsvollzieher (GV)	§§ 808–827, 883–886 ZPO
b) Vollstreckungsgericht (VG)	wegen Geldforderungen, soweit nicht GV od. GBA zuständig sind
c) Prozeßgericht (PG)	§§ 887–892 ZPO
d) Grundbuchamt (GBA)	§ 864 ZPO

Fall Nr. 42: Buch- und Briefhypothek

E hat sich mit H über die Bestellung einer Briefhypothek geeinigt. Durch die Hypothek soll eine Darlehensforderung des H gegen E gesichert werden. Aus Versehen trägt der Rechtspfleger beim Grundbuchamt eine Hypothek mit dem Vermerk ein: ... brieflos eingetragen für .... E und H entdecken das nicht. Nach Fälligkeit der Hypothek will H die Zwangsversteigerung des Grundstücks betreiben. Er verklagt E mit dem Antrage, die Zwangsvollstreckung in das Grundstück zu dulden. E wendet ein, H habe wegen der unrichtigen Eintragung keine Hypothek erworben. Muß E die Zwangsvollstreckung dulden?

Lösung

Der geltend gemachte **Duldungsanspruch** hat seine Grundlage in § 1147 BGB. Danach erfolgt die Befriedigung des Hypothekengläubigers durch die Zwangsvollstreckung in das Grundstück und in die Gegenstände, auf die sich die Hypothek erstreckt. Der Grundstückseigentümer muß die Zwangsvollstreckung dulden. Daher spricht man von einem Duldungsanspruch und von einer Duldungsklage. Vielleicht wundern Sie sich, daß von Duldung der Zwangsvollstreckung und nicht von Zahlung auf die gesicherte Forderung die Rede ist. Das liegt im Wesen der Hypothek begründet. Sie ist ein Pfandrecht am Grundstück zur Sicherung einer Geldforderung. Schuldner (persönlicher Schuldner) der Forderung und Grundstückseigentümer (dinglicher Schuldner) brauchen nicht identisch zu sein. Demgemäß bestimmt § 1113 BGB, **aus dem Grundstück** sei eine bestimmte Geldsumme zur Befriedigung wegen der dem Hypothekengläubiger zustehenden Forderung zu zahlen. Aus dem Grundstück kann nur gezahlt werden, wenn in das Grundstück die Zwangsvollstreckung betrieben wird (wiederholen Sie Fall Nr. 8 in Bd. I).

> **Merke: Der dingliche Anspruch des Hypothekengläubigers richtet sich gegen den Grundstückseigentümer und geht auf Duldung der Zwangsvollstrekkung aus der Hypothek in das Grundstück.**
> **Der persönliche Anspruch des Hypothekengläubigers richtet sich gegen den persönlichen Schuldner, der mit dem dinglichen Schuldner nicht identisch zu sein braucht und geht auf Zahlung.**

Als erste Voraussetzung des Duldungsanspruches prüfen wir, ob H eine Hypothek erlangt hat. Die dazu notwendigen Überlegungen zerfallen in **zwei scharf voneinander getrennte Abschnitte.** Zunächst legt man sich die Frage vor, 1. **ob** eine Hypothek **entstanden** ist und danach die weitere Frage, 2. **wem** die Hypothek **zusteht.**

Zu 1. Auf rechtsgeschäftlichem Wege entsteht die Hypothek nach dem **Grundsatz des § 873 BGB durch Einigung und Eintragung.** Beide Erfordernisse sind hier erfüllt.

Zu 2. Nun wenden wir uns der Frage zu, wem die Hypothek zusteht. Die Antwort folgt aus dem **Grundsatz der Akzessorietät,** der auch das Hypothekenrecht beherrscht. Nach § 1163 BGB steht die Hypothek dem Eigentümer zu, solange die Forderung, zu deren Sicherung sie bestellt worden ist, nicht zur Entstehung gelangt. Erlischt die Forderung, so erwirbt der Eigentümer die Hypothek. Prägen Sie sich fest ein: Die Hypothek entsteht zwar ohne die zu sichernde Forderung, und sie besteht auch fort, wenn die gesicherte Forderung erlischt; wenn und solange jedoch eine Forderung vorhanden ist, bestimmt sie allein, wem die Hypothek zusteht. **Die Forderung ist das zuordnende Recht.** Beide, Forderung und Hypothek, sind grundsätzlich untrennbar miteinander verbunden. Das gilt nicht nur für die Frage, wer die Hypothek nach ihrer Entstehung als erster erwirbt; auch zukünftige Erwerber können die Forderung nicht ohne die Hypothek und die Hypothek nicht ohne die Forderung erlangen (§ 1153 Abs. 2 BGB).

Unterschied zum Faustpfandrecht:

Ohne Forderung entsteht überhaupt kein Pfandrecht; mit Erlöschen der Forderung geht das Pfandrecht automatisch unter (§§ 1204, 1250, 1252, 1273 BGB – strenge Akzessorietät). Außerdem ist ein Faustpfandrecht an der eigenen Sache nicht möglich.
Nach dem Sachverhalt sollte die Hypothek eine Darlehensforderung des H gegen den E sichern. Der Akzessorietätsgrundsatz steht dem Erwerb der Hypothek durch H also nicht entgegen; aber E und H hatten sich über eine **Briefhypothek** geeinigt, während der Rechtspfleger eine **Buchhypothek** eingetragen hat. Einigung und Eintragung weichen also voneinander ab. Welche Folgen sich daraus ergeben, kann man nur beurteilen, wenn die Begriffe Brief- und Buchhypothek geläufig sind.
Gem. § 1116 Abs. 1 BGB wird über die Hypothek ein **Hypothekenbrief** erteilt. Die danach benannte Briefhypothek ist der Normalfall. Von diesem Normalfall geht das für die Briefausstellung zuständige Grundbuchamt mangels besonderer Antragstellung aus (§ 56 GBO). Der Briefausschluß muß ausdrücklich vereinbart und eingetragen werden. Eine Hypothek, die brieflos erteilt wird, heißt Buchhypothek. Spätere Umwandlungen sind einverständlich möglich. Auch sie bedürfen der Eintragung (§ 1116 Abs. 2 und 3 BGB).
Der Vorteil der Briefhypothek liegt, wie wir noch sehen werden, in ihrer leichteren Übertragbarkeit. Für den **Ersterwerb** der Briefhypothek ist allerdings neben Einigung und Eintragung sowie Innehaben der persönlichen Forderung (Akzessorietät) die **Briefübergabe** vom Eigentümer an den Hypothekar erforderlich **(§ 1117 BGB).** Da hier ein Brief weder erteilt noch übergeben worden ist, hat H keine Briefhypothek erworben.
Problematisch ist, ob er statt dessen eine Buchhypothek erlangt hat.

Zum Vergleich folgendes Beispiel:
A läßt sein Grundstück dem B auf; der Rechtspfleger trägt versehentlich den C ein. C wird nicht Eigentümer, weil A sich nicht mit ihm geeinigt hat. B wird nicht Eigentümer, weil er nicht eingetragen ist. Ebenso ist die Rechtslage, wenn die Parteien sich z. B. über die Bestellung eines dinglichen Wohnrechts geeinigt haben, aber ein Nießbrauch, also ein anderes Recht, eingetragen wird.

In Fortsetzung dieser Überlegungen müßte man eigentlich sagen: H hat keine Briefhypothek erlangt, weil eine Buchhypothek eingetragen worden ist und er keinen Brief bekommen hat; eine Buchhypothek konnte er nicht erwerben, weil er sich darüber nicht mit E geeinigt hat. Von einem Teil des Schrifttums wird diese Ansicht auch vertreten. Andere meinen, bei mangelnder Einigung über die Form der Hypothek entstehe eine Briefhypothek, weil sie die Normalform sei. Ebenso soll es sein, wenn sich die Parteien auf eine Buchhypothek geeinigt haben, aber versehentlich eine Briefhypothek eingetragen wird und umgekehrt. Die Entscheidung des Streits ist für unseren Fall nicht notwendig. Selbst wenn eine Briefhypothek entstanden sein sollte, steht sie dem H doch nicht zu, weil das Grundbuchamt den Brief noch nicht gebildet hat. Notwendigerweise fehlt die Briefübergabe nach § 1117 Abs. 1 S. 1 BGB. H wird folglich mit der Klage aus § 1147 BGB abgewiesen.

Fall Nr. 43: Zwangshypothek, rechtsgeschäftliche Übertragung der Hypothek, Sicherungs- und Verkehrshypothek

G hat gegen S einen vollstreckbaren Titel auf Zahlung von 1934,67 DM nebst 5% Zinsen seit dem 1. 6. 1973. Er reicht den Titel beim Grundbuchamt ein und beantragt, für ihn auf dem Grundstück des S eine Sicherungshypothek in Höhe der titulierten Forderung einzutragen. Nachdem das geschehen ist, tritt G die titulierte Forderung schriftlich an D ab. D möchte wissen, ob er jetzt den S auf Duldung der Zwangsvollstreckung aus der Hypothek verklagen kann.

Lösung

D hat den Duldungsanspruch aus § 1147 BGB nur, wenn er Inhaber der Hypothek geworden ist. Man muß die Frage, ob jemand eine Hypothek erworben hat, in zwei Teilfragen aufspalten. Die erste Frage betrifft die Erwerbsart (Erwerb durch Rechtsgeschäft oder Gesetz). Im zweiten Komplex fragen wir uns, ob es sich um einen Ersterwerb (vom Grundstückseigentümer) oder um einen Zweiterwerb (vom Hypothekar) handelt. Fall Nr. 42 hatte den rechtsgeschäftlichen Ersterwerb einer Brief- oder Buchhypothek zum Gegenstand. Jetzt prüfen wir den rechtsgeschäftlichen Zweiterwerb einer Hypothek, die der Ersterwerber G kraft Gesetzes erlangt hatte. G hatte die Hypothek nicht rechtsgeschäftlich durch Einigung mit S und nachfolgende Eintragung erworben (§ 873 BGB), sondern im Wege der Zwangsvollstreckung. Die **Zwangshypothek** entsteht durch eine Art der Zwangsvollstreckung wegen Geldforderungen in das unbewegliche Vermögen (§ 866 ZPO). Sie wird als **Sicherungshypothek** auf Antrag des Gläubigers vom Grundbuchamt eingetragen.
Es ist berechtigt, von einem gesetzlichen Erwerb im weiteren Sinne zu sprechen; denn eine Einigung mit dem Schuldner und Grundstückseigentümer ist nicht erforderlich. Im engeren Sinne, also auch **Entstehung** unmittelbar auf Grund des Gesetzes, findet ein gesetzlicher Erwerb nur in den Fällen der §§ 1287 BGB, 848 ZPO statt. Noch anders § 648 BGB: Dort hat der Unternehmer einen gesetzlichen Anspruch auf rechtsgeschäftliche Bestellung der Sicherungshypothek.

Das BGB unterscheidet zwischen **Verkehrs- und Sicherungshypotheken,** ohne allerdings das Wort Verkehrshypothek zu gebrauchen. Als Normalform gilt die Verkehrshypothek, die Brief- oder Buchhypothek sein kann. Sie dient der langfristigen Kapitalbeschaffung und -Anlage. Als Kreditgeber treten vorwiegend öffentliche und private Geldinstitute auf (Staat und Gemeinden, Banken, Bausparkassen, Versicherungen und öffentliche Kreditanstalten). Besondere Hervorhebung verdienen die Hypothekenbanken (Hypothekenbankgesetz in der Fassung vom 5. 2. 1963 – BGBl. I 1963, 81 –). Sie unterliegen staatlicher Aufsicht und gewähren Darlehen nur gegen Hypotheken. Ihre Refinanzierung besorgen sie durch Ausgabe von Pfandbriefen. Die Pfandbriefe verleihen zwar keine Rechte an Hypotheken oder gar an den Grundstücken; aber sie sind durch Hypotheken in mindestens gleicher Höhe abgesichert und genießen im Konkurse der Bank Vorrechte.

Die öffentlichen Kreditanstalten sind verpflichtet, bei der Darlehnsgewährung in ähnlich sorgfältiger Weise zu verfahren. Sie dürfen nur erstrangige Hypotheken nehmen und dabei eine bestimmte Beleihungsgrenze (meist halber Grundstückswert) nicht überschreiten.
Dann folgt der private Hypothekenmarkt. Privatbanken, insbesondere Bausparkassen, stellen die Darlehen auch gegen nachrangige Hypotheken (Beleihungsgrenze bis zu 80% des Grundstückswertes) zur Verfügung. Da sich das Risiko des Geldgebers vergrößert, verlangt er in aller Regel höhere Zinsen. Bausparkassen können davon eine Ausnahme machen, weil ihre Sparer mit einem niedrigen Zins für ihre Ansparguthaben zufrieden sind.
Eine spezifische Rolle spielt im Zusammenhang mit dem Bauwesen die **Tilgungshypothek (Amortisationshypothek).** Der Darlehensschuldner zahlt in gleichbleibenden Raten Kapital und Zinsen zurück. Durch die fortschreitende Tilgung des Kapitals wird der Zinsanteil in der gleichbleibenden Rate immer geringer und der Tilgungsanteil entsprechend größer. Die Amortisationshypothek ist das herausragende Finanzierungsmittel finanzschwacher Bevölkerungskreise. An die Rate gewöhnt man sich.
Einen ganz anderen Zweck verfolgt die Sicherungshypothek. Sie soll eine (meist gefährdete) Forderung für eine kurze Übergangszeit sichern. Daher ist sie nicht für den Umlauf bestimmt, d.h. ihre Abtretung ist die Ausnahme. Demgegenüber trägt die Verkehrshypothek ihren Namen gerade wegen der leichten Übertragbarkeit und des Gutglaubensschutzes, der bei der Sicherungshypothek nur beschränkt ausgebildet ist. Ein Recht, das der langfristigen Kreditsicherung dient, ist für den Geldgeber um so interessanter, je leichter er es veräußern kann. Auf diese Art bleibt er beweglich, was vor allen Dingen für die Refinanzierung vorteilhaft ist. Diesem Zweck dient in erster Linie die Briefhypothek. Konsequenterweise ist die Sicherungshypothek immer Buchhypothek (§ 1185 Abs. 1 BGB), während die Verkehrshypothek Buch- oder Briefhypothek sein kann. Auf sonstige Abweichungen ist an späterer Stelle einzugehen.

Nun können wir zur Lösung des Falles zurückkehren. Unzweifelhaft hat G die Sicherungshypothek als Ersterwerber gem. § 867 ZPO erlangt. Fraglich ist nur, ob D durch die schriftliche Abtretungserklärung Hypothekengläubiger geworden ist. Da die Sicherungshypothek immer Buchhypothek ist, richtet sich ihre Abtretung nach § 1154 Abs. 3 BGB. Diese Vorschrift ist eine Fortentwicklung des § 1153 BGB, wonach die Hypothek auf den neuen Gläubiger mit der Übertragung der Forderung übergeht. Man tritt also nicht die Hypothek ab, sondern die Forderung; die Hypothek folgt kraft Gesetzes nach.

Merke: Eine Hypothek wird abgetreten durch Übertragung der gesicherten Forderung.

Wie die Forderung abgetreten wird, bestimmt § 1154 BGB. Bei der Briefhypothek sind zur Forderungsabtretung die schriftliche Abtretungserklärung und die Briefübergabe erforderlich. Machen Sie sich das bitte klar! Es bedeutet: Die hypothekarisch gesicherte Forderung wird nicht nach Schuldrecht, sondern nach Sachenrecht übertragen. Im Schuldrecht genügt zur Forderungsübertragung die formlose Einigung (§ 398 BGB). Das Hypothekenrecht verlangt mehr, wobei es für Brief- und Buchhypothek unterschiedliche Regeln aufstellt. Die Briefhypothek soll am leichtesten übertragen werden können. Deshalb setzt sich die Abtretung der gesicherten Forderung hier zusammen aus der schriftlichen Abtretungserklärung plus Briefübergabe. Ist die Forderung durch eine Buchhypothek gesichert, so geht es schwerfälliger zu. In einem solchen Falle muß die Abtretung in das Grundbuch eingetragen werden (§ 1154 Abs. 3 BGB).

Letzteres haben G und D nicht beachtet. Folglich hat D die durch Zwangsvollstreckung **entstandene** und dem G **zustehende** Sicherungshypothek nicht durch Rechtsgeschäfte erworben. Seine beabsichtigte Klage aus § 1147 BGB wird mithin keinen Erfolg haben.

Fall Nr. 44: Gutgläubiger Ersterwerb der Hypothek

B ist eingetragen als Eigentümer eines Grundstücks, das in Wirklichkeit dem E gehört. H gewährt dem B ein Darlehen über 30000,– DM und läßt sich dafür eine Briefhypothek eintragen. Sie vereinbaren, daß H berechtigt sein soll, sich den Brief vom Grundbuchamt aushändigen zu lassen. Die Hypothek wird am 1. 6. 1973 eingetragen und der Brief am selben Tage ausgefertigt. Bevor H Zeit findet, sich den Brief abzuholen, erfährt er, daß E der wahre Grundstückseigentümer ist. Muß H auf Verlangen des E die Hypothek beseitigen?

Lösung

E verlangt von H eine Grundbuchberichtigung (§ 894 BGB). Wir müssen also prüfen, ob die wirkliche Rechtslage, soweit es sich um die Gläubigerstellung des H handelt, nicht mit der Grundbucheintragung übereinstimmt. Da H sich mit dem Nichtberechtigten B geeinigt hat, kann er die Hypothek gutgläubig erworben haben (§ 892 BGB). Die Hypothek ist ein Recht am Grundstück. Zum Rechtserwerb sind bei der Briefhypothek neben dem Innehaben der persönlichen Forderung notwendig: Einigung, Eintragung und Briefübergabe (§§ 873, 1117 BGB). Die beiden erstgenannten Voraussetzungen sind erfüllt. An die Stelle der Einigung mit dem Berechtigten ist allerdings die mit dem Nichtberechtigten getreten. Da der gute Glaube grundsätzlich andauern muß, bis alle Voraussetzungen für den Rechtserwerb erfüllt sind, hat H die Hypothek möglicherweise nicht erworben, weil er vor Abholung des Briefes die wahren Eigentumsverhältnisse erfahren hat. Gegen diese Konsequenz scheint zunächst § 892 Abs. 2 BGB zu sprechen, demzufolge der gute Glaube nach der Antragstellung fortfallen kann, ohne daß die später erlangte Kenntnis den Rechtserwerb hindert. § 892 Abs. 2 BGB betrifft indessen nur Fälle, in denen die Eintragung den letzten Schritt zum Rechtserwerb darstellt. Richtig müßte die Bestimmung lauten: Ist zum Erwerb des Rechts **nur noch** die Eintragung erforderlich .... Zum Erwerb des Rechts ist hier auch die Übergabe des Hypothekenbriefes erforderlich. Also muß nach dem allgemeinen Grundsatz der gute Glaube sogar über die Eintragung des Gläubigers hinaus fortdauern.

§ 1117 Abs. 1 S. 2 BGB erklärt die §§ 929 Abs. 2, 930 und 931 BGB für anwendbar. Die §§ 930, 931 BGB enthalten die Ihnen bereits bekannten Übergabesurrogate. Im vorliegenden Fall haben die Parteien kein Übergabesurrogat vereinbart, sondern die Regelung des § 1117 Abs. 2 BGB gewählt. Damit hat es folgende Bewandtnis: Diese Vereinbarung ist kein echtes Übergabesurrogat; sie ersetzt die Übergabe nicht, sie macht sie vielmehr entbehrlich. Wann die Übergabe erfolgt und wer Besitzer des Briefes wird, spielt keine Rolle. Wenn die Parteien eine **Vereinbarung nach § 1117 Abs. 2 BGB** getroffen haben und die zu sichernde Forderung bereits vorhanden ist, erlangt der Gläubiger die Hypothek mit der Eintragung und das **Recht am Hypothekenbrief mit der Herstellung.**

Da H am Tage der Herstellung des Briefes die wahre Rechtslage noch nicht kannte, hat er also die Hypothek gutgläubig erworben. Das Grundbuch stimmt deswegen mit der wirklichen Rechtslage überein. E kann folglich keine Berichtigung von H verlangen.

Fall Nr. 45: Gutgläubiger Zweiterwerb der Hypothek

P bestellt als Prokurist der OHG A & B dem H zur Sicherung eines Darlehens von 30000,– DM eine Briefhypothek an einem Grundstück der OHG. H tritt die Hypothek an D ab. D klagt gegen die OHG auf Duldung der Zwangsvollstreckung. Die OHG macht geltend, P sei nicht befugt gewesen, die Hypothek zu bestellen. Von seiner Eigenmächtigkeit habe sie erst durch D erfahren. Muß die OHG trotzdem die Zwangsvollstreckung dulden?

Lösung

D macht gegen die OHG einen Duldungsanspruch nach § 1147 BGB geltend. Erste Voraussetzung ist, daß er eine Hypothek an den Grundstück der OHG erworben hat. Da er kein Ersterwerber ist, untersuchen wir zunächst, ob sein Vorgänger H eine Hypothek erlangt hatte. Hiervon hängt es ab, ob Rechtserwerb vom Berechtigten oder Nichtberechtigten in Betracht kommt. Noch vor diesem Komplex rangiert allerdings die Frage, ob die Hypothek überhaupt entstanden ist.
Eine Briefhypothek entsteht durch Einigung und Eintragung (§ 873 BGB). Da die **Einigung ein Rechtsgeschäft** ist, müssen wir prüfen, ob P die OHG bei der Bestellung des Rechts ordnungsgemäß vertreten hat. Zur Belastung von Grundstücken hatte ihn die OHG nicht besonders ermächtigt (§ 49 Abs. 2 HGB). Folglich hat er als Vertreter ohne Vertretungsmacht gehandelt. Die Einigung war schwebend unwirksam (§ 177 Abs. 1 BGB). Eine Genehmigung durch die OHG läßt sich nicht feststellen. Ihre Erklärungen sind vielmehr als eine Verweigerung aufzufassen. Nach allem fehlt die Einigung zwischen H und der OHG. Eine Hypothek ist also nicht entstanden; D konnte die Hypothek nur aus der Hand eines Nichtberechtigten erlangen.
§ 892 BGB ermöglicht nicht nur den gutgläubigen Erwerb des Eigentums an einem Grundstück; auch andere dingliche Rechte an einem Grundstück unterliegen dem gutgläubigen Erwerb. Das geht aus den Worten hervor: ... welcher ein **Recht an einem Grundstück** erwirbt .... Die Hypothek ist als Grundpfandrecht ein Recht an einem Grundstück (wiederholen Sie Fall Nr. 8 in Bd. I).
Die Einigung zwischen dem H und dem D ist nicht zweifelhaft. Sie muß sich gem. § 1154 Abs. 1 BGB auf die Abtretung der Forderung beziehen und in schriftlicher Form erklärt werden. Außerdem ist die Übergabe des Hypothekenbriefes erforderlich, um die Abtretung wirksam zu machen. Wir gehen davon aus, daß H und D diese Anforderungen beachtet haben und D gutgläubig war. Dann hat er gem. § 1153 Abs. 1 BGB in Verbindung mit § 892 BGB gutgläubig eine Hypothek erworben, **die vorher gar nicht bestand,** d.h. sie ist erst durch den gutgläubigen Erwerb in der Person des Gutgläubigen zur Entstehung gelangt.
Wiederholen Sie den Fall mehrmals und machen Sie sich die rechtlichen Vorgänge Schritt für Schritt klar.

Fall Nr. 46: Gutgläubiger Erwerb der Hypothek trotz Fehlens der Forderung.

E hat der B-Bank AG zur Sicherung eines noch zu gewährenden Darlehens eine Briefhypothek bestellt und ihr den Brief bereits ausgehändigt. Später verweigert die Bank die Auszahlung der Valuta, da ihr nachträglich die äußerst schlechte Geschäftslage des E bekannt geworden ist. P, ein Prokurist der Bank, tritt die Hypothek in schriftlicher Form und unter Briefübergabe an D ab. P und D gehen gutgläubig davon aus, das Darlehen sei ausgezahlt worden. D klagt gegen E auf Rückzahlung des Darlehens und auf Duldung der Zwangsvollstreckung. E wendet ein, er habe das Geld nicht bekommen. Muß er trotzdem zahlen und eine Zwangsvollstreckung dulden?

Lösung

1. Zahlungsanspruch:
D könnte gegen E einen Rückzahlungsanspruch aus § 607 BGB haben. Zwar hat er dem E kein Darlehen gewährt; aber der Anspruch aus § 607 BGB steht ihm möglicherweise aus abgetretenem Recht zu. Deswegen müssen wir zunächst prüfen, ob die Bank gegen E einen Anspruch aus § 607 BGB hatte. Diesen Anspruch erlangt nur, wer ein Darlehen gewährt, d.h. die Valuta dem Empfänger auszahlt (Realvertrag, vgl. Fall Nr. 50 in Bd. I). Da die Bank die Auszahlung des Darlehens verweigert hat, stand ihr der Anspruch aus § 607 BGB nicht zu.
Ob D durch die Abtretung eines nicht bestehenden schuldrechtlichen Anspruchs gutgläubig Rechtsinhaber geworden ist, müssen Sie beantworten können. Wenn nicht, zuerst Fall Nr. 47 in Bd. II nachlesen. **Es gibt keinen gutgläubigen Erwerb von Forderungen (§ 404 BGB). Die hypothekarisch gesicherte Forderung macht keine Ausnahme.** D wird mit seiner Zahlungsklage also abgewiesen.
2. Duldungsanspruch:
Von dem Zahlungsanspruch gegen den persönlichen Schuldner ist der Duldungsanspruch aus § 1147 BGB gegen den dinglichen Schuldner zu unterscheiden. Der Duldungsanspruch kann rechtlich ein anderes Schicksal haben als der Zahlungsanspruch.
Der dingliche Schuldner E muß gem. § 1147 BGB die Zwangsvollstreckung dulden, wenn D eine Briefhypothek erlangt hat. Da D Zweiterwerber ist, müssen wir zunächst untersuchen, ob er sich mit einem Berechtigten oder Nichtberechtigten geeinigt hat.
Vorrangig ist zu klären, ob die Hypothek überhaupt entstanden ist. Auch die Briefhypothek entsteht durch Einigung und Eintragung (§ 873 BGB). Hier hat sich die Bank mit dem Berechtigten, nämlich dem Eigentümer E geeinigt. Durch die nachfolgende Eintragung ist die Hypothek **entstanden.** Bis zur Briefübergabe stand sie dem E zu, wie aus § 1117 Abs. 1 S. 1 BGB in Verbindung mit § 1163 Abs. 2 BGB hervorgeht. Der Gläubiger erwirbt die Hypothek erst, wenn die Forderung entstanden (§ 1163 Abs. 1 S. 1 BGB) und der Brief übergeben (§ 1117 Abs. 1 BGB) oder die Übergabe durch eine Vereinbarung nach § 1117 Abs. 2 BGB ersetzt ist. Bis zur Erfüllung dieser Voraussetzungen steht die Hypothek dem Eigentümer zu. Sie ist ein Pfandrecht am eigenen Grundstück.
Da die Bank das Darlehen nicht ausgezahlt hat, ist sie trotz der Briefübergabe nicht Inhaberin der Hypothek geworden. D kann folglich nur gutgläubig von einem Nichtberechtigten erworben haben. Im Unterschied zum vorhergehenden

Fall ist aber hier die dingliche Einigung über das Entstehen der Hypothek nicht zu bemängeln. Zusammen mit der nachfolgenden Eintragung sind die Voraussetzungen für die **Entstehung** des Rechts also erfüllt. § 892 BGB ist daher nicht unmittelbar anwendbar. Er regelt den gutgläubigen Erwerb eines nicht bestehenden Rechts. Hier ist das Recht vorhanden; es steht jedoch einem anderen zu.

Da die Hypothek durch die Abtretung der Forderung übertragen wird, mußte man – wenn der gutgläubige Erwerb für Fälle der vorliegenden Art überhaupt ermöglicht werden sollte, – eine Regelung finden, die sich über das Fehlen der Forderung hinwegsetzt. Das Gesetz mußte also eine Vorschrift schaffen, die in solchen Fällen das Vorhandensein einer Forderung fingiert. So ist es auch geschehen. Nach § 1138 BGB gelten die §§ 891 bis 899 BGB für die Hypothek auch in Ansehung der Forderung. Die etwas verschrobene Formulierung besagt: **§ 1138 BGB unterstellt zugunsten des Gutgläubigen, der die Hypothek erwerben soll, daß eine Forderung vorhanden ist, obwohl sie fehlt. Der Gutgläubige erwirbt mit Hilfe dieser Fiktion aber nur die Hypothek – nicht die Forderung dazu.**

Hinsichtlich der Forderung bleibt es bei dem Satz: Es gibt keinen gutgläubigen Erwerb.

Bildlich hat man das so beschrieben: Das Gesetz baut dem Gutgläubigen im § 1138 BGB eine goldene Brücke, indem es den Bestand der Forderung fingiert. Über diese Brücke schreitet der Gutgläubige hinweg zum anderen Ufer, wo die Hypothek auf ihn wartet. Sobald er das andere Ufer erreicht und die Hypothek erworben hat, bricht die Brücke hinter ihm zusammen. Jetzt hat er zwar die Hypothek; aber die Forderung ist wieder weg. Nachfolgende Erwerber der Hypothek erlangen die Hypothek aus der Hand eines Berechtigten, doch immer nur die Hypothek, nie eine Forderung. Der gutgläubige Erwerber und sein Rechtsnachfolger haben daher keinen Zahlungsanspruch gegen einen persönlichen Schuldner, sondern allein den Duldungsanspruch gegen den dinglichen Schuldner. Den hatte auch D gutgläubig erworben. E muß also die Zwangsvollstreckung dulden.

Ein dinglicher Schuldner, der nicht zugleich persönlicher Schuldner ist, darf aber – wie selbstverständlich der persönliche Schuldner – die Zwangsvollstreckung durch Zahlung auf die Forderung abwenden (§ 1142 BGB). So kann er den drohenden Verlust des Grundstücks vermeiden.

Vergleichen Sie nochmals Fall Nr. 45 mit Fall Nr. 46: Im Fall Nr. 45 fehlte die dingliche Einigung (§ 873 BGB); die Forderung bestand. Gutgläubiger Erwerb allein nach § 892 BGB.

Im Fall Nr. 46 war das dingliche Rechtsgeschäft wirksam; aber die Forderung war nicht entstanden. Gutgläubiger Erwerb der Hypothek nach § 1138 in Verbindung mit § 892 BGB.

Wenn das dingliche Rechtsgeschäft nach § 873 BGB unwirksam ist und die Forderung fehlt, dann brauchen Sie zur Begründung eines gutgläubigen Erwerbs der nicht entstandenen Hypothek den § 892 BGB und zusätzlich, soweit es sich um die fehlende Forderung handelt, die §§ 1138, 892 BGB.

Merke: Auch über § 1138 BGB findet kein gutgläubiger Forderungserwerb statt.

Fall Nr. 47: Gutgläubig einredefreier Erwerb, Forderungsübergang

E hat dem H zur Sicherung eines Darlehens, das H dem S gewährt hat, eine Hypothek in Höhe von 30000,– DM bestellt. Die Rückzahlung des Darlehens und die Hypothek sind am 1. 12. 1973 fällig. Da S seine Schuld voraussichtlich nicht bei Fälligkeit begleichen kann, räumt ihm H am 1. 10. 1973 ein Zahlungsziel bis zum 31. 3. 1974 ein. Um sich selbst Geld zu verschaffen, tritt H die Hypothek am 3. 11. 1973 an D ab, ohne ihm etwas von der Stundung der persönlichen Forderung zu sagen. D verlangt am 1. 12. 1973 von S Zahlung und von D Duldung. Mit Recht?

Lösung

1. Zahlungsanspruch:
H hatte gegen S einen Zahlungsanspruch aus § 607 BGB. Diesen Anspruch hat er an D abgetreten. Da es sich um eine hypothekarisch gesicherte Forderung handelte, mußten H und D den § 1154 BGB beachten, also schriftliche Abtretungserklärung und Briefübergabe (bei einer Briefhypothek) oder Eintragung der Abtretung in das Grundbuch (bei einer Buchhypothek), § 1154 Abs. 1 und 3 BGB. Wir unterstellen die Beachtung dieser Formvorschriften. Nach § 404 BGB kann der Schuldner S jedoch dem neuen Gläubiger die Einwendungen entgegensetzen, die z.Z. der Abtretung gegen den bisherigen Gläubiger begründet waren. Unter Einwendung i.d.S. fällt auch die Einrede der Stundung (über den Unterschied zwischen Einwendung und Einrede vgl. Fall Nr. 35 in Bd. I). D kann daher von S Zahlung erst am 31. 3. 1974 verlangen.
2. Duldungsanspruch:
Der Duldungsanspruch aus § 1147 BGB richtet sich gegen den dinglichen Schuldner E, der mit S, dem persönlichen Schuldner, nicht identisch ist. Zweifellos hatten zunächst H und dann von ihm der D die Hypothek erworben; aber es fragt sich, ob die fehlende Fälligkeit der persönlichen Forderung auch den dinglichen Anspruch beeinflußt. Im allgemeinen werden persönliche Forderung und Hypothek zusammen fällig. Wenn die Fälligkeit der Forderung jedoch von einer Kündigung abhängt und persönlicher und dinglicher Schuldner auseinanderfallen, kann es zu Abweichungen kommen. Nach § 1141 BGB ist die Kündigung für die Hypothek nur wirksam, wenn der Gläubiger dem Eigentümer oder der Eigentümer dem Gläubiger gekündigt hat. Dadurch wird der Eigentümer vor Überraschungen geschützt.
Im vorliegenden Fall liegen die Verhältnisse allerdings anders. Hier ist die Fälligkeit kalendermäßig bestimmt, also unabhängig von einer Kündigung. Dennoch kann – aus anderen Gründen – die Durchsetzbarkeit des persönlichen Anspruchs zeitlich von der des dinglichen Anspruchs differieren. Möglicherweise greifen nämlich Einwendungen oder Einreden zwar gegen die persönliche Forderung, nicht jedoch gegen den dinglichen Anspruch durch. Der Schutz des gutgläubigen Erwerbers wäre unvollständig, wenn er mit Einwendungen und Einreden rechnen müßte, die aus dem Grundbuch oder aus dem Hypothekenbrief nicht hervorgehen.
Nach § 1137 BGB kann der Eigentümer gegen die Hypothek solche Einreden geltend machen, die dem persönlichen Schuldner gegen die Forderung zustehen (§ 1137 Abs. 1 S. 1 BGB). Diese Regelung ist wieder eine Folge der Akzessorietät. Um den gutgläubigen Erwerber zu schützen, bestimmt nun § 1138 BGB, daß die

§§ 891 bis 899 BGB auch in Ansehung der dem Eigentümer nach § 1137 BGB zustehenden Einreden gelten. **Eine Einrede oder Einwendung, die nicht aus dem Grundbuch oder dem Hypothekenbrief (§ 1155 BGB) ersichtlich ist und die der Erwerber der Hypothek nicht kennt, braucht er nicht gegen sich gelten zu lassen.** Das gilt aber wiederum nur für die Hypothek. Der Zahlungsanspruch bleibt also der Regelung des § 404 BGB unterworfen, auch wenn die Forderung hypothekarisch gesichert ist.
Das bedeutet für unseren Fall:
Da D von dem nachträglich bewilligten Zahlungsaufschub nichts wußte, hat er die Hypothek gutgläubig einredefrei erworben. E muß daher die Zwangsvollstreckung dulden.

Abwandlung

E hat, um die Zwangsvollstreckung abzuwenden, die Forderung bezahlt. Im Range hinter der für H eingetragenen Hypothek steht eine Hypothek über 20000,– DM zugunsten des X. Bei Fälligkeit betreibt X die Zwangsversteigerung des Grundstücks. E möchte wissen, welchen Einfluß das auf die ursprünglich dem H gehörende Hypothek hat!

Lösung

Wir wollen in der zeitlichen Reihenfolge der Vorgänge prüfen, was sich rechtlich ereignet hat.
Die Zahlungsbefugnis des E folgt aus § 1142 Abs. 1 BGB. Der persönliche Schuldner mußte zwar noch nicht, aber er konnte erfüllen (Erfüllbarkeit, einfache Fälligkeit, vgl. § 271 BGB und Fall Nr. 21 in Bd. II). Was aus der Zahlung folgt, ist in § 1143 BGB beschrieben: Die Forderung erlischt nicht, wie es sonst bei einer Zahlung auf die Schuld der Regelfall ist (§ 362 Abs. 1 BGB); die Forderung bleibt vielmehr bestehen und geht auf den Eigentümer über (§ 1143 Abs. 1 S. 1 BGB). Mit dem Übergang der Forderung ist kraft Gesetzes (§ 1153 Abs. 1 BGB) der Hypothekenübergang verbunden. Die Forderung des E gegen den S ist somit durch eine Hypothek des E am eigenen Grundstück gesichert. Das hat für den Grundstückseigentümer große wirtschaftliche Bedeutung. Um das zu verstehen, müssen Sie einen Blick auf das **Zwangsversteigerungsverfahren** werfen.

Die Zwangsversteigerung ist neben der Eintragung einer Sicherungshypothek und der Zwangsverwaltung die dritte Art der Zwangsvollstreckung wegen Geldforderungen in Grundstücke. Sie stellt den einschneidendsten und auch den häufigsten Eingriff in das Grundvermögen dar. Das Verfahren ist ebenso wie die Zwangsverwaltung in einem besonderen Gesetz geregelt, nämlich im Gesetz über die Zwangsversteigerung und die Zwangsverwaltung vom 24. 3. 1897 (ZVG). Die Zwangsverwaltung nimmt dem Eigentümer nur die Befugnis, sein Grundstück zu verwalten, also z. B. die Mieten zu kassieren und über deren Verwendung frei zu verfügen. Diese Rechte werden durch einen Zwangsverwalter wahrgenommen. Die Zwangsversteigerung hingegen greift in die Substanz des Grundstücks, d. h. in aller Regel endet das Verfahren mit dem Eigentumsverlust des dinglichen Schuldners.
Vollstreckungsorgan ist das Vollstreckungsgericht. Örtlich ist das Amtsgericht zuständig, in dessen Bezirk sich das Grundstück befindet (§ 1 ZVG). Funktionell liegt das Verfahren in der Hand des Rechtspflegers. Es beginnt auf Antrag eines Gläubigers mit einem **Anordnungsbeschluß** des Vollstreckungsgerichts (§ 15 ZVG). Die Anordnung der Zwangsver-

steigerung wird bei dem betroffenen Grundstück im Grundbuch eingetragen. Das ist der sogenannte **Zwangsversteigerungsvermerk** (§ 19 ZVG). Wichtigste Folge des Anordnungsbeschlusses ist die **Beschlagnahme des Grundstücks** (§ 20 ZVG), die mit Zustellung des Anordnungsbeschlusses an den Schuldner (Grundstückseigentümer) eintritt (§ 22 ZVG). Die Beschlagnahme hat ein **relatives Veräußerungsverbot** zur Folge (§§ 23 ZVG, 135 BGB), d.h. eine Veräußerung beschlagnahmter Sachen ist nur gegenüber dem betreibenden Gläubiger unwirksam (vgl. die relative Unwirksamkeit einer Verfügung über den vorgemerkten Anspruch). Einem bereits laufenden Zwangsversteigerungsverfahren können weitere Gläubiger beitreten. Jeder Beitritt wird durch einen besonderen **Beitrittsbeschluß** zugelassen. Er hat Beschlagnahmewirkung für den beitretenden Gläubiger, wird jedoch nicht ins Grundbuch eingetragen (§ 27 ZVG).
Die Anordnung und der Beitritt bereiten dem Gläubiger in aller Regel keine Schwierigkeiten; aber dann beginnt u.U. eine Zeit, in der seine Geduld einer argen Belastungsprobe unterworfen ist. Das Verfahren kann nicht nur gem. § 30 ZVG auf Bewilligung des Gläubigers einstweilen eingestellt werden (z.B. weil der Schuldner angemessene Raten zahlt); auch der Schuldner kann die **einstweilige Einstellung** beantragen. Darüber wird der Schuldner mit dem Anordnungsbeschluß und nach überwiegender Meinung auch bei jedem Beitrittsbeschluß belehrt. Kaum ein Schuldner läßt die Möglichkeit der Antragstellung aus. Zur Begründung muß er darlegen, daß durch die Einstellung die Versteigerung vermieden wird (z.B. neue Kreditaufnahme, Umfinanzierung usw.) und die Nichterfüllung auf Umständen beruht, die in den allgemeinen wirtschaftlichen Verhältnissen begründet sind (z.B. Geldverteuerung, Rezession, Energieverknappung usw.) und die abzuwenden er nicht in der Lage war (§§ 30a, 30b ZVG; bitte nachlesen!).

Außerdem kann das Vollstreckungsgericht auf Antrag des Schuldners die Vollstreckung einstweilen einstellen, untersagen sowie ganz oder teilweise aufheben, wenn die Vollstreckung „unter voller Würdigung des Schutzbedürfnisses des Gläubigers wegen ganz besonderer Umstände eine Härte bedeutet, die mit den guten Sitten nicht vereinbar ist" (§ 765a ZPO; er gilt im gesamten Vollstreckungsrecht). Während § 30a ZVG auf die allgemeinen wirtschaftlichen Verhältnisse abstellt, nimmt § 765a ZPO auf die individuellen Verhältnisse des Schuldners Rücksicht (z.B. Erkrankung oder andere persönliche Schicksalsschläge). Die breite Skala der Einstellungsmöglichkeiten wird durch ein **langwieriges Rechtsmittelverfahren** ergänzt. Außerdem können die Anträge nach § 30a ZVG bei jedem Beitritt wiederholt werden, sofern vorherige Anträge abschlägig beschieden worden sind. Anträge nach § 765a ZPO sind sogar beliebig wiederholbar. So ist es an der Tagesordnung, daß Zwangsversteigerungsverfahren schon mit den legalen Möglichkeiten nach §§ 30a ZVG, 765a ZPO über Monate und Jahre verzögert werden. Von den anderen Möglichkeiten, die sich einem gerissenen Schuldner bieten, soll gar nicht die Rede sein.

Der nächste Schritt nach vorn besteht in der **Anberaumung eines Versteigerungstermins** (§ 36 ZVG). Oft überschneiden sich Terminsanberaumungen mit Verfahren nach den §§ 30a ZVG, 765a ZPO, so daß neue Terminsanberaumungen erforderlich werden. Vor dem Termin muß regelmäßig ein **Wertgutachten** eingeholt werden, damit das Grundstück nicht zu billig veräußert wird. Der Grundstückswert ist durch Beschluß festzusetzen. Dagegen findet die sofortige Beschwerde statt. Gegen die Entscheidung des Landgerichts über die sofortige Beschwerde ist kein weiteres Rechtsmittel zulässig – aber in der Praxis wird die weitere Beschwerde aus Gründen des Zeitgewinns doch sehr oft eingelegt (vgl. § 74a ZVG).
Nun kommt etwas sehr Wichtiges: Vor dem Versteigerungstermin stellt der Rechtspfleger das **geringste Gebot** und die sonstigen Versteigerungsbedingungen auf. Einzelheiten dieses rechtlich sehr komplizierten Vorgangs können hier nicht behandelt werden. Die Berechnung des geringsten Gebots ist eine Arbeit für Spezialisten. Deswegen findet man in Rechtsmitteln kaum Rügen gegen die Feststellung des geringsten Gebots. Der schlichte Grund lautet: Viele Beschwerdeführer können die Arbeit des Rechtspflegers gar nicht kontrollieren. Die grundsätzliche Bedeutung des geringsten Gebots müssen Sie kennen.
Alle betreibenden Gläubiger stehen untereinander in einem **Rangverhältnis** (wiederholen Sie zunächst Fall Nr. 25). Auf dieser Grundlage wird die Zwangsvollstreckung (Zwangsver-

waltung oder Zwangsversteigerung) abgewickelt. Nach dem Rang richtet sich das geringste Gebot, die Verteilung des Erlöses aus der Versteigerung und die Verteilung der laufenden Nutzungen bei der Zwangsverwaltung. Deswegen muß der Rechtspfleger zunächst die Rangordnung klären. Dabei geht er von **§ 10 ZVG** aus. **In das geringste Gebot nimmt er diejenigen Rechte auf, die einen besseren Rang haben als das Recht, aus dem die Zwangsvollstreckung des bestbetreibenden Gläubigers erfolgt.** Betreiben also mehrere Gläubiger, so stehen nur diejenigen Rechte im geringsten Gebot, die dem betreibenden Gläubiger mit dem besten Recht vorgehen. Auf die zeitliche Reihenfolge von Anordnungsbeschluß und späteren Beitrittsbeschlüssen kommt es nicht an. Der Grundsatz „Wer zuerst kommt, mahlt zuerst" gilt für die Rangordnung, nicht für die Reihenfolge der Anträge auf Anordnung und Beitritt.

Z.B.: Auf einem Grundstück ruhen 4 Hypotheken, und zwar Gläubiger A an erster Stelle mit 50000,– DM, B an 2. Stelle mit 40000,– DM, C an 3. Stelle mit 30000,– DM und D an 4.Stelle mit 20000,– DM. Auf Antrag des D wird das Zwangsversteigerungsverfahren angeordnet. 2 Wochen später tritt C dem Verfahren bei. Da es auf den Rang ankommt, stehen im geringsten Gebot nur A und B.

Mit dem geringsten Gebot hat es nun folgendes auf sich:

Wie Sie bereits wissen, soll durch das Rangverhältnis sichergestellt werden, daß ein Gläubiger mit besserem Rang durch Gläubiger mit nachfolgendem Rang nicht in seinen Rechten beeinträchtigt wird. Deswegen darf auch durch Zwangsversteigerung kein Recht Einbußen erleiden, das dem Recht des bestbetreibenden Gläubigers im Range vorgeht. Dieses Ziel wird durch § 44 Abs. 1 ZVG erreicht. Danach ist **nur ein Gebot zulässig, das die dem Anspruch des Gläubigers vorhergehenden Rechte und die Verfahrenskosten deckt (Deckungsgrundsatz). Das Gebot, welches ziffernmäßig dieser Summe entspricht, heißt geringstes Gebot.**

Dem betreibenden Gläubiger gehen allerdings nicht nur Hypothekengläubiger mit besserem Rang vor; die maßgebliche Vorschrift für die Aufstellung des geringsten Gebots ist vielmehr § 10 ZVG. Dort sind die dinglichen Gläubiger erst an 4. Stelle genannt. Bitte nachlesen!

Im obigen Beispiel sind in das geringste Gebot also aufzunehmen:

1. Forderungen aus § 10 Ziff. 1–3 ZVG plus
2. 50000,– DM plus
3. 40000,– DM plus
4. Verfahrenskosten, die der Rechtspfleger überschlägig ermittelt.

Von dem geringsten Gebot braucht der Ersteher jedoch nur die Beträge nach den § 10 Ziff. 1–3, 12 Ziff. 1 und 2 ZVG und die Verfahrenskosten bar zu entrichten (§ 49 Abs. 1 ZVG). Diesen Teil des geringsten Gebots nennt man **geringstes Bargebot. Die übrigen Rechte, die im geringsten Gebot stehen, bleiben erhalten und müssen vom Ersteher übernommen werden (Übernahmeprinzip; vgl. § 52 ZVG).**

Vom geringsten Gebot ist das **Mindestgebot** zu unterscheiden. Dabei handelt es sich um den Betrag, der $^{7}/_{10}$ des nach § 74a ZVG ermittelten Verkehrswertes ausmacht. Es kann unter dem geringsten Gebot liegen, z.B. wenn das Grundstück über den Verkehrswert hinaus belastet ist und der letztrangige Gläubiger die Zwangsversteigerung betreibt. Bei Nichterreichung des Mindestgebotes kann ein dadurch Benachteiligter die Versagung des Zuschlags beantragen.

Rechte, die nicht im geringsten Gebot stehen, erlöschen mit dem Zuschlag (§§ 52 Abs. 1 S. 2, 91 Abs. 1 ZVG).. Besser ist es zu sagen, sie setzen sich am Versteigerungserlös fort. Der Erlös besteht im wesentlichen aus dem Bargebot. Es setzt sich zusammen aus dem geringsten Bargebot und dem das geringste Gebot übersteigenden **Meistgebot** (§ 49 Abs. 1 ZVG). Meistgebot nennt man das höchste Gebot. **Dem Meistbietenden ist der Zuschlag zu erteilen (§ 81 Abs. 1 ZVG).**

Jedes Gebot, das über das geringste Gebot hinausgeht, heißt **Mehrgebot;** jedes Gebot, welches das jeweils vorausgehende übersteigt, heißt **Übergebot** (§ 72 Abs. 1 S. 1 ZVG); die Differenz zwischen Mehrgebot und Übergebot heißt **Aufgebot.**

Beispiel:
Forderungen nach §§ 10 Ziff. 1–3, 12 Ziff. 1 u. 2 ZVG: 5000,– DM
Hypothek Nr. 1: 30000,– DM
Kosten des Verfahrens: 2500,– DM
Hypothek Nr. 2 (betreibender Gläubiger): 20000,– DM
Hypothek Nr. 3: 40000,– DM
Hypothek Nr. 4: 25000,– DM
Verkehrswert: 100000,– DM
A bietet 45000,– DM, B 50000,– DM und C 55000,– DM. C erhält den Zuschlag.
Aus diesen Zahlen läßt sich folgendes ablesen:
C muß 55000,– DM bar bezahlen. Das ist das Bargebot. Davon sind vorab 2500,– DM Verfahrenskosten abzuziehen (§ 109 ZVG). Weitere 5000,– DM erhalten die Berechtigten aus den §§ 10 Ziff. 1–3, 12 Ziff. 1 u. 2 ZVG. Von den restlichen 47500,– DM gebühren dem Hypothekar Nr. 2 die Zinsen und die Hauptsumme. Den Rest erhält der Hypothekar Nr. 3; er fällt jedoch mit einem Teil seiner Hypothek aus. Für den Hypothekar Nr. 4 bleibt nichts übrig. Mit dem Zuschlag erlöschen die Hypotheken Nr. 2–4. Die Hypothekare Nr. 3 und 4 behalten zwar ihre Forderungen gegen den persönlichen Schuldner; aber das dingliche Sicherungsobjekt ist verbraucht. Hingegen bleibt die Hypothek Nr. 1 bestehen. Der „berichtigte" Preis beträgt also 55000,– DM plus 30000,– DM. War der dingliche Schuldner zugleich persönlicher Schuldner, so wird der Ersteher auch persönlicher Schuldner. Ob daneben der frühere persönliche Schuldner weiterhaftet, hängt vom Willen des Gläubigers ab (vgl. dazu § 416 BGB in Verb. m. § 53 ZVG).

Zurück zum Fall:

Der Übergang von Forderung und Hypothek auf den Eigentümer hat zur Folge, daß der Eigentümer jetzt eine Hypothek an seinem Grundstück besitzt, die allen Belastungen vorgeht, denen gegenüber sie auch früher den besseren Rang hatte. Wenn der Eigentümer den Hypothekar allerdings nur teilweise befriedigt und die Hypothek dadurch in eine Fremd- und eine Eigentümerhypothek aufgespalten wird, geht die Eigentümerhypothek der verbleibenden Fremdhypothek im Range nach. Das folgt aus der Verweisung auf § 774 Abs. 1 BGB. Betreibt nun der nachfolgende Gläubiger X die Zwangsversteigerung, so steht die Eigentümerhypothek des E im geringsten Gebot. Durch Zuschlag wird aus der Eigentümerhypothek automatisch eine Fremdhypothek des alten Eigentümers E am Grundstück des neuen Eigentümers. Steht die Hypothek nicht im geringsten Gebot, weil ein vorhergehender Gläubiger die Zwangsversteigerung betreibt, so hat der Eigentümer Aussicht, am Erlös zu partizipieren.

Fall Nr. 48: Gesamthypothek, Einwendungen gegen die Hypothek, beglaubigte Abtretungskette

Die B-Bank hat dem S einen Kredit von 100000,– DM gewährt. Zur Sicherung läßt sie sich an drei verschiedenen Grundstücken des S je eine Briefhypothek über 100000,– DM eintragen. Durch beglaubigte Abtretungserklärung und Briefübergabe tritt sie ihre Hypothek an X ab; X zediert in gleicher Weise an Y. Mit Y vereinbart S, daß die am 1. 10. 1973 fällig werdende Hypothek erst am 1. 5. 1974 eingeklagt werden darf. Y tritt die Hypothek am 1. 12. 1973 an Z in schriftlicher Form und durch Briefübergabe ab, ohne dem Z etwas von der Abrede mit Y zu sagen. Z möchte wissen, ob es sinnvoll ist, den S schon im Januar 1974 auf Duldung der Zwangsvollstreckung zu verklagen.

Lösung

Anspruchsgrundlage für die beabsichtigte Klage gegen den S ist § 1147 BGB. Wahrscheinlich werden Sie aber fragen: „In welches der drei Grundstücke soll denn die Zwangsvollstreckung stattfinden?" Damit sind wir bei der **Gesamthypothek.** Lesen Sie zunächst Fall Nr. 26 in Bd. III. Dort ist von der Gesamtschuld die Rede. Ihre Eigenart besteht darin, daß jeder Schuldner auf das Ganze haftet; der Gläubiger kann den geschuldeten Betrag aber nur einmal verlangen. Bis zur Zahlung des ganzen Betrages darf er sich an jeden Schuldner halten. Ebenso ist es bei der **Gesamthypothek: Für ein und dieselbe Forderung haften mehrere Grundstücke (§ 1132 BGB).**

Jedes Grundstück haftet wie jeder Gesamtschuldner für die ganze Forderung. Es steht beim Gläubiger, ob er sich aus einem Grundstück voll oder aus mehreren bis zur Gesamthöhe seiner Forderung befriedigen will. Da er jedoch nicht mehr erhalten darf, als seine Forderung reicht, erlischt die Hypothek an den übrigen Grundstücken, wenn der Gläubiger aus einem der mit der Gesamthypothek belasteten Grundstücke befriedigt wird (§ 1181 Abs. 2 BGB).

Wirtschaftlich gesehen stellt die Gesamthypothek eine verstärkte Sicherung des Gläubigers dar, vor allem dann, wenn jedes oder mehrere der belasteten Grundstücke für sich schon ausreichende Sicherheit bieten.

Schwierig gestalten sich die Rechtsverhältnisse, wenn die belasteten Grundstücke verschiedenen Eigentümern gehören und ein Eigentümer den Gläubiger freiwillig oder durch Zwangsversteigerung befriedigt (§§ 1172–1176 BGB).

Bei der Fassung des Klageantrages braucht der Gläubiger noch keine Rücksicht auf die Frage zu nehmen, aus welchem Grundstück er später Befriedigung suchen will. Er sollte die Verurteilung zur Duldung der Zwangsvollstreckung in sämtliche belasteten Grundstücke beantragen (ebenso wie es ratsam ist, alle Gesamtschuldner zu verklagen). Gehören die Grundstücke verschiedenen Eigentümern, muß der Gläubiger natürlich sämtliche Eigentümer verklagen. Wenn er den Titel erwirkt hat, kann er sich aussuchen, in welches oder welche Grundstücke er vollstrecken will. Deswegen wird Z beantragen, den S zu verurteilen, die Zwangsvollstreckung in alle drei Grundstücke zu dulden.

Nun prüfen wir, ob Z die Hypothek erworben hat. Entstanden ist die Hypothek in der Hand der B-Bank. Insoweit bietet der Sachverhalt zu Zweifeln keinen Anlaß. Die B-Bank hat ihr Recht durch schriftliche Abtretungserklärung und Briefübergabe auf X übertragen. Darüber hinaus hat sie die Abtretungserklärung öffentlich beglaubigen lassen (was heißt öffentliche Beglaubigung? Nachlesen Fall Nr. 15 in Bd. I).

Ebenso ist X bei der Zession an Y verfahren, so daß wir auch hier den Rechtsübergang nicht bezweifeln. Die Abtretung an Z ist hingegen nicht öffentlich beglaubigt. Für den Rechtsübergang spielt das keine Rolle, da § 1154 BGB keine **öffentliche Beglaubigung** verlangt. Sie gewinnt erst Bedeutung im Rahmen des § 1155 BGB, wo **Fragen des gutgläubigen Erwerbs** geregelt werden.

Im Interesse des gutgläubigen Erwerbers übernimmt der Hypothekenbrief weitgehend die Funktion des Grundbuchs, ohne es allerdings gleichrangig zu ersetzen. Wenn die Eintragungen im Brief mit denen im Grundbuch nicht übereinstimmen, gilt der Satz: Der richtige Brief geht dem unrichtigen Grundbuch vor; aber nicht der unrichtige Brief dem richtigen Grundbuch. Vgl. § 1140 BGB.

Um überhaupt einen gutgläubigen Erwerb vom Inhaber des Briefes zu ermöglichen, muß der Brief eine ununterbrochene (zusammenhängende) und öffentlich

beglaubigte Abtretungskette aufweisen, deren erstes Glied mit einem eingetragenen Gläubiger verbindet (§ 1155 BGB). In unserem Falle reicht die Kette der beglaubigten Abtretungserklärungen bis zum unmittelbaren Vordermann des Z, während die Abtretungserklärung an Z unbeglaubigt geblieben ist; das ist jedoch unschädlich. Die Kette des § 1155 BGB braucht nur bis zu demjenigen zu reichen, von dem der letzte Erwerber, also der wirkliche oder vermeintliche jetzige Rechtsinhaber, erworben hat. Diese Voraussetzung ist hier erfüllt; also konnte Z gutgläubig erwerben.
Das Recht selbst, die Hypothek, hat er vom Berechtigten erlangt. Insoweit kommt es auf die Beglaubigungen sowieso nicht an; aber es erhebt sich die Frage des **gutgläubigen einredefreien Erwerbs.** Wir müssen prüfen, ob S die mit Y vereinbarte Stundung auch dem Z entgegenhalten kann. Nach § 1157 BGB kann der Eigentümer eine Einrede, die ihm aus einer Vereinbarung mit dem bisherigen Gläubiger gegen die Hypothek zustand, auch dem neuen Gläubiger entgegensetzen.

Vergleichen Sie den Wortlaut des § 1137 BGB mit dem des § 1157 BGB. Gehen Sie davon aus, daß dinglicher und persönlicher Schuldner in beiden Fällen verschieden sind; dann wird es deutlicher. § 1137 BGB behandelt den Fall, daß der persönliche Schuldner hinsichtlich des obligatorischen Anspruchs Vereinbarungen mit dem Hypothekar getroffen hat. Wegen der Akzessorietät soll der dingliche Schuldner gegenüber der Duldungsklage dieselben Einreden haben, die dem persönlichen Schuldner gegenüber der Zahlungsklage zustehen. Ob persönlicher und dinglicher Schuldner personenverschieden sind, spielt allerdings letztlich keine Rolle.
Bei den Einreden nach § 1157 BGB handelt es sich hingegen um Verteidigungsmöglichkeiten unmittelbar gegen die Hypothek, die der Eigentümer als solcher aus seinem persönlichen Rechtsverhältnis zu dem (bisherigen) Gläubiger ableitet. Auch hier müssen dinglicher und persönlicher Schuldner nicht verschiedene Personen sein; wenn sie es aber sind, hat der persönliche Schuldner die Einrede, die dem dinglichen Schuldner aus § 1157 BGB zusteht, nicht automatisch gegen die Zahlungsklage.
Beispiel:
1. Der persönliche Schuldner vereinbart mit dem Gläubiger eine Stundung der Forderung. Nach § 1137 BGB kann sich der dingliche Schuldner ohne weiteres gegenüber der dinglichen Klage auf diese Stundung berufen. 2. Der dingliche Schuldner vereinbart mit dem Hypothekar eine Stundung der Hypothek. Gegenüber der Zahlungsklage kann sich der persönliche Schuldner nicht auf diese Stundung berufen.

Nach allem könnte sich S auch gegenüber dem Z auf die Stundung der Hypothek berufen, wenn es nicht den gutgläubig einredefreien Erwerb gäbe. Gem. § 1157 S. 2 BGB gelten die §§ 892, 894 bis 899, 1140 BGB auch für Einreden; d.h. **wenn die Einreden nicht aus dem Grundbuch oder dem Brief hervorgehen, braucht sie ein gutgläubiger Erwerber nicht gegen sich gelten zu lassen.** S hätte also die Änderung der Fälligkeit (Grundbuchberichtigung nach § 894 BGB) in das Grundbuch eintragen oder auf dem Brief vermerken lassen müssen. Z braucht die ihm nicht bekannte Stundungsabrede daher nicht zu beachten.

Abwandlung:

Die Änderung des Fälligkeitszeitpunktes ist auf dem Brief vermerkt. Eine entsprechende Eintragung im Grundbuch fehlt.
Hier geht der richtige Brief dem unrichtigen Grundbuch vor. Z kann nicht geltend machen, er habe sich auf die Richtigkeit des Grundbuchs verlassen.

Fall Nr. 49: Sicherungshypothek

Bauunternehmer G hat sich für seine Restforderung über 1235,79 DM von E eine Bauwerkssicherungshypothek bewilligen und eintragen lassen. In erster Instanz erwirkt G gegen E ein Urteil auf Zahlung des Restbetrages. Dann überträgt G seine Hypothek auf D. Das Berufungsgericht hebt das erstinstanzliche Urteil auf und weist die Klage ab. Jetzt verlangt D von E Duldung der Zwangsvollstrekkung aus der Hypothek.
Mit Recht?

Lösung

D hat gegen E einen Duldungsanspruch aus § 1147 BGB, wenn er eine Hypothek erworben hat. Da er die Hypothek nur aus der Hand des G erlangt haben kann, ist zu prüfen, ob G Hypothekar war. Die Sicherungshypothek ist immer Buchhypothek (§ 1185 Abs. 1 BGB). Sie entsteht wie die Verkehrshypothek durch Einigung und Eintragung (§ 873 BGB). Diese Voraussetzungen sind hier erfüllt.
Wem die Sicherungshypothek zusteht, bestimmt die Forderung als das zuordnende Recht. Da G, wie sich schließlich herausgestellt hat, keine Restforderung gegen den E hatte, konnte er die Hypothek nicht erwerben; materiell bestand eine Eigentümergrundschuld (§ 1163 Abs. 1 S. 1 BGB). D hat die Sicherungshypothek daher allenfalls gutgläubig von einem Nichtberechtigten erlangt. In Betracht kommt gutgläubiger Erwerb über die §§ 1138, 892 BGB; aber es lohnt sich nicht, diesen Gedanken zu verfolgen, bevor man § 1185 Abs. 2 BGB gelesen hat. Danach findet u.a. § 1138 BGB auf die Sicherungshypothek keine Anwendung. Der Gesetzgeber hat die **Sicherungshypothek nicht für den Umlauf bestimmt.** Sie soll nicht zirkulieren, sondern ausschließlich sichern. Deswegen wird der **gute Glaube an den Bestand der Forderung und an Einredefreiheit nicht geschützt.**
D hat die Hypothek also nicht gutgläubig erworben.

Abwandlung:

Die Forderung bestand; aber E war schon bei Einigung über die Hypothekenbestellung geisteskrank, was erst Monate später erkannt wurde.
In diesem Falle ist mangels Einigung (§ 104 Ziff. 2 BGB) keine Hypothek entstanden. G war also auch hier Nichtberechtigter. Trotzdem erwirbt D von ihm gutgläubig. Warum? Lesen Sie die Fälle Nr. 45 und 46.

Fall Nr. 50: Höchstbetragshypothek, Löschungsvormerkung, Eigentümergrundschuld

E hat von der B-Bank einen Geschäftskredit bis zu 100000,– DM erhalten. Zur Sicherung hat er der Bank eine Höchstbetragshypothek von 100000,– DM eingeräumt. Im Range nach der Bank folgt Gläubiger G mit einer Hypothek über 30000,– DM. Zugunsten des Gläubigers steht folgende Vormerkung im Grundbuch:
E verpflichtet sich, die Hypothek der B-Bank löschen zu lassen, wenn und soweit sich das Recht mit seiner Person vereinigt.

G macht geltend, E habe den Kredit nur in Höhe von 60000,– DM in Anspruch genommen. In Höhe von 40000,– DM bestehe daher eine Eigentümergrundschuld. Diese müsse E löschen lassen. Was hat G sich dabei gedacht? Ist E dazu verpflichtet?

Lösung

Frage 1: Das Motiv des G müßte Ihnen klar sein. Denken Sie an die Rangverhältnisse und deren Bedeutung für die Reihenfolge der Befriedigung aus dem Grundstück.
G hat folgende Überlegung angestellt:
Mit 100000,– DM ist der Wert des Grundstücks fast ausgeschöpft. Seine nachfolgende Hypothek geht bei einer Zwangsversteigerung möglicherweise leer aus. Deswegen hat er sich zunächst die Löschungsvormerkung eintragen lassen. Lesen Sie jetzt § 1179 BGB. Um diese Regelung zu verstehen, müssen Sie einige Grundkenntnisse besitzen. Aus der Besprechung des Pfandrechtes an beweglichen Sachen wissen Sie zweierlei. 1. Es gibt kein Pfandrecht an der eigenen beweglichen Sache. 2. Mit dem Erlöschen der Forderung erlischt auch das Pfandrecht. Anders ist es bei den Grundpfandrechten. Der Eigentümer eines Grundstücks kann ein Grundpfandrecht am eigenen Grundstück haben; aber eine Geldforderung gegen sich selbst ist nach unserer Rechtsordnung nicht denkbar. Demnach muß es ein Grundpfandrecht geben, das jemand innehaben kann, ohne gleichzeitig Gläubiger einer zu sichernden Geldforderung zu sein. Das dazu passende Pfandrecht ist die **Grundschuld.** In § 1191 BGB, der die Definition der Grundschuld enthält, fehlen gegenüber § 1113 BGB, wo die Hypothek definiert wird, die Worte „... zur Befriedigung wegen einer ihm zustehenden Forderung ..." Darin liegt der Unterschied zwischen Hypothek und Grundschuld. Folglich bestimmt § 1192 BGB, daß auf die Grundschuld nur diejenigen Vorschriften über die Hypothek anwendbar sind, die nicht auf der Akzessorietät beruhen. Bedenken Sie nun noch einmal den Satz: Die Forderung ist das zuordnende Recht. Daraus müssen Sie ableiten:
Hypothek und Grundschuld entstehen gemäß dem Grundsatz des § 873 BGB mit Einigung und Eintragung.
Aber: Während die Hypothek nur dem zusteht, der auch Gläubiger der zu sichernden Forderung ist, steht die Grundschuld sofort demjenigen zu, der sie nach der Einigung erwerben soll. **Es ist nicht erforderlich, daß der Grundschuldgläubiger einen persönlichen Schuldner hat.**

Beispiel:
Die B-Bank stellt dem E die Gewährung eines Darlehens über 10000,– DM in Aussicht. Vorsorglich läßt sie sich vor Auszahlung der Valuta eine Hypothek eintragen. Bis zur Auszahlung steht die „Hypothek" dem Eigentümer zu (§ 1163 Abs. 1 S. 1 BGB). In Wirklichkeit (materiell) ist diese „Hypothek" eine Grundschuld des Eigentümers (Eigentümergrundschuld). Anders bei der Grundschuld. Da hier die Forderung keine Zuordnungsfunktion besitzt, wäre die B-Bank trotz Nichtgewährung des Darlehens Grundschuldgläubigerin geworden.

Jetzt können wir zu unserem Fall zurückkehren.
Aus einer Hypothek wird mit dem teilweisen Erlöschen der persönlichen Schuld stückweise eine Eigentümergrundschuld (vgl. § 1163 Abs. 1 S. 2 BGB). **Hinter jeder Hypothek steht also eine Eigentümergrundschuld.** Das hat seinen guten

Sinn. Wenn die ursprünglich gesicherte Forderung erloschen ist, kann der Eigentümer die ihm zugefallene Eigentümergrundschuld, vor allem aber deren Rang ausnutzen, um neuen Kredit zu schöpfen. Gläubiger mit schlechterem Rang wissen das allerdings auch. Deswegen vereinbaren sie vielfach bereits vor Gewährung des Kredits mit dem Eigentümer, daß er vorrangige Eigentümergrundschulden löschen läßt. Auf diese Weise rücken ihre Rechte auf. Um sich gegen zwischenzeitliche Verfügungen des Eigentümers zugunsten anderer Geldgeber zu schützen, lassen sich die nachrangigen Grundpfandrechtsgläubiger die sogenannte **Löschungsvormerkung** eintragen (§ 1179 BGB). Zum Wesen und zur Wirkung der Vormerkung wiederholen Sie bitte Fall Nr. 30.
Jetzt können wir die erste Frage beantworten. Über die Löschungsvormerkung wollte die B-Bank erreichen, daß eine etwaige Eigentümergrundschuld des E aus dem Grundbuch verschwindet, um so für die eigene Hypothek eine bessere Aussicht auf Befriedigung zu erlangen.
Frage 2: Da die Hypothek nur in Höhe von 60000,– DM valutiert ist, besteht eine Eigentümergrundschuld über 40000,– DM. Scheinbar hat G also Recht, wenn er Löschung dieser Eigentümergrundschuld verlangt. (Beachten Sie bitte: Der Löschungsanspruch des G gegen E folgt aus der schuldrechtlichen Vereinbarung mit E, nicht aus der Vormerkung. Sie sichert nur diesen Anspruch!) Die **Höchstbetragshypothek** nimmt indessen eine Sonderstellung ein. Lesen Sie bitte § 1190 BGB. Daraus ergibt sich:
1. Höchstbetragshypothek ist immer Sicherungshypothek.
2. Die Höhe der gesicherten Forderung kann schwanken. Deshalb wird nur der Höchstbetrag eingetragen.
3. Die Forderung kann zwar formlos (§ 398 BGB) übertragen werden; aber die Hypothek folgt dann nicht nach (§ 1190 Abs. 4 BGB). § 1153 BGB gilt nur, wenn die Forderung durch Einigung und Eintragung gem. § 1154 Abs. 3 BGB zediert wird.

Die Höchstbetragshypothek ist ein beliebtes Sicherungsmittel im Kontokorrentverkehr, weil dort der Saldo ständig schwanken kann. Soweit der Kredit nicht in Anspruch genommen ist, besteht wie bei der normalen Hypothek eine Eigentümergrundschuld; sie ist jedoch wegen der ständig möglichen Schwankungen auflösend bedingt. Deswegen hat der Eigentümer vor endgültiger Feststellung des Schuldbetrages gegen den Hypothekar weder einen Löschungs- noch einen Berichtigungsanspruch. Daher kann auch ein Dritter, der seinerseits gegen den Eigentümer einen Löschungsanspruch hat, diesen erst geltend machen, wenn die Forderungshöhe endgültig feststeht. G muß also warten, bis die B-Bank ihre hypothekarisch gesicherte Forderung beziffert hat (z.B. nach Beendigung des Kontokorrents).

Fall Nr. 51: Sicherungsgrundschuld, Rückgewähr der Grundschuld

Die B-Bank hat dem E ein Darlehen von 50000,– DM gewährt und sich zur Sicherheit eine Grundschuld in gleicher Höhe am Grundstück des E eintragen lassen. E zahlt 30000,– DM zurück. Er möchte wissen, wie er den zurückgezahlten Teil der Grundschuld zur Beschaffung eines neuen zinsgünstigeren Kredits benutzen kann.

Lösung

E hat gegen die B-Bank einen Berichtigungsanspruch aus § 894 BGB, wenn die Grundbucheintragung nicht mit der wahren Rechtslage übereinstimmt. Im Grundbuch ist die B-Bank als Inhaberin der ganzen Grundschuld eingetragen. Wir prüfen, ob sich diese Gläubigerstellung durch die Rückzahlung des Teilbetrages verändert hat. Auszugehen ist von § 1192 BGB, wonach die Vorschriften über die Hypothek entsprechende Anwendung finden, soweit sich nicht daraus ein anderes ergibt, daß die Grundschuld keine Forderung voraussetzt; m.a.W. alle Vorschriften, die aus dem Akzessorietätsgedanken fließen, sind unanwendbar. Zu diesen Vorschriften gehört auch § 1163 Abs. 1 S. 1 BGB. Mit dem Erlöschen der Forderung geht die Grundschuld daher nicht auf den Grundstückseigentümer über; sie bleibt vielmehr ungeschmälert in der Hand des bisherigen Gläubigers. Aus diesem Grunde erfreut sich die Grundschuld bei den Banken und anderen beruflichen Geldverleihern zunehmender Beliebtheit. Halten Sie sich immer vor Augen, daß der Gläubiger einer Grundschuld nicht gleichzeitig Gläubiger einer zu sichernden Forderung sein muß, obwohl das regelmäßig der Fall ist. Wenn die Forderung als zuordnendes Recht fehlen darf, kann die Forderungsübertragung auch nicht das Mittel zur Übertragung einer Grundschuld sein. Folglich wird die Grundschuld nicht durch Abtretung der Forderung übertragen, sondern durch eine schriftliche Übertragungserklärung, die sich unmittelbar auf die Grundschuld bezieht. Hinzu kommt entweder die Briefübergabe oder die Eintragung, je nachdem, ob es sich um eine Brief- oder Buchgrundschuld handelt.
Wegen des Fehlens der Akzessorietät ist es oft schwer zu beantworten, ob durch eine Zahlung das Grundbuch unrichtig geworden ist. Man muß zwei Fallgruppen unterscheiden:
I. Die Grundschuld sichert keine Forderung. Das ist die seltene Ausnahme; denn es entspricht der wirtschaftlichen Vernunft, Grundstücke nur zu belasten, wenn das zur Abschirmung einer Forderung notwendig ist. In diesem Ausnahmefall kann die Zahlung nur zur unmittelbaren Tilgung der Grundschuld gedacht sein. Dann entsteht mit der Tilgung eine Eigentümergrundschuld. Die rechtliche Begründung ist verschieden. Die wohl herrschende Meinung wendet § 1143 BGB entsprechend an; andere folgern das aus §§ 1168, 1170 Abs. 1 BGB analog.
II. Die Grundschuld sichert eine Forderung. In diesem **Normalfall** spricht man von einer **Sicherungsgrundschuld.** Verwechseln Sie das bitte nicht mit der Sicherungshypothek! Auch die Sicherungsgrundschuld ist nicht akzessorisch. Innerhalb dieser Fallgruppe müssen wir drei weitere Unterscheidungen treffen:
1. Persönlicher und dinglicher Schuldner sind identisch. Zahlt der Schuldner ausdrücklich auf die Grundschuld, so entsteht wie im vorigen Falle eine Eigentümergrundschuld. Die persönliche Forderung erlischt ebenfalls.
2. Persönlicher und dinglicher Schuldner sind nicht identisch.
a) Der dingliche Schuldner zahlt gem. § 1142 BGB auf die Grundschuld. Er erwirbt dadurch eine Eigentümergrundschuld. Streitig ist, ob auch hier die persönliche Forderung erlischt, ober ob der dingliche Schuldner einen Anspruch gegen den Gläubiger auf Abtretung der Forderung erlangt. Letzteres hat nur Sinn, wenn der dingliche Schuldner gegen den persönlichen Schuldner einen Rückgriffsanspruch hat.
b) Persönlicher oder dinglicher Schuldner zahlen auf die persönliche Forderung. Die meisten Bankbedingungen enthalten den Passus, daß Zahlungen des Schuldners nur auf die Forderung, nicht auf die Grundschuld verrechnet werden. Auf

diese Weise bleibt die Grundschuld bis zur Bezahlung des letzten Restes der Schuld voll in den Händen der Bank.
Für unseren Fall wollen wir davon ausgehen, daß E nur auf die persönliche Forderung (Darlehen) zahlen konnte. Dann steht das Grundbuch weiterhin im Einklang mit der wirklichen Rechtslage, und E hat keinen Berichtigungsanspruch aus § 894 BGB.
Möglicherweise hat E aber einen schuldrechtlichen Anspruch auf Abtretung eines Teiles der Grundschuld. Um das zu ergründen, müssen wir auf die **Bedeutung der Sicherungsabrede** eingehen.
Wenn die Grundschuld eine persönliche Forderung sichert, stellt die Sicherungsabrede zugleich den **rechtlichen Grund für die Gewährung der Grundschuld** dar. Mit dem Erlöschen der Forderung entfällt das Sicherungsbedürfnis und damit der Rechtsgrund für die Bestellung der Grundschuld. Der Eigentümer erlangt so einen Anspruch aus ungerechtfertigter Bereicherung gegen den Inhaber der Grundschuld. Dieser Anspruch ist auf Abtretung der Grundschuld an den Eigentümer gerichtet. Es sind auch andere rechtliche Konstruktionen denkbar. Der Übertragungsgrund läßt sich z.B. aus dem Sicherungsvertrag unmittelbar ableiten. Die Ausgestaltung des jeweiligen Falles ist maßgeblich. Allen Konstruktionen ist eines gemeinsam: **Die Grundschuld fällt nicht automatisch wie die Hypothek dem Eigentümer zu, wenn die gesicherte Forderung erlischt; der Eigentümer erlangt lediglich einen Anspruch darauf, daß ihm die Grundschuld übertragen wird oder daß der Inhaber auf sie verzichtet oder daß sie aufgehoben wird.** Nur eine Ausnahme ist denkbar: Die Grundschuld kann unter der auflösenden Bedingung bestellt werden, daß eine Forderung besteht. Das wird zwar für zulässig erachtet, aber kaum praktiziert.
E, der nach einer Sicherungsmöglichkeit für den neuen Kredit sucht, steht also vor der Wahl, sich in Höhe des zurückgezahlten Darlehens die Grundschuld übertragen zu lassen oder zu verlangen, daß die B-Bank in dieser Höhe auf die Grundschuld verzichtet oder daß sie in dieser Höhe aufgehoben wird. Die Übertragung ist sinnvoll, wenn im Range nach der Grundschuld weitere Grundpfandrechte folgen; denn durch die Übertragung bleibt der Rang erhalten. E kann die ihm übertragene Teilgrundschuld dann mit dem alten Rang an einen neuen Kreditgeber abtreten.
Dasselbe Ergebnis wird bei einem **Verzicht** des Gläubigers erreicht. Nach § 1168 BGB, der auch für die Grundschuld gilt, erwirbt der Eigentümer die Hypothek, wenn der Gläubiger auf sie verzichtet. Sinn dieser Vorschrift ist es wiederum, dem Eigentümer die wichtige **Rangstelle zu erhalten.**
Bei der **Aufhebung** einer Hypothek oder einer Grundschuld (§§ 1183, 1192 BGB) erlischt dagegen das Grundpfandrecht. Folglich **verschwindet auch der Rang.** Wegen dieses Ergebnisses, das für den Eigentümer regelmäßig ungünstig ist, bedarf die Aufhebung der Hypothek oder der Grundschuld seiner Zustimmung (§ 1183 BGB). Unter den vorgenannten Möglichkeiten kann E wählen.

Fall Nr. 52: Hypothekengewinnabgabe

K erwirbt von V ein bebautes Grundstück für 150000,– DM. Nachdem er als neuer Eigentümer eingetragen worden ist, fordert ihn die X-Bank auf, an sie die restliche Hypothekengewinnabgabe in Höhe von 999,69 DM zu zahlen. K entgegnet, er habe von dieser Schuld aus dem Grundbuch nichts ersehen und deswegen gutgläubig lastenfrei erworben. Muß er zahlen?

Lösung

Durch die Währungsreform von 1948 wurden alle auf Reichs- oder Rentenmark lautenden Geldforderungen, die vor dem 21. 6. 1948 entstanden waren, im Verhältnis 1:10 umgestellt. Das betraf auch die hypothekarisch oder durch Grundschuld gesicherten Forderungen. Folglich hätten in Höhe von $^{9}/_{10}$ aus den Hypotheken Eigentümergrundschulden entstehen müssen. Bei den Grundschulden hätten sich entsprechende Übertragungsansprüche ergeben. Das wäre für die Besitzer der Sachwerte (Grund und Gebäude) ein unverdienter Gewinn gewesen. Deswegen bestimmte § 16 UmstG, daß an die Stelle des Eigentümerrechts eine **Umstellungsgrundschuld** der Bundesrepublik tritt. Aus den Umstellungsgrundschulden wurden später (§ 91 des Lastenausgleichsgesetzes – LAG – v. 14. 8. 1952) die **Hypothekengewinnabgaben.** Diese Abgabeschuld ist eine **öffentlich-rechtliche Last,** die auf den Erwerber eines Grundstücks kraft Gesetzes übergeht (§ 109 LAG). Sie wird nicht in das Grundbuch eingetragen; nach § 111a LAG muß das Finanzamt jedoch um Eintragung eines Hypothekengewinnabgabevermerks ersuchen. Das bedeutet allerdings nicht, daß beim Fehlen eines solchen Vermerks gutgläubig lastenfreier Erwerb möglich ist. K muß also an die X-Bank, die für den Staat die Hypothekengewinnabgabe verwaltet, den Ablösungsbetrag zahlen.

Fall Nr. 53: Erbbaurecht

E ist Eigentümer einer 4 ha großen Wiese, die im neugeschaffenen Baugebiet liegt. Er möchte die Baugrundstücke, die aus der Wiese hervorgegangen sind, nicht verkaufen sondern Erbbaurechte ausgeben. X ist am Erwerb eines Erbbaurechtes interessiert. Er möchte wissen, welche Rechtsposition er als Erbbauberechtigter einnimmt.

Lösung

Das **Erbbaurecht,** anfänglich in den §§ 1012–1017 BGB geregelt, jetzt durch die Erbbaurechtsverordnung vom 15. 1. 1919 (RGBl. S. 72, 122/BGBl. III Nr. 403–6), ist ein wichtiges **Instrument zur Eigentumsbildung.** Wirtschaftlich schwachen Bevölkerungskreisen erleichtert es den Eigenheimbau. Die Gemeinden bekommen ein Mittel an die Hand, durch das sie die Mietpreise in ihrem Raum beeinflussen können. Diese Ziele lassen sich wie folgt erreichen:
Ein Grundstück kann in der Weise belastet werden, daß dem Berechtigten das **veräußerliche und vererbliche Recht** zusteht, **auf oder unter der Oberfläche ein Bauwerk zu haben** (§ 1 Abs. 1 ErbbRVO). Der Eigentümer verliert dadurch den Besitz am Grundstück und alle Nutzungen, jedoch nicht für dauernd. Es muß ein Zeitpunkt bestimmt werden, zu dem das Erbbaurecht endet. Am bekanntesten ist die Laufzeit von 99 Jahren. In dieser Zeit zahlt der Berechtigte an den Eigentümer einen **Erbbauzins,** der gewissermaßen eine Verzinsung des Grundstückswertes darstellt. Wenn eine Gemeinde Erbbaurechte ausgibt, hat sie es in der Hand, durch Bemessung des Erbbauzinses die Baulust zu fördern und so den

Mietzins zu beeinflussen. Der Berechtigte benötigt vor Baubeginn kein hohes Eigenkapital für den Grundstückserwerb; dennoch dürfen er und zumeist auch die folgende Generation sich wie Grundstückseigentümer fühlen. Ein weiterer Vorteil des Berechtigten liegt darin, daß der Erbbauzins **nach Höhe und Zeit für die ganze Dauer des Erbbaurechts im voraus fest bestimmt** sein muß (§ 9 Abs. 2 ErbbRVO). Das Risiko einer Geldentwertung trägt also im allgemeinen der Eigentümer. Er versucht deswegen, durch Gleitklauseln eine Anpassung des Erbbauzinses an inflatorische Tendenzen zu erzielen. Solche Klauseln unterliegen nicht nur nach § 3 WährungsG einer strengen Prüfung; es ist zusätzlich zu untersuchen, ob sie nicht eine Umgehung des zwingenden § 9 Abs. 2 S. 1 ErbbRVO darstellen.

Um dem finanzschwachen Baulustigen das Bauen zu ermöglichen, müssen zumeist Kreditgeber einspringen. Sie verlangen fast ausnahmslos eine dingliche Sicherung ihrer Darlehen durch Hypotheken oder Grundschulden. Nach § 11 ErbbRVO ist das **Erbbaurecht ein grundstücksgleiches Recht,** d.h. es wird so angesehen, als sei das Erbbaurecht ein Grundstück. Daraus ergeben sich weitere Konsequenzen.

1. Das Erbbaurecht wird in einem besonderen Grundbuch registriert. Neben der Eintragung auf dem belasteten Grundstück (§ 10 ErbbRVO), wo es immer nur die erste Rangstelle einnehmen kann, ist ein neues Grundbuchblatt anzulegen, auf dem das Erbbaurecht selbst wie ein Grundstück eingetragen wird. Dieses Grundbuchblatt heißt **Erbbaugrundbuch** (§ 14 ErbbRVO).

2. Das **Gebäude,** das der Berechtigte in Ausübung seines Erbbaurechtes errichtet, gilt nicht als wesentlicher Bestandteil des Grundstücks (§ 94 Abs. 1 BGB), sondern als **wesentlicher Bestandteil des Erbbaurechts** (§ 12 ErbbRVO). Es steht gewissermaßen auf dem Erbbaurecht und ist Eigentum der Erbbaurechtsberechtigten.

3. Das **Erbbaurecht kann mit Hypotheken belastet** werden. Es muß sich allerdings um mündelsichere Hypotheken handeln, die in einem bestimmten Zeitraum zu tilgen sind (vgl. §§ 19–21 ErbbRVO).

Mit Zeitablauf erlischt das Erbbaurecht. Die Bestandteile des Erbbaurechts werden dann automatisch Bestandteile des Grundstücks, d.h. der Grundstückseigentümer wird Eigentümer des Gebäudes (§ 12 Abs. 3 ErbbRVO). Anderseits kann sich der Berechtigte ein **Vorrecht auf Erneuerung** des Erbbaurechts einräumen lassen (§ 2 Nr. 6 ErbbRVO). Es berechtigt ihn, das Erbbaurecht an sich zu ziehen, wenn der Eigentümer mit einem Dritten einen neuen Erbbaurechtsvertrag geschlossen hat (§ 31 ErbbRVO).

Vom Erlöschen des Erbbaurechts ist der **Heimfall** zu unterscheiden (§§ 32, 33 ErbbRVO). Er ist ein vertraglich **vereinbartes Rückerwerbsrecht des Eigentümers.** Das Erbbaurecht erlischt also nicht; der Eigentümer kann vielmehr Übertragung auf sich verlangen. Die Voraussetzungen, unter denen der Eigentümer den Heimfallanspruch geltend machen kann, werden zumeist bei Abschluß des Erbbaurechtsvertrages geregelt (§ 2 Ziff. 4 ErbbRVO). Häufigste Voraussetzung ist der Verzug des Berechtigten mit der Zahlung des Erbbauzinses. Macht der Eigentümer von seinem Heimfallsanspruch Gebrauch, so hat er dem Erbbauberechtigten eine angemessene Vergütung für das Erbbaurecht zu gewähren (§ 32 Abs. 1 S. 1 ErbbRVO). Hypotheken, deren Inhaber nicht der Eigentümer selbst ist, bleiben bestehen (vgl. § 33 ErbbRVO). Weder beim Heimfall noch beim Erlöschen des Erbbaurechts darf der Erbbauberechtigte das Bauwerk wegnehmen oder sich Bestandteile davon aneignen (§ 34 ErbbRVO).

Fall Nr. 54: Wohnungseigentum

K liest in der Zeitung, die Altstädter Wohnungsbaugesellschaft habe noch drei Eigentumswohnungen von je 96 qm Größe zum Preise von je 150000,– DM zu vergeben. K möchte wissen, worauf er sich einläßt, wenn er eine Eigentumswohnung erwirbt.

Lösung

Nach 1945 herrschte vor allem in den Städten große Wohnraumnot. Die Eigentümer der kriegszerstörten Häuser, aber auch die Eigentümer bebauungsfähiger Grundstücke hatten vielfach nicht die Mittel, aus alleiniger Kraft neue Wohnungen zu schaffen. Deswegen mußte der Gesetzgeber einen Anreiz bieten. Die §§ 93, 94 BGB ermöglichten es bisher nicht, **Sondereigentum an einem Teil des Gebäudes,** also einem real abgegrenzten Teil des Hauses, zu begründen. Diese Möglichkeit wurde durch das **Wohnungseigentumsgesetz** vom 15. 3. 1951 (WEG) eröffnet. Das Gesetz sieht folgende Lösung vor: **Wer Wohnungseigentum erwerben will, muß zunächst Miteigentümer des Grundstücks werden.** Die Miteigentümer bilden eine Gemeinschaft im Sinne des § 741 BGB; sie sind also am Grundstück nicht mit realen, sondern mit ideellen Teilen, mit Quoten beteiligt. Gleiches gilt für die Beteiligung an den Teilen des Gebäudes, die für den Bestand oder die Sicherheit wesentlich sind und für die dem gemeinschaftlichen Gebrauch dienenden Anlagen und Einrichtungen (bitte § 1 WEG lesen). Zu den Gebäudeteilen, die für den Bestand und die Sicherheit wesentlich sind, gehören die Außenwände, Fundamente, Dach, Treppenhaus; Gemeinschaftseinrichtungen sind Waschküchen, Zentralheizungen, Gemeinschaftsantennen, Müllvernichtungsanlagen. Im Sondereigentum stehen nichttragende Zwischenwände, Fußböden, Fenster, Türen, Heizkörper. Das **Sondereigentum selbst gilt als ein Bestandteil des Miteigentums** (§ 6 WEG). Für jeden Miteigentumsanteil wird ein besonderes Grundbuchblatt angelegt. Es heißt **Wohnungsgrundbuch oder Teileigentumsgrundbuch** (§ 7 WEG). Darin sind die Belastungen mit Hypotheken usw. einzutragen.

Wohnungseigentum kann auf zwei verschiedenen Wegen begründet werden (vgl. § 2 WEG). Beim Gründungsvorgang nach § 3 WEG sind alle Miteigentümer der Bruchteilsgemeinschaft beteiligt. Die Bruchteilsgemeinschaft besteht entweder schon oder wird zu diesem Zwecke geschaffen, z.B. durch Umwandlung einer Erbengemeinschaft oder Aufspaltung des Alleineigentums unter Beteiligung anderer Personen in der Form des Miteigentums. In der Praxis überwiegt die Begründung des Wohnungseigentums nach § 8 WEG. Der oder die Eigentümer eines Grundstücks können durch Erklärung gegenüber dem Grundbuchamt das Eigentum so aufteilen, daß mit jedem Miteigentumsanteil das Sondereigentum an einer Wohnung verbunden ist. Diese Gründungsart nennt man **Vorratsteilung.**

Trotz der rechtlich sehr komplizierten Verhältnisse, die schon bei der Begründung des Wohnungseigentums herrschen (bitte bedenken, daß auch ein Erbbaurecht Grundlage des Wohnungseigentums sein kann – § 30 WEG), hat das Wohnungseigentum aus der Not der Zeit heraus große Verbreitung gefunden. Nach Begründung des Wohnungseigentums beginnt jedoch häufig erst der Kleinkrieg in der Wohnungseigentümergemeinschaft. In ihr ist der Wohnungseigentümer unauflöslich verstrickt, solange er Wohnungseigentümer bleibt (§ 11 WEG). Lesen Sie bitte die §§ 10–29 WEG, und Sie werden ahnen, welche Möglichkeiten ein

Querulant, den man gegen seinen Willen nicht abschütteln kann, findet. Hinzu kommt der nicht seltene Ärger mit dem Verwalter. Das gerichtliche Verfahren, das sich nach dem FGG richtet, soweit die §§ 43–50 WEG keine Sonderregelung enthalten, kann sich durch drei Instanzen ziehen. Dennoch gibt es viele zufriedene Wohnungseigentümer; relativ häufiger sind es jedoch Gesellschaften, die nach § 8 WEG Wohnungseigentum verteilt haben.

Fall Nr. 55: Dauerwohnrecht und dingliches Wohnrecht; beschränkte persönliche Dienstbarkeit, Grunddienstbarkeit, Nießbrauch

K hat die Wahl, ein Dauerwohnrecht oder ein dingliches Wohnrecht zu erwerben. Er möchte den rechtlichen Unterschied erfahren.

Lösung

Das Dauerwohnrecht ist ebenfalls eine Schöpfung des WEG und dem dinglichen Wohnrecht nachgebildet. Deswegen ist zunächst der Begriff des dinglichen Wohnrechts zu klären. Das erfordert eine Behandlung der beschränkten persönlichen Dienstbarkeit; denn das dingliche Wohnrecht stellt einen Anwendungsfall der beschränkten persönlichen Dienstbarkeit dar. Diese wiederum ist von der Grunddienstbarkeit und dem Nießbrauch an Grundstücken abzugrenzen.
Gemeinsam ist allen vorgenannten Rechten, die das Gesetz mit dem Oberbegriff **„Dienstbarkeiten“** bezeichnet, daß sie als **dingliche Rechte an einem Grundstück** nach der Grundregel des § 873 BGB, also durch Einigung und Eintragung, bestellt werden. Sie stehen **in der Abteilung II des Grundbuches** und ordnen sich in das Rangverhältnis ein. Im Falle einer Zwangsversteigerung werden ihre Werte ermittelt, und, sofern sie nicht im geringsten Gebot stehen, ihre Inhaber aus dem Erlös nach der Rangfolge abgefunden. Folglich ist es für einen Kreditgeber wichtig, auch die vorhergehenden Rechte in der Abteilung II zu beachten!
Der **Nießbrauch** kann sich auf **Grundstücke, bewegliche Sachen und Rechte** erstrecken. Dem Nießbraucher eines Grundstücks (auch einer beweglichen Sache oder eines Rechts oder eines gesamten Vermögens) stehen **alle Nutzungen** zu; aber er muß die Regeln einer ordnungsmäßigen Wirtschaft beachten, er darf nicht in die Substanz eingreifen und nicht über die Sache rechtlich verfügen. Außerdem ist der **Nießbrauch unveräußerlich und unvererblich.** Lesen Sie zumindest die §§ 1030, 1032, 1036, 1037, 1041, 1059 und 1061 BGB!
Die **beschränkte persönliche Dienstbarkeit** kann dagegen **nur an einem Grundstück** bestellt werden. Sie gewährt der oder den berechtigten Personen das Recht, das Grundstück in **einzelnen** Beziehungen zu nutzen (§ 1090 BGB).
Beispiele: Wege- und Leitungsrechte für Hochspannungsleitungen und Pipelines. Die Grundstücksteile, auf die sich die beschränkte persönliche Dienstbarkeit erstreckt, müssen der Fläche nach genau bezeichnet sein. Eine Karte mit den eingezeichneten Flächen wird zu den Grundakten genommen.
Auch die beschränkte persönliche Dienstbarkeit ist **unveräußerlich und unvererblich** (§ 1092 BGB). Davon ist wie beim Nießbrauch die **Ausübung des Rechtes** zu unterscheiden. Die Ausübung der beschränkten persönlichen Dienstbarkeit kann nur mit besonderer Vereinbarung einem anderen überlassen werden. Vergleichen Sie § 1059 BGB mit § 1092 S. 2 BGB.

Ein Unterfall dieser beschränkten persönlichen Dienstbarkeit ist das **dingliche Wohnrecht** (§ 1093 BGB). Von der Miete unterscheidet es sich durch seine dingliche Wirkung, d.h. es wirkt gegenüber jedem späteren Eigentümer, nicht nur gegenüber dem Vertragspartner. Aus der Natur als beschränkte persönliche Dienstbarkeit folgt, daß der Inhaber (und seine Familie) die Rechtsausübung nur mit besonderer Genehmigung (§ 1092 S. 2 BGB) einem Dritten überlassen können – anders der Nießbraucher, der keine Genehmigung benötigt (§ 1059 BGB).
Demgegenüber ist der Inhaber eines **Dauerwohnrechtes** wesentlich besser gestellt (§ 31 WEG). Er kann sein Recht **veräußern und vererben (§ 33 WEG), vermieten und verpachten (§ 35 WEG).** Ähnlich wie beim Erbbaurecht gibt es einen Heimfallanspruch (§ 36 WEG). Unter diesen Umständen ist bei einer Wahlmöglichkeit dem Erwerb des Dauerwohnrechts der Vorzug zu geben; allerdings wird es regelmäßig auch teurer sein als ein dingliches Wohnrecht.
Zum **Dauernutzungsrecht** vgl. § 31 WEG. Es ist für den Kaufmann interessant, der sich auf diese Weise einen Laden- oder einen Büroraum auf längere Zeit sichern will, dabei aber doch dispositionsfähig bleiben möchte.
Zu erörtern bleibt die **Grunddienstbarkeit.** Bei ihr müssen wir zwischen einem **herrschenden** und einem **dienenden Grundstück** unterscheiden. Alles, was Gegenstand einer beschränkten persönlichen Dienstbarkeit sein kann und dann einer oder mehreren Personen zusteht, kann auch Gegenstand einer Grunddienstbarkeit sein; aber das Recht steht nicht einer Person, sondern dem herrschenden Grundstück zu, genauer gesagt, **dem jeweiligen Eigentümer oder Nießbraucher des herrschenden Grundstücks.** Das belastete Grundstück ist demgemäß das dienende. Grunddienstbarkeiten spielen im kaufmännischen Leben eine bedeutende Rolle.
Beispiel: Auf dem dienenden Grundstück dürfen keine Wettbewerbshandlungen vorgenommen werden – Verbot eines Tankstellenbaus, der Einrichtung von Gaststätten, des Verkaufs bestimmter Artikel usw.
Damit enden die Ausführungen zum Sachenrecht, obwohl große Teile völlig unerörtert geblieben sind. Auch der in der Wirtschaftspraxis so wichtige § 1004 BGB ist nicht erwähnt worden. Diese Lücke sollten **Sie** schließen. Ihre sachenrechtlichen und schuldrechtlichen Kenntnisse reichen jetzt aus, um einen Kommentar zu § 1004 BGB verstehen zu können. Es empfiehlt sich insbesondere die Lektüre des hervorragenden Lehrbuchs von Westermann, Sachenrecht.

Teil 2: Wertpapierrecht

Fall Nr. 56: Inhaberpapiere

Die Großstädter Hypothekenbank AG hat mit staatlicher Genehmigung Hypothekenpfandbriefe ausgegeben, von denen X einen erworben hat. Leider verliert er das Papier. F, der glückliche Finder, veräußert es an G. X verlangt den Brief von G heraus. Mit Recht?

Lösung

Das Verlangen des X ist möglicherweise aus § 985 BGB begründet. Nach dieser Vorschrift kann der Eigentümer vom Besitzer die Herausgabe der Sache verlangen. Wir müssen also prüfen, ob X noch Eigentümer des Hypothekenpfandbriefes ist.

Der Hypothekenpfandbrief verbrieft eine Geldforderung. Er ist daher nicht mit dem Hypothekenbrief zu verwechseln, der einen Duldungsanspruch zum Gegenstand hat. Durch die Ausgabe von Hypothekenpfandbriefen besorgen die Hypothekenbanken ihre Refinanzierung. Die Geldgeber erlangen neben einer relativ guten Verzinsung, einem regelmäßig festen Kursstand und einer vorzüglichen Sicherung (vgl. Fall Nr. 42) selbstverständlich auch einen Rückzahlungsanspruch. Er wird durch globale Kündigung oder Auslosung einzelner Serien fällig. Der Inhaber des Papiers kann es aber auch zum freihändigen Rückkauf anbieten oder – und damit wollen wir uns beschäftigen – an einen Dritten veräußern.
Die Weiterveräußerung an Dritte ist dadurch besonders erleichtert, daß Hypothekenpfandbriefe in Form von **Inhaberschuldverschreibungen** ausgegeben werden. Das sind Urkunden, in denen sich der Aussteller zu einer Leistung an den Inhaber der Urkunde verpflichtet (§ 793 Abs. 1 S. 1 BGB). Wegen ihrer geldähnlichen Wirkung dürfen sie nur mit staatlicher Genehmigung in den Verkehr gebracht werden, wenn sie auf eine bestimmte Geldsumme lauten (§ 795 Abs. 1 BGB). Eine Ausnahme gilt nur für Inhaberschuldverschreibungen des Bundes und der Länder. Die versprochene Leistung braucht nicht in Geld zu bestehen, z.B. Inhaberlagerschein, der die Einlagerung bestimmter Güter verbrieft (vgl. §§ 416, 424 HGB). Es gibt ferner Inhaberschuldverschreibungen, die zwar auf Geld lauten, aber nicht auf eine bestimmte Summe, z.B. Gewinnanteil- oder Dividendenscheine der Aktiengesellschaften. Ihre Ausgabe ist ebenfalls nicht genehmigungsbedürftig. Dagegen lauten die Schuldverschreibungen (Obligationen) des Bundes, der Länder, der Gemeinden, der öffentlich-rechtlichen Körperschaften und der Hypothekenbanken auf eine bestimmte Geldsumme. Gleiches gilt für Investmentzertifikate.
Wodurch wird nun die Inhaberschuldverschreibung im besonderen Maße verkehrsfähig?
Wenn im Wertpapierrecht von **Verkehrsfähigkeit oder Zirkulationsfähigkeit** die Rede ist, so denkt der Jurist in erster Linie an die **Möglichkeit des gutgläubigen Erwerbs der Rechte, die in den Papieren verbrieft sind.** Das steht im Gegensatz zu dem schuldrechtlichen Grundsatz des § 404 BGB, wonach es keinen gutgläubigen Erwerb von Rechten gibt. Im Sachenrecht haben Sie bereits erfahren, daß Hypotheken, Grundschulden und Pfandrechte an beweglichen Sachen unter bestimmten Voraussetzungen gutgläubig erworben werden können. Auf eine vergleichbare Rechtslage stoßen wir im Wertpapierrecht; aber hier finden sich große Unterschiede. Unsere Rechtsordnung kennt keine Zusammenfassung des Wertpapierrechts und keinen einheitlichen Wertpapierbegriff. Wir müssen die verschiedenen Wertpapierbegriffe nacheinander entwickeln.
Von **Wertpapieren im engeren Sinne** spricht man, wenn das verbriefte Recht durch Übereignung des Papiers (der Urkunde) übertragen wird. Die Übertragung des Rechts folgt

den Regeln des Sachenrechts, weil die Übereignung des Papiers, das eine Sache ist, den maßgeblichen Vorgang darstellt.

Merke: Das Recht aus dem Papier folgt dem Recht am Papier.

Da die Sache (das Papier, die Urkunde) gutgläubig erworben werden kann, gibt es einen gutgläubigen Erwerb des verbrieften Rechts. Papiere, die diesen Regeln folgen, heißen **Wertpapiere öffentlichen Glaubens.** Es leuchtet ohne weiteres ein, daß ein Papier, welches den gutgläubigen Erwerb des darin verbrieften Rechts ermöglicht, im geschäftlichen Verkehr erhöhtes Vertrauen genießt und deswegen begehrt (verkehrsfähig, zirkulationsfähig) ist.
Zu den Wertpapieren im engeren Sinne (Wertpapiere öffentlichen Glaubens) gehören die **Inhaberpapiere.** Sie **lauten auf den jeweiligen Inhaber.** Er ist durch den Besitz der Urkunde **legitimiert.** Der Aussteller ist aber nur verpflichtet, an den berechtigten Inhaber zu leisten. Daraus folgt zweierlei:
Wir unterscheiden zwischen dem nur **förmlich Berechtigten** und dem **sachlich Berechtigten.** Förmlich berechtigt ist jeder Inhaber des Papiers. Der Besitz am Papier legitimiert den Besitzer als Eigentümer. Denken Sie an § 1006 BGB! Der Besitzer kann, aber er muß nicht Eigentümer sein. Wenn der durch Besitz legitimierte Inhaber auch Eigentümer des Papiers ist, nennen wir ihn den sachlich Berechtigten.

Merke: Förmlich Berechtigter (durch Besitz am Papier Legitimierter) und sachlich Berechtigter (Eigentümer des Papiers) können, sie müssen aber nicht identisch sein.

Das Recht aus dem Papier steht nur dem Eigentümer zu. An ihn muß der Aussteller leisten, an den Legitimierten kann er mit befreiender Wirkung leisten.
Im Gegensatz zu den Inhaberpapieren stehen, was die Leistungspflicht anlangt, die sogenannten **Legitimationspapiere** (z.B. Sparkassenbuch, Gepäckschein). Während die Inhaberpapiere dem Schutz des Inhabers (des Gläubigers) dienen, weil er fordern kann, dienen die Legitimationspapiere dem Schuldnerschutz: Der Schuldner darf an den jeweiligen Inhaber mit befreiender Wirkung leisten. Sollte der Inhaber nur förmlich berechtigt sein (durch Besitz am Papier!), aber nicht sachlich (durch Eigentum am Papier), so wird der Schuldner trotzdem frei. Deswegen nennt man diese Papiere besser **Liberationspapiere** (liberare – lat. – = befreien).

Zurück zum Fall:
Wir gehen davon aus, daß X zunächst Eigentum an dem Papier erworben hatte. Fraglich ist, ob er sein Eigentum durch gutgläubigen Erwerb seitens G eingebüßt hat. Da die Inhaberschuldverschreibung ein Inhaberpapier ist und nach sachenrechtlichen Grundsätzen übereignet wird, richtet sich der gutgläubige Erwerb an einer Inhaberschuldverschreibung nach §§ 932ff. BGB. G hat sich mit dem Nichteigentümer (Finder) F geeinigt. F hat ihm auch den unmittelbaren Besitz übertragen; dem gutgläubigen Erwerb nach § 932 BGB scheint jedoch § 935 Abs. 1 BGB entgegenzustehen, wonach Eigentum an einer verloren gegangenen Sache nicht gutgläubig erworben werden kann; § 935 Abs. 2 BGB schafft jedoch für Inhaberpapiere eine Ausnahme. Dadurch wird ihre Zirkulationsfähigkeit gefördert. G ist also gutgläubig Eigentümer der Inhaberschuldverschreibung „Hypothekenpfandbrief" geworden und kann die Herausgabe verweigern.

Abwandlung:

Könnte G bei Fälligkeit der Anleihe auch Bezahlung verlangen?

Das Recht aus dem Papier folgt bei der Inhaberschuldverschreibung dem Recht am Papier. Also ist G auch Gläubiger der Anleihe und mithin forderungsberechtigt.

Abwandlung:

Der Finder F verlangt Zahlung von der Hypothekenbank. Muß die Hypothekenbank an ihn zahlen?
Da der Aussteller nur an den sachlich Berechtigten, an den Eigentümer des Papiers leisten muß, braucht die Hypothekenbank nicht zu zahlen (§ 793 Abs. 1 S. 1 BGB); aber sie kann mit befreiender Wirkung an F zahlen, weil der Inhaber des Papiers als Berechtigter (Legitimierter) erscheint (§ 793 Abs. 1 S. 2 BGB).

Merke: Inhaberpapiere lauten auf den Inhaber, berechtigen den Eigentümer und legitimieren den Inhaber (unmittelbaren Besitzer).

Sie sind also immer Legitimations-(Liberations-)papiere (§ 793 Abs. 1 S. 2 BGB).

Fall Nr. 57: Einwendungen gegen Inhaberschuldverschreibungen

Die Hypothekenbank-AG hat Pfandbriefe herausgegeben. G hat einige Papiere erworben, später aber an E veräußert. E verlangt bei Fälligkeit des durch die Pfandbriefe gesicherten Darlehens von der Bank Bezahlung. Die Bank wendet ein, sie habe bereits gegen die Darlehensforderung des G aufgerechnet. Muß sie trotzdem an E leisten?

Lösung

Nach § 793 Abs. 1 S. 1 BGB ist die Bank als Ausstellerin der Inhaberschuldverschreibung verpflichtet, an den sachlich berechtigten Inhaber E zu leisten. Daß er Eigentümer der Papiere geworden ist (gem. § 929 BGB), wollen wir unterstellen.
Eine andere Frage ist, ob die Bank gegenüber dem E **Einwendungen** erheben kann, die sich auf das verbriefte Forderungsrecht beziehen. Nach § 796 BGB kann der Aussteller dem Inhaber nur solche Einwendungen entgegensetzen, welche die Gültigkeit der Ausstellung betreffen (z.B. Fälschung der Unterschrift, Geschäftsunfähigkeit z.Z. der Ausstellung) oder sich aus der Urkunde ergeben (z.B. Fehlen der Unterschrift) oder dem Schuldner unmittelbar gegen den Inhaber zustehen (z.B. Zahlung, Aufrechnung, Erlaß, Stundung). Hier macht die Bank den Einwand der Aufrechnung geltend. Dabei ist zu beachten: Die Bank hat gegenüber der Darlehensforderung aufgerechnet. Der Darlehensvertrag ist das Grundgeschäft, auf dem die Ausgabe der Pfandbriefe letztlich beruht. Von dem Rückforderungsanspruch aus Darlehen (§ 607 Abs. 1 BGB) ist der **Leistungsanspruch aus § 793 BGB** zu trennen. Dieses Leistungsversprechen **kann, es muß aber nicht abstrakt sein (§ 780 BGB).** Dann bestehen zwei Schuldgründe nebeneinander. Die Aufrechnung gegen die Darlehensforderung läßt in einem solchen Falle den Anspruch aus § 793 BGB bestehen; aber die Bank kann die Inhaberschuldverschreibung jetzt aus ungerechtfertigter Bereicherung zurückverlangen. Im Ergebnis spielt es also keine Rolle, ob die Bank gegen die Darlehens-

forderung oder gegen die Forderung aus § 793 BGB aufgerechnet hat. In beiden Fällen kann sie gegenüber ihrem Partner aus dem Darlehensvertrag die Leistung auf die Inhaberschuldverschreibung verweigern; aber dieser Einwand besteht eben **nur im Verhältnis zum G.** Daher muß sie an E zahlen.

Merke: Der Einwand des mangelnden Eigentums fällt unter § 793 Abs. 1 S. 1 BGB.
Einwendungen gegen den Bestand oder die Durchsetzbarkeit des verbrieften Rechts oder gegen die Forderung aus dem Grundgeschäft fallen unter § 796 BGB.

Fall Nr. 58: Entstehung der Verpflichtung, Kreationstheorie

Bei der Hypothekenbank-AG lagern im Tresor noch 10 nicht ausgegebene Pfandbriefe. Sie werden gestohlen und von den Dieben veräußert. Muß die Bank an die gutgläubigen Erwerber zahlen?

Lösung

Nach § 794 Abs. 1 BGB wird der Aussteller einer Inhaberschuldverschreibung auch dann verpflichtet, wenn sie ihm gestohlen worden, verloren gegangen oder wenn sie sonst ohne seinen Willen in den Verkehr gelangt ist. Auf dieser Bestimmung beruht die **Kreationstheorie.** Sie besagt: **Rechtsgrund der Verpflichtung ist das Ausstellen der Urkunde, also ein einseitiger Akt.** Darauf, ob die Urkunde mit Willen des Ausstellers in den Verkehr gelangt, kommt es nicht mehr an. Selbstverständlich gilt § 794 BGB nur zugunsten des gutgläubigen Erwerbers. Der Dieb oder Finder kann sich nicht darauf berufen. § 794 BGB stärkt mithin die Zirkulationsfähigkeit.
Da die Erwerber in unserem Falle gutgläubig waren, kann die Bank nicht mit Erfolg geltend machen, sie habe die Inhaberschuldverschreibungen noch gar nicht ausgegeben. Vergleichen Sie diesen Fall mit Fall Nr. 56. Dort waren die Inhaberschuldverschreibungen ordnungsgemäß vom Aussteller in den Verkehr gebracht worden. Der gutgläubige Erwerb richtete sich ausschließlich nach den §§ 932ff. BGB. **§ 794 BGB behandelt die Frage, ob überhaupt eine Forderung entstanden ist, hingegen § 793 BGB in Verbindung mit §§ 929ff. BGB die Frage, wem die entstandene Forderung zusteht!**

Fall Nr. 59: Kaufmännische Anweisung

A hat ein Papier mit folgendem Wortlaut ausgestellt:

> Herr S, Köln, Bonner Str. 17, zahlt gegen Vorlage dieses Papiers an den Inhaber 10000,– DM.
> Dortmund, den 1. 12. 1973
>
> Unterschrift des A

A übereignet das Papier dem X, dieser dem Y und dieser dem Z. Z verlangt Zahlung von S. Kann S sich mit Erfolg weigern, obwohl er dem A fällige 10000,– DM schuldet?

Lösung

Eine Haftung aus § 793 Abs. 1 S. 1 BGB entfällt, weil S nicht der Aussteller ist und im übrigen eine staatliche Genehmigung zur Ausgabe einer Inhaberschuldverschreibung auf einen bestimmten Geldbetrag fehlt (§ 795 BGB).
In Betracht kommt Haftung aus einer **kaufmännischen Anweisung.** Sie ist in § 363 HGB als eines der **kaufmännischen Orderpapiere** erwähnt. Damit sind wir bei einem neuen Begriff aus dem Wertpapierrecht.
Im Gegensatz zu den Inhaberpapieren lauten die **Orderpapiere auf den Namen einer bestimmten Person oder an deren Order.** Die Gruppe, zu der diese Art von Wertpapieren gehört, heißt **Namenspapiere.**
„An Order" bedeutet, die letzte namentlich als Rechtsinhaber erwähnte Person kann durch einen schriftlichen Vermerk auf dem Papier den neuen Rechtsinhaber benennen und ihm das Recht durch Übereignung des Papiers verschaffen. Den schriftlichen Vermerk nennt man **Indossament.** Wie die Inhaberpapiere haben die Orderpapiere sachenrechtlichen Charakter, d. h. das Recht aus dem Papier folgt dem Recht am Papier. Zur Rechtsübertragung ist also die Übereignung des Papiers erforderlich. Anders ausgedrückt: Materieller Rechtsinhaber ist bei den Orderpapieren ebenfalls nur der Eigentümer des Papiers; legitimiert wird aber auch derjenige, der sein Recht aus einer ununterbrochenen Kette von Indossamenten ableiten kann. Er braucht nicht mit dem Rechtsinhaber identisch zu sein.

Merke: Orderpapiere lauten auf den Namen der Person oder an deren Order. Rechtsinhaber (sachlich berechtigt) ist der Eigentümer des Papiers. Legitimiert (förmlich berechtigt) ist derjenige, der durch eine ununterbrochene Indossamentenkette ausgewiesen wird.

Die kaufmännische Anweisung ist in der Grundform mit der **Anweisung nach bürgerlichem Recht** identisch. Deswegen müssen wir uns zunächst damit beschäftigen. Ihr liegt ein **Dreiecksverhältnis** zugrunde. In aller Regel bestehen folgende Schuldverhältnisse:
A hat eine Forderung gegen den S **(Deckungsverhältnis),** G eine Forderung gegen A **(Zuwendungs- oder Valutaverhältnis).** A weist nun den S an, für ihn an G zu zahlen. Durch die Zahlung des S an G erlöschen die Forderung des A gegen S und die des G gegen A. A ist der Anweisende, S der Angewiesene und G der Anweisungsempfänger. Wenn der Anweisende wie in unserem Falle eine Forderung gegen den Angewiesenen hat, liegt eine Anweisung auf Schuld vor.
Lesen Sie jetzt die §§ 783, 784, 787 BGB. Danach ist der Angewiesene dem Anweisungsempfänger gegenüber nur zur Leistung verpflichtet, wenn er die Anweisung angenommen hat (wodurch? Vgl. § 784 Abs. 4 BGB).
Ohne Annahme haftet der Angewiesene auch dann nicht, wenn er dem Anweisenden den angewiesenen Betrag schuldet (§ 787 BGB).
Da die kaufmännische Anweisung in dieser Grundform mit der Anweisung nach bürgerlichem Recht übereinstimmt, ist auch S nicht verpflichtet worden.
Bleibt zu prüfen, ob sich die Rechtsposition des Z durch die Indossamentenkette verbessert hat. Nach § 364 Abs. 1 HGB gehen durch das Indossament alle Rechte aus dem indossierten Papier auf den Indossatar (das ist die Person, die erwerben soll) über. Aus dem Papier haftete der S mangels Annahme der Anweisung jedoch nicht, und nur verbriefte Rechte kann das Indossament übertragen. Folglich nutzt dem Z auch die Indossamentenkette nichts.

Die kaufmännische Anweisung spielt in der Praxis keine Rolle. An ihre Stelle sind Wechsel und Scheck getreten.

Fall Nr. 60: Bestandteile des Wechsels

A hat einen Wechsel mit folgendem Inhalt ausgestellt:

> Gegen diesen Wechsel zahlen Sie bei Vorlage an Herrn R oder dessen Order 10000,– DM, die Sie mir aus Darlehen schulden.
> Dortmund, den 1. 3. 1973
> Unterschrift des A
> Adresse: Dortmund, Hafenstr. 3
>
> Bezogener: Heinz B., Dortmund Hohe Str. 7

R indossiert den Wechsel an I1, dieser an I2. Als I2 von B Zahlung verlangt, lehnt B ab. Darauf wendet sich I2 an A. A wendet ein, er habe den Betrag, zu dessen Sicherung er den Wechsel dem R gegeben habe, längst bezahlt. Muß er nochmals an I2 zahlen?

Lösung

I2 hat gegen A möglicherweise einen Zahlungsanspruch aus Art. 9 WG (Wechselgesetz). Danach haftet der Aussteller für die Annahme und die Zahlung des Wechsels. Diese Haftung hat allerdings einige Voraussetzungen, die Sie aus Art. 9 Abs. 1 WG nicht ablesen können. Wenn Sie Ansprüche aus einem Wechsel untersuchen wollen, beachten Sie bitte folgende Stationen:

Es gibt keine wechselrechtliche Haftung ohne formgültigen Wechsel. Daher müssen Sie zunächst prüfen, ob der Wortlaut des Wechsels den Mindesterfordernissen genügt. Unter Kaufleuten ist zwar die Verwendung von Formularen üblich, so daß Formfehler leicht zu vermeiden sind; trotzdem sind sie in der Praxis nicht selten.

Lesen Sie bitte Art. 1 WG. Nicht alle dort genannten Bestandteile sind unerläßlich.

Ziff. 1: Das Wort **Wechsel muß im Text der Urkunde** stehen. Die Überschrift „Wechsel" genügt nicht. Diese unentbehrliche Voraussetzung ist in unserem Falle erfüllt.

Ziff. 2: **Unbedingte Anweisung** bedeutet, eine Bezugnahme auf das Grundverhältnis oder sonstige Bedingungen ist nicht erlaubt. Sie nimmt der Urkunde den Charakter als Wechsel. (Vgl. dagegen die Inhaberschuldverschreibung; Fall Nr. 57.)

Da A das Darlehen als Schuldgrund erwähnt hat, ist das Papier als Wechsel ungültig. Zwar kann u. U. eine solche Erklärung nur als Hinweis auf den Grund einer unbedingten Wechselerklärung gedeutet werden; aber das ist höchst zweifelhaft, und daher sollte man derartige Zusätze vermeiden. Sie rühren an eine wesentliche Funktion des Wechsels, nämlich an seine Zirkulationsfähigkeit. Diese wird gerade durch die **Lösung des Wechsels vom Grundgeschäft, durch seine Abstraktheit** gewonnen. Damit sind wir bei einem Punkt, der eingehender zu beleuchten ist.

Dem Kaufmann, der nicht sofort zahlen kann, dient der Wechsel in erster Linie zur Anschaffung eines kurzfristigen Kredits. Der Kreditgeber erblickt im Wechsel ein Sicherungsmittel. Diesen Aufgaben wird der Wechsel gerecht, weil er im erhöhten Maße umlauffähig ist. Eine Bindung der Forderung aus dem Wechsel an die Forderung aus dem Grundgeschäft würde das Gegenteil bewirken.

Beispiel: K hat einen gebrauchten Wagen gekauft und, weil er nicht genug Bargeld hatte, mit Wechseln „bezahlt". Der Verkäufer V will die Wechsel bei seiner Bank diskontieren. Wenn K der Bank entgegenhalten könnte, der gebrauchte Wagen habe Mängel und er bezahle deswegen nicht, wäre der Wechsel für die Bank uninteressant; denn einen Prozeß um derartige Fragen möchte sie vermeiden.

Um die Wechselforderung vom Grundgeschäft zu lösen, sieht das Gesetz folgende Konstruktion vor:

Der **Wechsel** wird in aller Regel **erfüllungshalber,** nicht an Erfüllungs Statt gegeben (vgl. Fall Nr. 35 in Bd. I). Mit dem Wechsel versucht der Schuldner, eine bestehende Schuld zu tilgen. Ob der Wechsel später eingelöst wird, ist ungewiß.

Die zu tilgende Schuld kann die verschiedensten Ursachen haben. Im Wirtschaftsleben besteht die kreditierte Schuld zumeist in einer Kaufpreis- oder Werklohnforderung. Wechsel, die solche Schulden sichern, nennt man **Waren- oder Handelswechsel bzw. Handwerkerwechsel.** Neben die Kaufpreis- oder Werklohnforderung tritt die Forderung aus dem Wechsel. Der Gläubiger hat also zwei Forderungen. Diese Wechsel sind, vom volkswirtschaftlichen Standpunkt betrachtet, die gesündesten; denn ihnen liegt ein echter Leistungsaustausch zugrunde.

Die Entgegennahme des Wechsels verpflichtet den Gläubiger, zunächst Befriedigung aus dem Wechsel zu suchen. Die Forderung aus dem Grundgeschäft ist gestundet. Der Inhaber des Wechsels hat verschiedene Verwertungsmöglichkeiten:

a) Oft genug kommt es vor, daß er den Wechsel in der eigenen Schublade läßt und ihn erst bei Fälligkeit dem Wechselschuldner, der zugleich Schuldner aus dem Grundgeschäft ist, vorlegt. Zahlt der Schuldner auf die Forderung aus dem Wechsel, so erlischt damit zugleich die Forderung aus dem Grundgeschäft. Wird der Wechsel nicht eingelöst, kann der Gläubiger jetzt auch aus dem Grundgeschäft gegen den Schuldner vorgehen. Trotz Selbständigkeit (Abstraktheit) der Wechselforderung besteht also eine gewisse rechtliche Verknüpfung, jedenfalls solange, wie Gläubiger und Schuldner der Wechselforderung mit den Parteien des Grundgeschäftes identisch sind. Das wird deutlich, wenn der Käufer als Wechselschuldner gegenüber dem Verkäufer als Wechselgläubiger bei Geltendmachung der Wechselforderung einwendet, er habe den Kaufpreis bereits bezahlt. Durch die Bezahlung des Kaufpreises erlischt zwar nicht die selbständige (abstrakte) Wechselforderung (umgekehrt erlischt bei Zahlung auf die Wechselforderung die Forderung aus dem Grundgeschäft); aber der Grund für die Hingabe des Wechsels ist jetzt entfallen. Folglich ist der Inhaber des Wechsels um die Forderung aus dem Wechsel ungerechtfertigt bereichert. Diesen bereicherungsrechtlichen Anspruch aus § 812 BGB kann der Schuldner dem Gläubiger verteidigungsweise als Einrede gem. § 821 BGB entgegenhalten und so die Bezahlung des Wechsels verweigern.

b) Der Verkäufer kann den Wechsel sofort weitergeben und sich dadurch entweder Bargeld verschaffen oder mit dem Wechsel selbst eigene Schulden „bezahlen".

aa) Wenn der Wechselinhaber das Papier sofort zu Bargeld machen will, muß er den Wechsel **diskontieren oder seiner Bank zum Einzug geben.** Die beiden Geschäfte sind voneinander verschieden und in den AGB der Banken geregelt. **Im Zweifel** nehmen die Banken einen **Einziehungsauftrag** an. In diesem Falle ist die Bank verpflichtet, den Wechsel am Verfalltage dem Bezogenen vorzulegen und notfalls zu protestieren. Ihrem Kunden, von dem sie den Wechsel hat, kann sie aber schon vorher eine Gutschrift über den Wechselbetrag abzüglich Provision und Unkosten erteilen, so daß der Kunde sofort über das Geld verfügen kann. Wird der Wechsel später nicht eingelöst, darf die Bank die dem Kunden im voraus erteilte Gutschrift ohne weiteres stornieren.

Das **Diskontgeschäft** stellt demgegenüber normalerweise den **Ankauf eines noch nicht fälligen Wechsels durch die Bank dar.** In Erfüllung des Kaufvertrages übereignet der Bankkunde seiner Bank den Wechsel, die dafür einen Kaufpreis zahlt. Der Kaufpreis ergibt sich aus der Wechselsumme abzüglich Unkosten, Provision und Zwischenzins. Die Höhe des Zwischenzinses richtet sich nach dem **Diskontsatz** und der restlichen Laufzeit des Wechsels zwischen Ankauf und Fälligkeit, z. B. 6% (Diskontsatz) für 2 Monate von 20000,– DM (Wechselsumme). Wenn die Bank den angekauften Wechsel bis zur Fälligkeit liegen läßt, macht sie einen Gewinn in voller Höhe des Zwischenzinses. Ist die Bank jedoch selbst auf Geldbeschaffung angewiesen, so kann sie den Wechsel bei einer Landeszentralbank **rediskontieren.** Sie verliert dadurch allerdings einen Teil des Zwischenzinses. Außerdem nehmen die Bundesbank und ihre Hauptverwaltungen, die Landeszentralbanken, nur **diskontfähige Wechsel** an. Als diskontfähig gilt ein Wechsel, der drei Eigenschaften aufweist:

1. Drei als zahlungsfähige Schuldner bekannte Personen müssen aus dem Wechsel haften.
2. Die Laufzeit vom Ankauf bis zur Fälligkeit darf drei Monate nicht übersteigen.
3. Es muß sich um gute Handelswechsel handeln, d. h. zwischen der Geld- und Gütermenge muß ein gesundes Verhältnis bestehen, damit das Kreditvolumen nicht übermäßig ausgedehnt wird.

Aus demselben Grunde ist es grundsätzlich nicht erlaubt, **Finanz- oder Kreditwechsel** zu rediskontieren. Solchen Wechseln liegt kein Umsatzgeschäft zugrunde. Sie dienen vielmehr nur der Geldbeschaffung. Dadurch wird das Kreditvolumen vergrößert, ohne daß volkswirtschaftlich ein Gegenwert vorhanden ist.

Z. B.: S ist in Geldverlegenheit. Sein Freund F nimmt aus Gefälligkeit einen von S ausgestellten Wechsel an. S diskontiert den Wechsel. F rechnet damit, daß S bei Fälligkeit rechtzeitig das Geld zur Verfügung stellt. Das ist oft trügerisch! Wenn F selbst zahlungskräftig ist, geht es gut, aber ...

Wenn S und F beide in Geldverlegenheit sind, konnten sie auf folgende unlautere Machenschaft verfallen: Jeder stellt einen Wechsel aus und setzt als Wechselsumme einen möglichst „krummen" Betrag ein, wodurch der Eindruck gefördert werden soll, dem Wechsel liege ein Kauf- oder Werkvertrag zugrunde. Dann nimmt S den Wechsel des F an und umgekehrt. Gelingt es ihnen, diese Wechsel zu diskontieren oder einziehen zu lassen, so verschaffen sie sich Geld, ohne daß eine reelle Aussicht auf spätere Einlösung der Wechsel besteht. Das nennt man **Wechselreiterei.** Da die Aussteller bzw. Akzeptanten solcher Wechsel beim Inverkehrgeben der Papiere in aller Regel nicht mit der Einlösung rechnen können, geraten sie meist in den Verdacht, sich des Betruges strafbar gemacht zu haben.

Die übelste Art, sich durch Wechselgeschäfte Geld zu verschaffen, besteht darin, sich einen Akzeptanten zu „kaufen".

Z. B.: S bietet seinem Freund F 1000,– DM dafür, daß F, der selbst zahlungsunfähig ist, entweder mit seinem oder mit einem erfundenen Namen akzeptiert. Wechsel, die so zustande gekommen sind, heißen **Kellerwechsel.**

bb) Der Verkäufer, dem sein Kunde einen Wechsel gegeben hat, hat schließlich die Möglichkeit, mit dem Wechsel zu bezahlen.

Z. B.: V hat von seinem Kunden K wegen einer Warenlieferung einen Wechsel über 11238,60 DM erhalten. Dem G schuldet der V aus Darlehen 11000,– DM. Da V kein Bargeld hat, gibt er den Wechsel mit Indossament an G weiter, und zwar erfüllungshalber. Wird der Wechsel später eingelöst, erlöschen die Kaufpreis- und die Darlehensforderung. Insoweit ist trotz Abstraktheit des Wechsels eine Verbindung zwischen Grundgeschäft und Wechsel erhalten geblieben.

Die Selbständigkeit der Wechselforderung wird aber an folgendem Beispiel deutlich:

K wendet gegenüber G, der Bezahlung des Wechsels verlangt, ein, er habe den Kaufpreis schon an V gezahlt. Jetzt wird K mit seiner Einwendung nicht mehr gehört. Durch die Weitergabe des Wechsels ist G in den Wechselverband eingetreten. Die Personen des Grundverhältnisses, aus dem die Einwendung des K resultiert, sind jetzt nicht mehr identtisch mit dem Schuldner (K) und Gläubiger (G) der abstrakten Wechselforderung. Dem G ist das Grundverhältnis zwischen V und K gleichgültig. Müßte er Einwendungen aus diesem Grundverhältnis in jedem Falle beachten, wäre der Wechsel in seiner Zirkulationsfähigkeit herabgesetzt. K kann dem G die Einwendung aus dem Grundverhältnis (Kaufvertrag mit V) daher nur noch entgegenhalten, wenn G beim Erwerb des Wechsels bewußt zum Nachteil des K gehandelt hat (Art. 17 WG).

Merke: Einwendungen und Einreden aus dem Grundverhältnis (Kausalverhältnis) kann der Wechselschuldner einem Wechselgläubiger nur entgegenhalten, wenn der Wechselgläubiger zugleich der Partner des Grundverhältnisses ist oder den Wechsel bewußt zum Nachteil des Wechselschuldners erworben hat.

So ist der Begriff „Abstraktheit der Wechselforderung" zu verstehen. Aus ihm wird deutlich, warum Art. 1 Ziff. 2 WG als Wechselbestandteil die unbedingte Anweisung, eine bestimmte Geldsumme zu zahlen, verlangt.

Fall Nr. 61: Gezogener und eigener Wechsel

A hat einen Wechsel mit folgendem Wortlaut ausgestellt:

Gegen diesen Wechsel zahle ich bei Sicht an Herrn R, Köln, Bonner Str. 17, 10000,– DM. Zahlbar bei der Stadtsparkasse Dortmund.

Dortmund, den 3. 1. 1974
Kaiserstr. 20
Unterschrift des A

Lösung

Das Wort Wechsel steht im Kontext der Urkunde. Die Zahlungsanweisung ist unbedingt und bestimmt; aber sie richtet sich nicht an einen Dritten, sondern der Aussteller selbst verspricht die Zahlung. Das verstößt nicht gegen Art. 1 Ziff. 3 WG. Im Falle Nr. 60 war der Dritte, vom Gesetz **Bezogener** genannt, erwähnt.
Ein Wechsel, der auf einen Dritten gezogen ist, heißt **gezogener Wechsel oder Tratte.** Hat der Dritte den Wechsel bereits angenommen, so nennt der Kaufmann das Papier **Akzept.** Das Wort Akzept wird aber auch für den Annahmevermerk selbst gebraucht.

Besonders wertvoll ist das **Bankakzept.** Gegen Zahlung einer Akzeptprovision gestatten Banken ihren „sicheren" Kunden, auf sie Wechsel zu ziehen. Das Akzept der Bank macht den Wechsel zu einem wertvollen Kreditpapier; denn durch die Akzeptantenhaftung der Bank stellt sie – wirtschaftlich gesehen – ihren Kredit, den sie in Bankkreisen genießt, dem Kunden zur Verfügung.

Wechsel, die keine Anweisung an einen Dritten enthalten, heißen **eigene Wechsel oder Solawechsel.** Die Bestandteile nennt Art. 75 WG. Wie bei Art. 1 WG sind nicht alle Bestandteile unentbehrlich (lesen Sie bitte Art. 2 und 76 WG).
Zu Art. 1 Ziff. 4, 75 Ziff. 3 WG: Die Angabe der Verfallzeit ist entbehrlich. Der Wechsel gilt dann als Sichtwechsel. Er ist bei Vorlegung fällig (vgl. Art. 34, 76 Abs. 2 WG).
In unserem Falle hat der A den Wechsel ausdrücklich als zahlbar bei Sicht deklariert. Das war nicht notwendig. Hätte er dazu nichts geschrieben, wäre die Rechtslage ebenso.

Insgesamt sind **vier Verfallzeiten** zulässig. Lesen Sie dazu Art. 33 WG. Außer dem **Sichtwechsel** gibt es den **Nachsichtwechsel.** Er wird mit dem Ablauf einer bestimmten Frist nach dem Tage der Annahme oder nach dem Tage des Protestes mangels Annahme fällig. Da beim Solawechsel eine Annahme nicht denkbar ist, also auch nicht der Protest mangels Annahme, hat das Gesetz für diesen Nachsichtwechsel in Art. 78 WG eine Sonderregelung getroffen. Bitte nachlesen.

Beispiel für eine Nachsichtklausel: 2 Wochen nach Sicht. Wechsel, die eine bestimmte Zeit nach der Ausstellung verfallen (Klauseln: In 3 Monaten, 3 Monate a dato, dato drei Monate) heißen **Datowechsel.**
Ist die Fälligkeit des Wechsels durch Nennung eines bestimmten Kalendertages fixiert, so sprechen wir von einem **Tagwechsel.**

Zu Art. 1 Ziff. 5, 75 Ziff. 4 WG: Der **Zahlungsort** muß nicht ausdrücklich angegeben sein. Wenn er fehlt, können die Ortsangaben nach Art. 2 Abs. 3, 76 Abs. 2 WG helfen. Beim gezogenen Wechsel gilt der Wohnort des Bezogenen, beim eigenen Wechsel der des Ausstellers als Zahlungsort. In unserem Falle ist der Ausstellungsort nicht ausdrücklich bezeichnet; aber beim Namen des Ausstellers steht eine Ortsangabe. Nach Art. 76 Abs. 4 WG gilt dieser Ort als Ausstellungsort und über Art. 76 Abs. 3 WG zugleich als Zahlungsort.
Nun wollen wir untersuchen, welche Bedeutung der Zusatz hat: Zahlbar bei der Stadtsparkasse Dortmund.
Solche Angaben nennt man **Zahlstellenvermerke oder Domizilvermerke.** Die Zahlstelle (der Domiziliat) ist nicht Wechselschuldner, sondern nur der Ort, an dem der Wechselschuldner zahlen soll. Nach Art. 4 WG kann der Aussteller die Zahlstelle angeben, durch die der Akzeptant zu leisten hat. Will er einem späteren Inhaber die Benennung eines Domiziliaten ermöglichen, so kann er die Klausel einsetzen „Domizil offen“. Unter den Voraussetzungen des Art. 27 WG kann auch der Akzeptant eine Zahlstelle einsetzen.
Lesen Sie bitte Art. 27 WG. Bei einem Solawechsel erlaubt Art. 77 Abs. 2 WG ebenfalls die Nennung einer Zahlstelle. A hat also einen zulässigen Vermerk auf den Wechsel gesetzt.
Zu Art. 1 Ziff. 6, 75 Ziff. 5: Der Name dessen, an den oder an dessen Order gezahlt werden soll, ist unentbehrlich. Die wechselrechtliche Bezeichnung dieser Person lautet **Remittent.**
Aus den genannten Bestimmungen folgt, daß ein Wechsel nicht die Worte tragen darf: ... zahlen Sie an den **Inhaber** ... (anders beim Scheck, vgl. Art. 5 SchG).
Das Gesetz erlaubt keinen Inhaberwechsel; aber in der Praxis läßt sich die gleiche Wirkung dadurch erzielen, daß der Aussteller sich selbst als Remittenten benennt. Diese Möglichkeit gewährt in Abweichung von Art. 2 Ziff. 6 WG die Bestimmung des Art. 3 Abs. 1 WG. Wenn der Aussteller einen solchen Wechsel mit einem Blankoindossament versieht und den Wechsel so weitergibt (vgl. Art. 13 Abs. 2, 14 Abs. 2 Ziff. 3 WG), wird jeder spätere Inhaber durch den Wechsel als Berechtigter ausgewiesen.
Obwohl es in Art. 1 Ziff. 6, 75 Ziff. 5 heißt ... oder an dessen Order ..., brauchen diese Worte nicht auf dem Wechsel zu stehen. Der Wechsel ist nämlich ein **geborenes Orderpapier** (Art. 11 Abs. 1 WG). Gleiches gilt für den Scheck (Art. 14 Abs. 1 SchG), die Namensaktie (§ 68 Abs. 1 AktG) und die Namensanteilscheine von Kapitalanlagegesellschaften (§ 17 Abs. 1 S. 2 KapAnlG v. 16. 4. 1957).
Im Gegensatz hierzu stehen die **gekorenen Orderpapiere.** Sie benötigen eine **positive Orderklausel.** Sonst sind sie **Rektapapiere.** Es handelt sich um die sieben kaufmännischen Papiere des § 363 HGB:

Kaufmännische Anweisung,
kaufmännischer Verpflichtungsschein (§ 363 Abs. 1 S. 2 HGB),
Konnossement (der Seeschiffahrt §§ 642ff. HGB),
Ladeschein, §§ 444ff. HGB (u.a. der Binnenschiffahrt),
Lagerschein, § 424 HGB,

Bodmereibrief, §§ 682ff. HGB,
Transportversicherungspolice, §§ 784ff. HGB, 3 VVG (Versicherungsvertragsgesetz).
Es gibt **Wechsel mit negativer Orderklausel** („nicht an Order", „Indossierung verboten"). Die Klausel muß vom Aussteller stammen, auf der Vorderseite des Wechsels stehen und durch seine Unterschrift gedeckt sein. Der Wechsel, gleiches gilt für den Scheck, wird so ebenfalls zu einem **Rektapapier.** Darunter versteht man **Namenspapiere, die auf den Namen einer bestimmten Person lauten und nicht indossiert werden können.** Die im Rektapapier verbrieften Rechte werden nicht durch Übereignung des Papiers übertragen, sondern durch Abtretung des Rechts, wobei die jeweils für die Abtretung des betroffenen Rechts geltenden Vorschriften zu beachten sind. Das Eigentum am Papier geht automatisch auf den neuen Rechtsinhaber über. Lesen Sie bitte § 952 Abs. 1 BGB. Dort ist der für **Rektapapiere** geltende Grundsatz normiert: **Das Recht am Papier folgt dem Recht aus dem Papier.**
Rektapapiere sind der Hypotheken-, Grundschuld- und Rentenschuldbrief, ferner die Papiere nach § 808 BGB, insbesondere die Sparkassenbücher, die bürgerlich rechtliche Anweisung und die schon erwähnten sieben kaufmännischen Papiere des § 363 HGB, wenn sie nicht die positive Orderklausel tragen.
Zu §§ 1 Ziff. 7, 75 Ziff. 6 WG: die Angabe des **Tages und des Ortes der Ausstellung ist unentbehrlich;** für den Austellungsort gilt das bereits zu den Art. 1 Ziff. 5, 75 Ziff. 4 Gesagte. Der Tag muß kalendermäßig bestimmt sein. Diesen Erfordernissen ist in unserem Falle genügt.
Zu §§ 1 Ziff. 8, 75 Ziff. 7 WG: Die **Unterschrift des Ausstellers ist unentbehrlich.**
Von der Frage, wie zu unterschreiben ist, damit der Wechsel formale Gültigkeit erlangt, ist die Frage zu trennen, ob der Namensträger, der als Aussteller erscheint, wechselmäßig haftet. **Der Wechsel ist formal gültig,** wenn er mit einem **denkbaren Namen** oder mit einer **rechtlich denkbaren Firma** (was ist das? Vgl. Fall Nr. 22 in Bd. I) unterzeichnet ist. Der Prokurist unterzeichnet die Firma selbstverständlich mit seinem Namen.
Als Aussteller haftet der Namensträger nur, wenn er entweder selbst oder wenn für ihn ein Vertreter unterschrieben hat.

Fall Nr. 62: Haftung des Ausstellers, Begebungsvertrag und gutgläubiger Erwerb des Wechsels

Kaufmann A hat einen gleichnamigen Sohn, der nach langer Übung die Unterschrift seines Vaters imitieren kann. Diese Fähigkeit nutzt er, um einen Solawechsel mit dem Namen seines Vaters auszustellen. Als Remittenten setzt er sich selbst ein. Den Wechsel indossiert er auf seinen Gläubiger G. G verlangt bei Fälligkeit Zahlung von A. Muß A zahlen?

Lösung

A haftet möglicherweise als Aussteller. Gem. Art. 9 Abs. 1 WG haftet der Aussteller für die Annahme und Zahlung des Wechsels. Seine Haftung für die Annahme kann er ausschließen (Klauseln: „ohne Obligo", „ohne Gewähr"), aber nicht die Haftung für Zahlung (Art. 9 Abs. 2 WG). Sehr zweifelhaft erscheint allerdings, ob A als Aussteller anzusehen ist. Er selbst hat nicht unterschrieben. Die

Unterschrift seines Sohnes ist eine **Fälschung,** obwohl der Sohn denselben Namen trägt. Durch das Nachahmen der väterlichen Unterschrift **täuscht** der Sohn **über die Identität des Ausstellers.** Wesentliches Merkmal der Fälschung ist aber gerade die Täuschung über die Identität einer Person.
Derjenige, dessen Unterschrift gefälscht worden ist, haftet nicht. Das hat folgenden Grund:
Die Unterschriftsleistung auf einem Wechsel stellt eine Willenserklärung dar. Sie kann nur demjenigen zugerechnet werden, der sie veranlaßt hat. Dabei spielt es keine Rolle, ob die Veranlassung in der persönlichen Unterschriftsleistung liegt oder darin, daß der Namensträger einen anderen auffordert, für ihn als Vertreter zu unterschreiben. Die geistige Urheberschaft gibt rechtlich den Ausschlag. Deswegen ist es sogar möglich, daß der Namensträger den Mißbrauch seiner Unterschrift durch einen Vertreter ohne Vertretungsmacht (vgl. Fall Nr. 68 in Bd. I) oder einen Fälscher nachträglich billigt. Durch die Genehmigung führt er seine eigene wechselmäßige Haftung herbei.
Im vorliegenden Sachverhalt ist kein Anhaltspunkt für eine Genehmigung seitens des A zu erkennen.
Da G nichts von der Fälschung wußte und der Wechsel an ihn indossiert worden ist, könnte man zu der Ansicht neigen, G habe vielleicht gutgläubig Rechte gegen A aus dem Wechsel erworben. Das führt uns zu der Frage, wodurch überhaupt die Wechselverbindlichkeit des Ausstellers entsteht. Ein Erfordernis kennen Sie bereits. Es ist die Unterschriftsleistung, der Skripturakt. Bei der Inhaberschuldverschreibung braucht nur noch hinzuzutreten, daß sie irgendwie in den Verkehr gelangt und ein Gutgläubiger sie erwirbt (vgl. Fall Nr. 57). Die Wechselverbindlichkeit hingegen ist mit dem Skripturakt noch nicht begründet. Nach der jetzt herrschenden Lehre ist zusätzlich ein **Begebungsvertrag** erforderlich. Er setzt sich aus zwei Komponenten zusammen:
1. Der dingliche Teil hat die Übereignung des Papiers zum Gegenstand. Es gelten hierfür die §§ 929ff. BGB.
2. Mit der Übereignung ist die schuldrechtliche Abrede verbunden, aus dem Wechsel, also selbständig neben dem Grundgeschäft, haften zu wollen.

Merke: Unter dem Wechselbegebungsvertrag versteht man die Übereignung des Wechsels mit der ausdrücklichen oder stillschweigenden Abrede, aus ihm haften zu wollen.

A hat weder unterschrieben noch einen Begebungsvertrag mit seinem Sohn geschlossen. Daher haftet A nicht.
Dieses Ergebnis mag im vorliegenden Falle befriedigen; wenn Sie zu prüfen haben, ob jemand haftet, weil er einen Wechsel unterschrieben hat, müssen Sie notfalls einen Schritt weitergehen.

Abwandlung:

A hat den Solawechsel als Aussteller unterzeichnet. Später hat er es sich anders überlegt. Eigentlich wollte er den Wechsel zerreißen; aber er vergißt es und läßt ihn auf dem Schreibtisch liegen. Dort findet ihn sein Sohn. Er stiehlt den Wechsel und indossiert ihn mit der imitierten Unterschrift seines Vaters an G.

Lösung

Die Abwandlung weist gegenüber dem Ausgangsfall eine entscheidende Änderung auf. A hat unterschrieben; es fehlt jedoch wiederum der Begebungsvertrag. Nach dem oben Gesagten würde A also trotz wirksamer Unterschrift nicht wechselmäßig haften. Das ist ein Ergebnis, mit dem sich die Praxis des Wirtschaftslebens nicht abfinden kann; denn es würde die Verkehrsfähigkeit des Wechsels zu sehr beschränken. Nach der herrschenden Meinung kommt es deswegen nicht immer darauf an, ob ein Begebungsvertrag vorliegt; **es genügt vielmehr, daß der aus dem Wechsel in Anspruch Genommene in zurechenbarer Weise den Anschein eines Begebungsvertrages veranlaßt hat und ein Dritter den Wechsel gutgläubig erwirbt.** Der Haftung aus in zurechenbarer Weise veranlaßtem Rechtsschein sind Sie bereits begegnet (Fall Nr. 58 in Bd. I). Der Rechtsschein eines wirksamen Begebungsvertrages ist schon dann in zurechenbarer Weise veranlaßt, wenn jemand seine Unterschrift auf einen Wechsel setzt. Der bloße Skripturakt genügt. Es ist nicht erforderlich, daß der Unterzeichner anschließend schuldhaft etwas tut oder unterläßt, wodurch der Wechsel in Umlauf gelangt. Damit ist **das Ergebnis allerdings nicht anders als bei der Kreationstheorie.**

Jetzt können wir zusammenfassen:
Eine wechselrechtliche Haftung entsteht durch
a) Unterschrift plus Begebungsvertrag oder
b) Unterschrift plus gutgläubigen Erwerb.
Im Ausgangsfall hatte A nicht unterschrieben. Selbst wenn G den Wechsel gutgläubig erworben hat, haftet A nicht. Der abgewandelte Sachverhalt bringt ein anderes Ergebnis. Durch seine Unterschrift, nicht erst durch das versehentliche Liegenlassen, hat A in zurechenbarer Weise den Rechtsschein eines Begebungsvertrages, abgekürzt einer Begebung, veranlaßt. Da G den Wechsel im guten Glauben an eine Begebung erworben hat, haftet ihm der A.
Jetzt muß von Ihnen der Einwand kommen: Aber der Wechsel ist dem A doch abhanden gekommen und das Indossament war sogar gefälscht. Soll A trotzdem haften?
Lesen Sie Art. 7 WG. Dort ist der Grundsatz von der **Selbständigkeit jeder Wechselverpflichtung** verankert. Er besagt: Um das Vertrauen auf den Inhalt des Wechsels zu schützen, muß jeder, der einen Wechsel unterzeichnet, mit seiner Haftung rechnen, mögen die übrigen Unterschriften auch gefälscht sein oder von Geschäftsunfähigen stammen oder aus einem sonstigen Grunde ungültig sein. Der als Aussteller in Anspruch genommene A kann sich also nicht darauf berufen, daß sein Sohn die mit dem Indossament verbundene Unterschrift gefälscht hat. Anders wäre es, wenn A aus dem Indossament gem. Art. 15 WG von G in Anspruch genommen würde. Dann könnte er den Fälschungseinwand erheben.
Bleibt zu prüfen, ob G das Eigentum an dem abhanden gekommenen Papier und damit das Recht aus dem Papier erwerben konnte.
Ein Eigentumserwerb nach § 935 Abs. 2 BGB scheidet aus, da der Wechsel kein Inhaberpapier ist. Für den Wechsel finden Sie eine Sondervorschrift in Art. 16 WG. Wer den Wechsel in Händen hat, gilt danach als rechtmäßiger Inhaber, sofern er sein Recht durch eine ununterbrochene Kette von Indossamenten nachweist. Das gilt selbstverständlich auch, wenn der Wechsel nur ein Indossament trägt (beim Solawechsel das des Ausstellers, ansonsten das des Remittenten), von einer Indossamentenreihe also nicht die Rede sein kann. Ob das oder die Indossamente

gefälscht oder aus sonstigen Gründen ungültig sind, spielt keine Rolle. **Die Indossamentenkette braucht nur formal, d.h. äußerlich in Ordnung zu sein.** Es schadet also nicht, daß S das Indossament gefälscht hat. G wird durch den äußerlich nicht zu beanstandenden Wechsel gem. Art. 16 Abs. 1 S. 1 WG legitimiert.
Unterscheiden Sie zwischen der förmlichen Legitimation und der sachlichen Berechtigung. Der förmlich legitimierte Besitzer des Wechsels braucht nicht Eigentümer des Papiers und damit Inhaber des Rechts zu sein. An den förmlich Legitimierten kann der Wechselschuldner aber mit befreiender Wirkung zahlen (Art. 40 Abs. 3 WG), auch wenn er nicht der Rechtsinhaber ist. Art. 16 Abs. 2 WG zieht auf der Grundlage der förmlichen Legitimation eine weitere Folge:
Wenn der Wechsel, den der förmlich Legitimierte in Händen hat, dem früheren Inhaber irgendwie abhanden gekommen ist, braucht ihn der Legitimierte dem früheren Inhaber nicht herauszugeben, es sei denn, er war beim Erwerb bösgläubig. Die Formulierung des Art. 16 Abs. 2 WG, die auf eine Anpassung an das internationale Wechselrecht zurückzuführen ist, ist in doppelter Weise irreführend. Als erstes ist klarzustellen:
Wer einen abhanden gekommenen Wechsel gutgläubig erwirbt, wird Eigentümer. Durch den Eigentumserwerb fallen förmliche und sachliche Berechtigung wieder zusammen.
Als zweites müßte Ihnen das Nebeneinander der Begriffe „in bösem Glauben" und „grobe Fahrlässigkeit" aufgefallen sein. Nach dem Sprachgebrauch des BGB ist die grobe Fahrlässigkeit eine Variante der Bösgläubigkeit (§ 932 Abs. 2 BGB). Nach internationaler wechselrechtlicher Diktion bedeutet Bösgläubigkeit hingegen positive Kenntnis vom Fehlen des Begebungsvertrages beim Erwerb des Wechsels. Deswegen mußte das deutsche WG die grobe Fahrlässigkeit besonders erwähnen.
Jetzt können wir auch die letzte Frage des abgewandelten Falles beantworten: Da G beim Erwerb des Wechsels nicht wußte, daß der Wechsel gestohlen war, und seine Unkenntnis nicht auf grober Fahrlässigkeit beruhte, hat er gutgläubig Eigentum am Papier und somit auch das Recht aus dem Papier erworben. A muß an ihn zahlen.

Fall Nr. 63: Annahme, Funktionen des Indossaments, Protest und Rückgriff

A hat dem S für 7000,– DM einen gebrauchten PKW verkauft. Da S nur 6000,– DM in bar zahlen kann, stellt A einen Wechsel über 1000,– DM aus und zieht ihn auf S, der den Wechsel annimmt.
Erster Nehmer des Wechsels (Remittent) ist der R. R indossiert den Wechsel an I 1, I 1 an I 2. Bei Fälligkeit des Wechsels verlangt I 2 Zahlung von S. Dieser wendet ein, er habe den Kaufvertrag längst wegen arglistiger Täuschung angefochten. Die Unterschrift auf dem Wechsel habe ihm der A mit der Erklärung abgegaunert, er wolle seinem Gläubiger R auf diese Weise nur zeigen, daß er noch 1000,– DM zu fordern habe. Den Namen des R habe A erst nachträglich eingesetzt. Deswegen habe er gemeint, er unterschreibe nur ein Schuldanerkenntnis. Außerdem habe I 2 den Wechsel nicht protestieren lassen. Muß S trotzdem zahlen?

Lösung

S haftet möglicherweise aus Art. 28 Abs. 1 WG. Danach wird der Bezogene durch die Annahme verpflichtet, den Wechsel bei Verfall zu bezahlen. Der Umfang der Zahlungspflicht folgt aus der Verweisung von Art. 28 Abs. 2 WG auf Art. 48, 49 WG. Bitte nachlesen.

Daß S einen formgültigen Wechsel „quergeschrieben" hat, wollen wir unterstellen. Mit dem Ausdruck „quergeschrieben" bezeichnet man die **Annahmeerklärung,** weil sie meistens links quer auf der Vorderseite des Wechsels steht. Art. 25 Abs. 1 WG schlägt dafür das Wort „angenommen" vor. Es genügen aber auch andere Ausdrücke, z. B. „akzeptiert", „hafte wechselrechtlich". Sogar die bloße Unterschrift des Bezogenen macht ihn, wenn sie auf der Vorderseite des Wechsels steht, zum Akzeptanten (Art. 25 Abs. 1 S. 2 WG); die **Unterschrift selbst ist niemals entbehrlich!**

Art. 21 WG berechtigt jeden, der den Wechsel in Händen hat, ihn bis zum Verfalltage dem Bezogenen zur Annahme vorzulegen. Durch die **Vorlage zur Annahme** soll sich der Besitzer des Wechsels Gewißheit darüber verschaffen können, ob der Bezogene gewillt ist, am Verfalltage zu bezahlen. Deswegen kann der Wechsel, solange die Annahme aussteht, mehrfach und durch verschiedene Inhaber vorgelegt werden. Nachsichtwechsel müssen innerhalb Jahresfrist nach Ausstellung vorgelegt werden (Art. 23 WG), weil durch die Annahme oder durch den Protest mangels Annahme – nicht allein durch die Vorlegung – die Verfallfrist in Lauf gesetzt wird (Art. 35 Abs. 1 WG). Zu dem Recht des Ausstellers, die Vorlegung anzuordnen oder zu verbieten sowie zum Vorlegungsgebot des Indossanten vgl. Art. 22 WG.

Die Annahme muß unbedingt sein; der Bezogene kann sie aber auf einen Teil der Wechselsumme beschränken (Art. 26 Abs. 1 WG). S hat seine Annahme auf dem Wechsel unbedingt erklärt. Was er dabei gedacht hat, ist für die formale Gültigkeit des Wechsels ohne Belang. Durch die Annahme ist S Hauptschuldner aus dem Wechsel geworden. Er haftet dem Aussteller und allen Indossanten auf Zahlung. Diese Haftung entsteht wie die des Ausstellers durch den Skripturakt und die Begebung oder den gutgläubigen Erwerb des Wechsels.

Merke: Auch der Akzeptant haftet nur, wenn er durch seine Unterschrift auf dem Wechsel angenommen und sodann den Wechsel begeben oder wenn ihn ein Dritter gutgläubig erworben hat.

Durch den bewußten Skripturakt hat S die erste Voraussetzung seiner Haftung als Akzeptant erfüllt.

Fraglich ist, ob er dem I 2 entgegenhalten kann, er habe nicht beabsichtigt, sich wechselmäßig zu verpflichten. Nach Art. 17 WG kann, wer aus dem Wechsel in Anspruch genommen wird, dem Inhaber keine Einwendungen entgegenhalten, die sich auf seine unmittelbaren Beziehungen zu dem Aussteller oder zu einem früheren Inhaber gründen, es sei denn, daß der Inhaber beim Erwerb bewußt zum Nachteil des Schuldners gehandelt hat. Diese Vorschrift ist eine der Kernvorschriften des Wechselrechts. Sie trägt dazu bei, die Umlauffähigkeit (Zirkulationsfähigkeit, Verkehrsfähigkeit) des Wechsels zu erhöhen, indem sie dem Wechselschuldner bestimmte Einwendungen abschneidet. Dadurch wird das Vertrauen in den formal gültigen Wechsel gestärkt. Um das zu erreichen, mußte das Wechselrecht mit dem Schuldrecht brechen, genauer gesagt, mit dem § 404 BGB. Nach dieser Vorschrift, die dem Schuldnerschutz dient, kann der Schuldner dem neuen Gläubiger alle Einwendungen und Einreden entgegenhalten, die z.Z. der Abtretung der Forderung gegen den bisherigen Gläubiger begründet waren (vgl. Fall Nr. 47 in Bd. II). Eine Abschwächung dieses Grundsatzes haben Sie bereits im Hypothekenrecht kennengelernt.

Dort versagen die Einwendungen und Einreden gegen die Forderung, die nach § 1137 BGB auch gegenüber der Hypothek durchgreifen, wenn der Hypothekar die Hypothek gutgläubig einredefrei erworben hat (§ 1138 BGB). Das Wechselrecht geht noch einen Schritt weiter. **Nach Art. 17 WG braucht sich der Erwerber des Wechsels beim Erwerb des Papiers (und damit des Rechts aus dem Papier) keine Gedanken über die Grundverhältnisse zu machen.** Ihn interessiert nicht, warum der Aussteller, der Akzeptant und die voraufgehenden Indossanten den Wechsel begeben haben. Selbst wenn er weiß, daß in irgendeinem Grundverhältnis etwas nicht stimmt (Wandlung, Minderung, Anfechtung, Stundung, Verzicht usw.), kann er den Wechsel ohne Einbußen am verbrieften Recht erwerben. Art. 17 WG geht also über § 1138 BGB weit hinaus. Er enthält **nur eine Schranke:**

Der Inhaber darf beim Erwerb des Wechsels nicht bewußt zum Nachteil des Schuldners handeln. Dazu reicht bloße Kenntnis vom Bestehen der Einwendung nicht aus. Es muß vielmehr auf seiten des Erwerbers das Bewußtsein hinzukommen, daß er gerade durch den Erwerb des Wechsels dem Schuldner die Einwendungen abschneidet. Diesen Erfolg muß er auch wollen, zumindest billigend Kauf nehmen (was heißt das? Nachlesen Fall Nr. 37 in Bd. I). Daß der Erwerber mit Vorsatz, mindestens mit bedingtem Vorsatz den Einwendungsverlust durch Erwerb des Wechsels herbeiführen wollte, muß der Schuldner beweisen! Das ist regelmäßig ein sehr schwieriges Unterfangen; aber auch dieser Umstand stärkt die Zirkulationsfähigkeit.

Nun ist es noch nötig, die Reichweite des Art. 17 WG von der des Art. 16 WG abzugrenzen.

In Fall Nr. 66 haben wir über die förmliche Legitimation und die sachliche Berechtigung gesprochen, insbesondere über den Eigentumserwerb am Papier vom förmlich Legitimierten (Art. 16 Abs. 2 WG). Damit ist der Wirkungsbereich des Art. 16 WG bereits umrissen: Er stellt klar, daß

a) der förmlich Legitimierte die Leistung fordern kann (Art. 16 Abs. 1 S. 1 WG);

b) der Gutgläubige vom förmlich Legitimierten auch einen abhanden gekommenen Wechsel zu Eigentum erwerben kann (Ergänzung zu § 935 Abs. 2 BGB).

Art. 16 WG ist also die Vorschrift für denjenigen, der als Inhaber des Wechsels angreift. Auf sie beruft sich der Inhaber, wenn der Schuldner geltend macht, der Inhaber sei trotz ununterbrochener Indossamentenreihe nicht Eigentümer des Papiers und deswegen nicht Gläubiger des verbrieften Rechts. Für seine dahingehenden Behauptungen ist der Schuldner beweispflichtig.

Art. 17 WG ist dagegen die Vorschrift für denjenigen, der sich gegen seine Inanspruchnahme aus dem Wechsel verteidigt.

Das wird nicht sofort deutlich, weil Art. 17 WG nicht positiv formuliert, welche Einwendungen der Schuldner hat, sondern negativ ausdrückt, welche er nicht hat. Diese Fassung ist eine Notlösung des Gesetzgebers, der nicht in der Lage war, die möglichen Einwendungen zu überblicken. Deswegen hat er sich vor einer positiven Formulierung „gedrückt“ und die Klärung der Frage, welche Einwendungen dem Wechselschuldner zustehen, bewußt der Rechtsprechung und der Lehre überlassen. So hat sich eine **Lehre von den Einwendungen** herausgebildet; sie bereitet nicht nur juristischen Laien Schwierigkeiten.

Es gibt zahlreiche Fälle, in denen der Schuldner nicht anzweifelt, daß der Inhaber des Papiers auch dessen Eigentümer ist. Er wendet sich nur gegen die im Wechsel verbriefte Forderung oder die formale Gültigkeit des Wechsels. Er hält dem Inhaber also entgegen: „Du bist zwar Eigentümer des Wechsels; aber von mir kannst Du trotzdem aus diesem oder jenem Grunde keine Bezahlung verlangen."

Die Verteidigung des S, er habe nicht die Absicht gehabt, sich wechselmäßig zu verpflichten, betrifft den Begebungsvertrag **(Einwand des mangelnden Begebungsvertrages).**

Es fragt sich, ob dieser Einwand unter Art. 17 WG fällt. Die Aufteilung der Einwendungen in verschiedene Kategorien ist nicht einfach, aber dringend notwendig, um einen Überblick und damit den erforderlichen Durchblick zu gewinnen. Nur wer unterscheidet, kann entscheiden!

Am leichtesten fällt die Erfassung der **Einwendungen, die sich aus dem Wortlaut der Urkunde selbst ergeben** (z.B. Fehlen der Unterschrift, Fehlen anderer notwendiger Bestandteile, Lücke in der Indossamentenkette, zulässige Beschränkungen durch Klauseln).

Einwendungen aus der Urkunde **kann der Schuldner gegenüber jedem Inhaber geltend machen.** Da sie aus der Urkunde hervorgehen, bedarf der Erwerber insoweit keines Schutzes.

Die nächste Gruppe umfaßt **Einwendungen, deren Ursachen außerhalb der Wechselurkunde liegen.**

1. **Eine Unterart betrifft objektiv (dinglich, absolut) die Gültigkeit der Wechselerklärung** (z.B. Fälschung, Geschäftsunfähigkeit, Fehlen des Begebungsvertrages aus anderen Gründen, etwa Fehlen des Erklärungsbewußtseins, Handeln unter absolutem Zwang oder Drohung, Anfechtung wegen Irrtums oder arglistiger Täuschung, Abhandenkommen des Wechsels, Bezahlung der Wechselschuld, Sittenwidrigkeit, insbesondere Wucher). Sie müßten eigentlich gegenüber jedem Inhaber wirken; das wäre jedoch mit der Zirkulationsfähigkeit des Wechsels nicht zu vereinbaren. Ein gutgläubiger Erwerber muß sich auf den Bestand eines Begebungsvertrages verlassen können. Basis des Vertrauensschutzes ist wieder einmal die Lehre von dem in zurechenbarer Weise veranlaßten Rechtsschein. Mit ihrer Hilfe lassen sich die Einwendungen herausfinden, die auch dem Gutgläubigen entgegengesetzt werden können. In zurechenbarer Weise hat keinen Rechtsschein veranlaßt, wer geschäftsunfähig ist, wer unter absolutem Zwang handelt oder wessen Unterschrift gefälscht ist. Mithin muß selbst der gutgläubige Erwerber in diesen Fällen den Einwand des mangelnden Begebungsvertrages gegen sich gelten lassen. In den übrigen Fällen wird das Fehlen des Begebungsvertrages durch den gutgläubigen Erwerb geheilt.

2. **Die zweite Unterart der Einwendungen,** deren Ursachen außerhalb des Wechsels liegen, **umfaßt alle Einwendungen und Einreden, die dem Schuldner nur gegenüber einem bestimmten Wechselgläubiger zustehen.** Das sind die **persönlichen oder relativen Einwendungen.** Sie müssen nochmals in zwei Lager geschieden werden. In das erste gehören außerhalb der Wechselurkunde liegende Absprachen, die der Wechselschuldner hinsichtlich der **abstrakten Wechselforderung** mit einem bestimmten Wechselgläubiger getroffen hat (z.B. die

Abrede, den Wechsel prolongieren oder keinen Rückgriff nehmen zu wollen, eine Stundung der Wechselforderung oder ihr Erlaß).

Nur von diesen Einwendungen ist im Art. 17 WG die Rede!

Jetzt sehen Sie, wie eng der Ausschnitt ist, den der Gesetzgeber ausdrücklich geregelt hat.

In das zweite Lager ordnen wir alle **Einwendungen und Einreden aus dem Grundgeschäft** ein. Diese Verteidigungsmittel sind eigentlich gar keine wechselrechtlichen Einwendungen; denn die Wechselforderung ist abstrakt. Vor allem fallen sie, abgesehen vom Erwerb des Wechsels bewußt zum Nachteil des Schuldners, nicht unter Art. 17 WG (anders bei § 796 BGB, vgl. Fall Nr. 57), und sie haben nichts mit dem Einwand des fehlenden Begebungsvertrags gemeinsam. Schon deswegen reichen im Wechsel- (und Scheckrecht) Einwendungen aus dem Grundverhältnis nicht über die Beziehungen zwischen den Partnern des Grundgeschäftes hinaus. Als Ausnahme wird häufig der Fall genannt, daß der Wechsel eine wucherische Forderung sichert; aber das ist keine Ausnahme; denn beim Wucher erfaßt die Nichtigkeit auch das dingliche Geschäft (vgl. § 138 Abs. 2 BGB: Aus den Worten „... gewähren läßt ... folgert man, daß die Erfüllung, also das Verfügungsgeschäft – hier die Übereignung des Papiers – ebenfalls nichtig ist.)

Der Einwand des Wuchers ist daher ein Unterfall des fehlenden Begebungsvertrages.

Jetzt müßte es Ihnen möglich sein, die Einwendungen des S einzuordnen. Mit dem Einwand, er sei sich nicht bewußt gewesen, einen Wechsel zu unterschreiben, bestreitet S das Vorhandensein eines Begebungsvertrages. Es handelt sich um einen außerhalb der Urkunde liegenden Einwand, der die objektive Gültigkeit der Wechselerklärung betrifft. Grundsätzlich kann dieser Einwand jedem Inhaber entgegengesetzt werden, aber bei zurechenbarer Veranlassung eines Rechtsscheins nicht dem gutgläubigen Erwerber. Deswegen ist zu prüfen, ob I2 gutgläubig erworben hat. Er ist schon der dritte Nehmer des Wechsels. Damit erhebt sich die Frage, wie der Wechsel vom Remittenten, oder der Solawechsel vom Aussteller, auf den ersten Nehmer übertragen wird.

Nach Art. 14 Abs. 1 WG überträgt das Indossament alle Rechte aus dem Wechsel. Auch diese Formulierung könnte in die Irre führen. Das Indossament allein überträgt die Rechte nämlich nicht. Z.B.: R indossiert den Wechsel an I1. Dann zerreißt R den Wechsel. I1 hat keinerlei Rechte aus dem Wechsel erworben. Der Indossierende muß zusätzlich das Papier in dem Bewußtsein übereignen, sich wechselrechtlich zu verpflichten. **Zur Übertragung der Rechte aus einem Wechsel sind also erforderlich Indossament plus Begebungsvertrag.**

Der fehlende Begebungsvertrag kann wiederum durch einen in zurechenbarer Weise verursachten Rechtsschein und den dadurch ermöglichten gutgläubigen Erwerb ersetzt werden. Machen Sie sich das bitte klar. Es ist die gleiche Grundkonstruktion wie bei der Begründung der Aussteller- und Akzeptantenhaftung: **Skripturakt plus Begebung oder gutgläubiger Erwerb. Das gültige Indossament** (zur Form bitte Art. 13 WG lesen) **hat drei Folgen:**

1. Es überträgt alle Rechte aus dem Wechsel vom Indossanten auf den Indossatar, und zwar so wie sie sich aus dem Wechseltext ergeben. Einwendungen außerhalb der Urkunde können dem Indossatar nur entgegengehalten werden, wenn er beim Erwerb bewußt zum Nachteil des Schuldners gehandelt hat (Art. 17 WG; Ausschluß des § 404 BGB). Das ist die **Übertragungswirkung oder Traditionsfunktion (Art. 14 WG).**

Aus ihr folgt für unseren Fall, daß alle Rechte, die der Wechsel verbriefte, insbesondere das Recht, vom Akzeptanten Bezahlung zu verlangen, mit den Indossamenten zunächst auf I1 und von ihm auf I2 übergegangen sind, ohne daß S die ihm nur gegenüber A zustehenden Einreden und Einwendungen dem I2 entgegensetzen kann.
2. Durch das Indossament verspricht der Indossant, wechselmäßig für die Einlösung des Wechsels zu haften (Art. 15 WG). Diese Folge nennt man **Haftungswirkung oder Garantiefunktion.** Näheres darüber im nächsten Fall.
3. Der Wechselinhaber wird durch eine ununterbrochene Kette von Indossamenten als berechtigter Inhaber ausgewiesen (Art. 16 Abs. 1 WG). Das ist die **Ausweiswirkung oder Legitimationsfunktion.**
Machen Sie sich an dieser Stelle nochmals den Unterschied zwischen der sachlichen Berechtigung und der förmlichen Legitimation klar! Wer nur förmlich berechtigt ist, ohne sachlich Berechtigter zu sein, hat weder Eigentümer- noch Gläubigerrechte; aber die förmliche Legitimation hat für die Zirkulationsfähigkeit äußerst wichtige Folgen:

1. Der Legitimierte gilt bis zum Beweis des Gegenteils als Berechtigter (Art. 16 Abs. 1 WG).
2. Deswegen kann der Schuldner mit befreiender Wirkung an ihn zahlen (Art. 40 Abs. 3 WG).
3. Ein gutgläubiger Dritter erwirbt vom Legitimierten das Recht am Papier und damit das Recht aus dem Papier (Art. 16 Abs. 2 WG).

Für die Lösung des Falles brauchen wir die Garantiefunktion und die Legitimationsfunktion nicht. Auf die Garantiefunktion käme es an, wenn I2 den I1 in Anspruch nehmen wollte; auf die Legitimationsfunktion, wenn Zweifel daran beständen, ob I2 sachlich-berechtigter Inhaber des Wechsels ist. Beide Fragen tauchen in unserem Fall nicht auf.
Wir wenden uns jetzt der Frage zu, ob S dem I2 entgegenhalten kann, er habe den Kaufvertrag wegen arglistiger Täuschung angefochten. Sie werden sofort erkannt haben, daß diese Einwendung dem Grundverhältnis entstammt, also nur dem Kaufvertragspartner, dem A gegenüber wirken kann.
Eine andere Frage ist es, ob S zusätzlich geltend machen will, A habe ihn durch arglistige Täuschung auch zur Annahme des Wechsels veranlaßt. Immerhin behauptet er, A habe ihm das Akzept mit einer unwahren Begründung „abgegaunert". S will damit sagen, er habe nicht die Absicht gehabt, sich wechselmäßig zu verpflichten. Dieser Einwand betrifft zwar die Gültigkeit der Begebung; aber S hat in zurechenbarer Weise den Rechtsschein eines Begebungsvertrages veranlaßt, so daß er dem gutgläubigen Erwerber I2 daraus haftet.
Letztlich ist zu prüfen, ob S seiner Zahlungspflicht durch Hinweis auf den fehlenden Protest entgeht.
Der Protest ist die beurkundete, aber erfolglose Aufforderung, bestimmte wechselrechtliche Handlungen vorzunehmen. Lesen Sie jetzt erst die Art. 44–46 WG und 79–88 WG. Es erleichtert Ihnen das Mitdenken. Die Art. 79–88 WG richten sich primär an die für die Beurkundung des Protestes zuständigen Personen. Man unterscheidet zwischen **Protest mangels Annahme** (der Bezogene verweigert die Annahme) und **Protest mangels Zahlung** (der Bezogene verweigert die Einlösung). In unserem Falle kommt, da S den Wechsel bereits angenommen hatte, nur ein Protest mangels Zahlung in Betracht. Dieser Protest stellt die wichtigste Voraussetzung für die Erhaltung des Rückgriffsrechtes dar.

Der Rückgriff, auch Regreß genannt, erlaubt es dem Inhaber des ordnungsgemäß protestierten Wechsels, von seinen Vormännern – das sind der Aussteller und alle Indossanten – Einlösung des Wechsels und Bezahlung der Nebenkosten (vgl. Art. 48 WG) zu verlangen, wenn der Akzeptant nicht zahlt.

Merke: Kein Regreß ohne Protest!

Aus dem Vorstehenden können Sie schon entnehmen, daß sich der Akzeptant auf den fehlenden Protest nicht berufen kann. Er haftet nicht als Rückgriffsschuldner, sondern als Hauptschuldner. Zum Rückgriff kommt es erst, wenn er die Zahlung verweigert hat. Wenn Art. 28 Abs. 2 WG auf die Art. 48, 49 WG verweist, so nur wegen der Höhe der Forderung.
S muß den Wechsel also trotz fehlenden Protestes bezahlen.
Wer den Wechsel im Rückgriff eingelöst hat, kann seinerseits weiteren Rückgriff gegen seine Vordermänner nehmen (Art. 49 WG). Dieser **Rückgriff des Einlösers** wird auch **Remboursregreß** genannt.

Fall Nr. 64: Wechselbürgschaft, Blankoindossament, Wechselklauseln

A hat folgenden Wechsel ausgestellt:

Gegen diesen Wechsel zahlen Sie an Herrn R, Dortmund, Kaiserstr. 1,
am 3. 1. 1974
10000,– DM.

Bezogener:	Köln, den 3. 10. 1973
Willi B	Bonner Str. 2
Düsseldorf	
Neusser Str. 5	Unterschrift des A
Unterschrift des B	

Auf der Vorderseite des Wechsels findet sich außerdem der Vermerk:

Hafte mit in Höhe von 5000,– DM
Münster, den 7. 10. 1973
Coesfelder Str. 3
Unterschrift des X

R indossiert den Wechsel blanko an I1, I1 an I2 mit dem Zusatz „ohne Kosten", I2 an I3 mit dem Zusatz „ohne Obligo". I3 versäumt es, den Wechsel protestieren zu lassen. Er möchte wissen, wen er aus dem Wechsel in Anspruch nehmen kann.

Lösung

Wir prüfen zunächst die Haftung des Hauptschuldners B. Er haftet gem. Art. 28 WG als Annehmer auch ohne Protest. Insoweit ist der Fall problemlos.
Fraglich erscheint, ob I3 auch den Aussteller A in Anspruch nehmen kann. Anspruchsgrundlage ist Art. 9 Abs. 1 WG. Danach haftet der Aussteller für die Annahme und die Zahlung des Wechsels. Daß der Aussteller neben dem Akzeptanten und dem Indossanten haftet, folgt aus Art. 47 WG. Diese Vorschrift begründet die

Übersicht

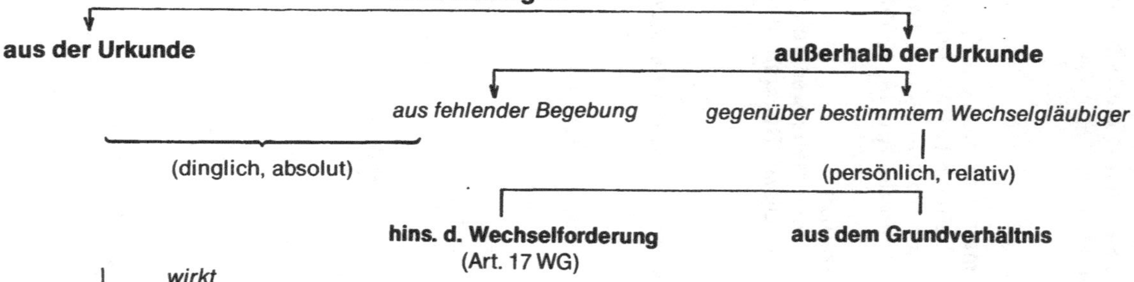

Einwendung aus	*wirkt gegenüber*
1. der Urkunde	jedem Inhaber *(z. B.: Indossamentenkette ist unterbrochen)*
2. fehlender Begebung a) ohne zurechenb. veranl. Rechtsschein	jedem Inhaber *(z. B.: Aussteller ist geschäftsunfähig)*
b) mit zurechenb. veranl. Rechtsschein	jedem bösgläubigen Inhaber *(z. B.: Aussteller hat Wechsel verloren)*
3. Art. 17 WG	a) bestimmtem Inhaber *(z. B.: Inhaber hat dem Schuldner Prolongation versprochen)* b) jedem Inhaber, der vors. z. Nacht. d. Schuldners erworben hat *(z. B.: Inhaber erwirbt Wechsel, weil Vormann Prolongation versprochen hat)*
4. Grundverhältnis	a) dem Partner aus dem Grundverhältnis als Bereicherungsanspr. *(z. B.: Inhaber hat dem Wechselschuldner die Kaufpreisforderung aus dem der Wechselhingabe zugrunde liegenden Kaufvertrag erlassen)* b) jedem Inhaber, der vors. z. Nacht. d. Schuldners erworben hat *(z. B.: Inhaber hat den Wechsel im Falle 4 a) erworben, um dem Wechselschuldner die Einrede an dem Grundverhältnis abzuschneiden.*

gesamtschuldnerische Haftung aller, die aus einem Wechsel verpflichtet sind. (Was bedeutet gesamtschuldnerische Haftung? Nachlesen Fall Nr. 26 in Bd. III.)
Der Rückgriff nehmende Indossatar kann seine Vordermänner einzeln oder mehrere nebeneinander oder alle zusammen in Anspruch nehmen, ohne an die zeitliche Reihenfolge der Verpflichtungsakte (Unterschriften) gebunden zu sein (Art. 47 Abs. 2 WG). Wenn der Indossatar sich nicht an die Reihenfolge hält, nimmt er einen sogenannten **Sprungregreß.** Es ist auch keineswegs erforderlich, daß der Inhaber nach Protest mangels Zahlung zunächst den Hauptschuldner verklagt. Möglicherweise ist der Akzeptant, wie der Inhaber weiß, zahlungsschwach. Dann sucht er sich als rationell denkender Kaufmann sofort einen zahlungskräftigeren Vordermann. A haftet als Aussteller im Rückgriff jedoch nur nach ordnungsgemäßem Protest. Da diese Voraussetzung nicht erfüllt ist, hat eine Rechtsverfolgung gegenüber dem A keine Aussicht auf Erfolg.
Nun prüfen wir, ob I3 von X Zahlung verlangen kann. Als Anspruchsgrundlage kommt Art. 32 Abs. 1 WG in Betracht. Danach haftet ein **Wechselbürge** in der gleichen Weise wie derjenige, für den er sich verbürgt hat. Der Bürge des Akzeptanten haftet also ohne Protest, der eines Rückgriffsschuldners (Aussteller oder Indossant) nur unter den Voraussetzungen, die einen Rückgriff gegen den jeweiligen Rückgriffsschuldner erlauben. Es kommt mithin darauf an, ob sich X für A oder für B verbürgt hat.
Die Zahlung der Wechselsumme kann ganz oder teilweise durch Bürgschaft gesichert werden (Art. 30 Abs. 1 WG). Bürge kann ein Dritter sein, aber auch eine Person, die sich im Wechsel bereits durch eine andere Unterschrift verpflichtet hat, sei es als Aussteller, Indossant oder als Bürge für einen anderen Wechselschuldner. Nur der Akzeptant kann nicht Bürge sein. Sonst würde der Hauptschuldner für die eigene Schuld bürgen. Das ist begrifflich nicht denkbar. Vgl. § 765 Abs. 1 BGB: „... für die Erfüllung der Verbindlichkeit des Dritten einzustehen".
Die **Form der Wechselbürgschaft** richtet sich nach Art. 31 WG. Bitte lesen! X hat seine Unterschrift auf den Wechsel gesetzt und durch die Mithafterklärung zum Ausdruck gebracht, daß er bürgen will. Die Worte „als Bürge" (Art. 31 Abs. 2 WG) sind nur ein Beispiel. Gleichbedeutend sind die Klauseln „als Garant" oder „per Aval". Aval ist das Fremdwort für Wechselbürgschaft. Die bloße Unterschrift auf der Vorderseite des Wechsels gilt ebenfalls als Bürgschaft, soweit es sich nicht um die Unterschrift des Ausstellers oder des Bezogenen handelt (Art. 31 Abs. 3 WG). Hier ist allein fraglich, für wen X als Bürge haften will. Nach Art. 31 Abs. 4 WG ist in der Erklärung anzugeben, für wen die Bürgschaft geleistet wird. Fehlt die Angabe, so gilt sie für den Aussteller.
Mit Hilfe dieser Auslegungsregel stellen wir fest, daß X sich für den Aussteller A verbürgt hat. X haftet also wie A nur nach einem ordnungsgemäßen Protest.
Jetzt prüfen wir, ob I3 seinen unmittelbaren Vordermann I2 mit Erfolg in Anspruch nehmen kann.
Grundlage dafür ist Art. 15 WG, wonach der Indossant mangels eines entgegenstehenden Vermerks für die Annahme und die Zahlung haftet. Hier hat I2 die sogenannte **Angstklausel („ohne Obligo")** beigefügt. Gleichbedeutend sind die Worte „ohne Gewähr".
Während der Aussteller seine Haftung nur für die Annahme ausschließen darf, kann es der Indossant auch für die Zahlung. Eine derartige Klausel mindert natürlich den Wert des Wechsels; denn sie **beseitigt die Garantiefunktion** des Indossaments. Aus der Selbständigkeit jeder Wechselerklärung (Art. 7 WG) folgt

allerdings, daß nur die Garantiefunktion desjenigen Indossaments entfällt, bei dem die Angstklausel steht. Alle vorausgehenden und nachfolgenden Indossamente ohne entsprechenden Vermerk haben wieder Garantiefunktion. Völlig unberührt bleiben trotz Angstklausel die Transport- und Legitimationsfunktion des Indossaments. Das Indossament mit Angstklausel überträgt also alle Rechte (Art. 14 WG) und es legitimiert (Art. 16 Abs. 1 WG). Da der Indossant seine Haftung für Annahme und Zahlung ausschließen kann, erhebt sich die Frage, wie weit der Haftungsausschluß reicht, wenn auf dem Wechsel nur die Worte „ohne Obligo" stehen. Im Zweifel gilt der Ausschluß für beides. Wenn der Wechsel bereits einen Annahmevermerk trägt, ist die Lage geklärt. Das ist unser Fall. I2 haftet also nicht für die Zahlung. Auf die Frage des Protestes kommt es nicht mehr an. I2 hat seine Haftung für den Fall eines ordnungsgemäßen Protestes ausgeschlossen.
Bleibt zu prüfen, ob I3 gegen I1 Regreß nehmen kann. I1 hat den Wechsel durch **Blankoindossament** erworben. Nach Art. 13 Abs. 2 WG brauchte der Remittent R, der durch Indossierung zum Indossanten wird, den Namen des Indossatars – das ist in unserem Falle der I1 – nicht anzugeben. (Formulierung, die R wählen könnte: Für mich an .... Unterschrift des R.)
Das Blankoindossament muß sich **auf der Rückseite des Wechsels oder auf dem Anhang (Allonge)** befinden, **sofern es in der bloßen Unterschrift besteht.** Auf der Vorderseite ist die bloße Unterschrift, abgesehen von der des Ausstellers, eine Wechselbürgschaft (Art. 31 Abs. 3 WG).
Das Blankoindossament macht den Wechsel praktisch zu einem Inhaberpapier; denn es legitimiert jeden Inhaber.
Der Blankoindossatar, also der Inhaber des blanko indossierten Wechsels, kann nach Art. 14 Abs. 2 WG den Wechsel in verschiedenen Formen weitergeben. Dazu ein Beispiel:
1. Er kann die freie Stelle mit seinem Namen ausfüllen oder mit dem eines anderen (Art. 14 Abs. 2 Ziff. 1 WG). Dadurch wird das Blankoindossament beseitigt. Im ersten Falle muß er bei Weitergabe den Wechsel indossieren, d.h. seinen Namen auf den Wechsel setzen, da sonst die Indossamentenkette unterbrochen würde. Gleiches gilt für die Unterschrift des anderen, wenn der Blankoindossatar die freie Stelle mit dessen Namen ausgefüllt hat. Ob der Blankoindossatar selbst blanko indossiert oder ein Namensindossament wählt, ist gleichgültig. Vorteil dieser Behandlung des Blankoindossaments: Wenn in unserem Falle I1 seinen Namen an der freien Stelle des von R erteilten Blankoindossaments einsetzt, wird der Kreis der Haftenden um eine Person vermehrt. Das kann wichtig sein, sofern I1 als zahlungskräftig bekannt ist. Nachteil: I1 haftet als Indossant, wenn er den Wechsel weitergibt.
Wenn I1 an der freien Stelle den I2 einträgt, erscheint I1 nicht auf dem Wechsel, also haftet er auch nicht wechselmäßig. Gegen ihn kann kein Rückgriff genommen werden. Förmlich hat es den Anschein, als habe R sofort an I2 indossiert.
2. I1 hätte, ohne das ihm von R gegebene Blankoindossament auszufüllen, seinerseits ein weiteres Blankoindossament (oder Namensindossament) auf den Wechsel setzen können (Art. 14 Abs. 2 Ziff. 2 WG). So kann sich ein Blankoindossament an das andere reihen. Bei dieser Übertragungsart wird die Indossamentenkette nie unterbrochen, weil jeder Indossant durch das voraufgehende Blankoindossament legitimiert wird. Die Unterschriften der Blankoindossanten erhöhen wegen der Garantiefunktion den Wert des Wechsels.
3. I1 hätte den Wechsel auch unverändert weitergeben können (Art. 14 Abs. 2 Ziff. 3 WG). Hier wird es ganz deutlich, daß sich der Wechsel de facto zum In-

haberpapier entwickelt hat. Diese Form der Weitergabe hat das Blankoindossament in der Praxis aus einem bestimmten Grund beliebt gemacht: Man kann dem Wechsel nicht ansehen, ob er zwischenzeitlich einer Bank zum Einzug oder zum Diskontieren vorgelegt worden ist und die Bank das Geschäft abgelehnt hat, weil ihr die Unterschriften nicht gut genug waren!

Aus dem Sachverhalt ist zu entnehmen, daß I1 in der Form des Art. 14 Abs. 2 Ziff. 1, 2. Altern. WG indossiert haben muß. Er hat den I2 und den Vermerk „ohne Kosten" eingesetzt. Das ist nur möglich in Verbindung mit seiner Unterschrift, wobei hier nur die Unterschrift als Indossant in Betracht kommt.

Der Vermerk **„ohne Kosten"** hat Bedeutung für den Protest, weil der mit Kosten verbunden ist. Deswegen räumt Art. 46 WG dem Aussteller, den Indossanten und den Bürgen das Recht ein, durch eine entsprechende Klausel den Inhaber von der Erhebung des Protestes mangels Annahme oder Zahlung zu befreien. Der Inhaber muß zwar rechtzeitig vorlegen und die Nachrichten gem. Art. 45 WG geben (unbedingt nachlesen!!), aber er behält sein **Rückgriffsrecht jetzt ohne Protest.** Das Recht, Protest zu erheben, bleibt allerdings bestehen; nur die Pflicht entfällt. Wegen der unterschiedlichen Kostenregelung bei Erhebung eines überflüssigen Protestes vgl. Art 46 Abs. 3 WG. Diese Regelung mußte sein; denn nur die Klausel des Ausstellers wirkt gegen jeden Wechselverpflichteten. Dann ist der Protest wirklich überflüssig. Hat dagegen ein Indossant oder Bürge den Protest erlassen, so wirkt die Klausel nur beim Rückgriff gegen ihn. Will der Inhaber sich den Rückgriff auch gegen die übrigen Vordermänner erhalten, muß er protestieren lassen. Deswegen wäre es unbillig, ihm die Protestkosten aufzubürden. Nach allem kann jeder Inhaber des Wechsels gegen I1 ohne Protest Regreß nehmen. Er haftet also auch dem I3.

R haftet nicht. Seinen Rückgriffsanspruch gegen diesen Indossanten hat I3 durch Versäumung des Protestes verloren.

Fall Nr. 65: Nachindossament, Rektawechsel, Kommissionswechsel, Revalierungsanspruch

A hat einen auf B gezogenen, am 4. 12. 1973 fälligen Wechsel dem R als Remittenten ausgehändigt. R hat den Wechsel an I1 indossiert, I1 an I2 mit dem Zusatz „nicht an Order", sodann I2 an I3. I3 protestiert den Wechsel am 2. 11. 1973 mangels Annahme und indossiert ihn dann an I4. I4 möchte am 11. 11. 1973 Rückgriff nehmen und wissen, ob er wechselmäßig gegen I1, I2 und I3 vorgehen kann.

Lösung

Wir prüfen zunächst Ansprüche des I4 gegen I3 aus Art. 15 WG. Voraussetzung ist ein vollgültiges Indossament des I3. Daran könnte es hier fehlen, weil I3 erst nach Protest indossiert hat. Diesen Fall regelt Art. 20 WG. Er bestimmt im Satz 1, daß ein Indossament nach Verfall dieselbe Wirkung hat wie ein Indossament vor Verfall; aber Satz 2 schränkt ein. Indossamente nach Erhebung des Protestes mangels Zahlung oder nach Ablauf der hierfür bestimmten Frist **(Nachindossament)** haben nur noch die Wirkung einer Abtretung nach bürgerlichem Recht (§§ 398ff. BGB). Es gilt also insbesondere wieder § 404 BGB. Die Art. 14, Abs. 1, 15, 16 und 17 WG werden unanwendbar.

Das hat seinen guten Grund. Der mangels Zahlung protestierte Wechsel, aber auch der Wechsel, der nicht fristgemäß protestiert worden ist, verdient nicht länger, als Umlaufpapier behandelt zu werden. Er ist „notleidend" geworden und genießt in Geschäftskreisen kein Vertrauen. Wer ihn erwirbt, muß mit Einwendungen rechnen. Wechselmäßige Rückgriffsansprüche hat nur noch derjenige, der das erste **Nachindossament** gegeben hat. Alle Nachfolger sind bürgerlichrechtliche Zessionare. Ihnen können also sämtliche Einwendungen entgegengehalten werden, die der in Anspruch genommene Wechselschuldner gegen den ersten Nachindossanten oder gegen irgendeinen Nachindossatar hat, sofern er dem Inhaber des Wechsels voraufgeht.

Z. B.: NI1 ist der erste Nachindossant. Ihm folgen NI2, NI3, NI4. NI4 will gegen den Remittenten R vorgehen. R rechnet mit einer Forderung gegen NI3 auf. Das muß NI4 gegen sich gelten lassen (§§ 404, 406 BGB). Wiederholen Sie in diesem Zusammenhang Fälle Nr. 54, 55 in Bd. II.

Das alles gilt aber nicht beim Protest mangels Annahme, obwohl der Grund für diese Abweichung nicht recht einzusehen ist. Da I3 Protest mangels Annahme erhoben hatte, ist sein Indossament also kein Nachindossament, sondern ein normales Vollindossament i. S. d. Art. 15 WG. I3 haftet daher als Rückgriffsschuldner.
Fraglich ist allerdings, ob I4 schon vor Verfall des Wechsels Rückgriff nehmen kann. Das führt uns zu der weiteren Frage, **welchen Zweck der Protest mangels Annahme hat.** Durch die Vorlegung zur Annahme soll der Inhaber des Wechsels sich Gewißheit darüber verschaffen können, ob der Bezogene bereit ist, bei Verfall zu zahlen. Wenn der Bezogene die Annahme verweigert, ist dem Inhaber nicht zuzumuten, in Ungewißheit weiteren Kredit zu geben. Zwischenzeitlich kann sich die Zugriffslage bei den Wechselschuldnern verschlechtern! Das braucht der Inhaber nicht „Gewehr bei Fuß" bis zum Verfall abzuwarten. Deshalb gewährt Art. 43 Abs. 2 Ziff. 1 WG dem Inhaber das Rückgriffsrecht vor Verfall, wenn die Annahme ganz oder teilweise verweigert worden ist (lesen Sie bitte auch die Ziff. 2 und 3, die auf denselben wirtschaftlichen Überlegungen beruhen).
Nach dem Grundsatz „kein Regreß ohne Protest" muß die Verweigerung der Annahme jedoch öffentlich beurkundet werden, d. h. der Inhaber muß den Wechsel protestieren. Die Versäumung des Protestes mangels Annahme beseitigt allerdings nur das Recht, vor Verfall Rückgriff zu nehmen. Der rechtzeitige Protest mangels Zahlung hält den Rückgriff nach Verfall offen. Wenn aber eine Frist zur Annahme bestimmt ist und diese Frist versäumt wird, verliert der Inhaber auch das Rückgriffsrecht mangels Zahlung (Art. 53 WG).
Da in unserem Falle an der Gültigkeit des Protestes keine Zweifel bestehen, könnte I4 also schon am 11. 11. gegen I3 Rückgriff nehmen; aber es stellen sich weitere Bedenken in den Weg, weil I1 den Wechsel an I2 mit dem Zusatz „nicht an Order" indossiert hat. Durch die **negative Orderklausel** kann der **Aussteller** den Wechsel zu einem **Rektapapier** machen (Art. 11 Abs. 2 WG). Auch der Indossant darf die weitere Indossierung verbieten (Art. 15 Abs. 2 S. 1 WG); sein Verbot hat jedoch geringere Auswirkungen als das des Ausstellers. Der Wechsel wird durch die negative Orderklausel eines Indossanten nicht zum Rektapapier. Wenn der Indossatar, auf den das Indossament mit der negativen Orderklausel lautet – in unserem Falle der I2 –, mit einem Vollindossament weiter indossiert – in unserem Falle I2 an I3 – so haftet I2 gegenüber allen Nachmännern so, als sei die

Rektaklausel nicht geschrieben. I1 haftet wechselmäßig aus Art. 15 WG jedoch nur dem I2. Dessen Nachmännern (I3 usw.) haftet er weder aus dem Wechsel noch aus bürgerlich-rechtlicher Abtretung. Wer sich einen Wechsel mit negativer Orderklausel indossieren läßt, vereinbart dadurch in aller Regel mit dem Indossanten auch ein Abtretungsverbot. Das kann der Indossant, der die Rektaklausel geschrieben hat, allen Nachmännern seines Indossatar entgegenhalten (hier I1 den Nachmännern des I2); denn es ist aus dem Papier ersichtlich. Vgl. Fall Nr. 52 in Bd. II.
In unserem Falle hat I3 trotz negativer Orderklausel seines Vordermannes den Wechsel indossiert. Er kann sich, wie Art. 15 Abs. 2, 2. Halbs. WG zeigt, nicht auf die negative Orderklausel berufen. Deswegen haftet er dem I4 als Rückgriffsschuldner. Für die Haftung des I2 gegenüber dem I4 gelten keine Abweichungen. I4 könnte sich also mit den gleichen Erfolgsaussichten an den gesamtschuldnerisch haftenden I2 halten.

Abwandlung:

B hat den Wechsel angenommen und bezahlt. Er möchte wissen, ob er gegen A einen Erstattungsanspruch hat.
Als Hauptschuldner hat der Akzeptant gegen den Aussteller keinen wechselrechtlichen Erstattungsanspruch; er kann aber aus dem Grund, der ihn zur Annahme bewogen hat, einen Erstattungsanspruch gegen den Aussteller haben. Diese Ersatzforderung nennt man **Revalierungsanspruch.** In Betracht kommt z. B. eine Gefälligkeitsabrede (B verspricht dem A die Annahme eines von A ausgestellten Wechsels, weil A gerade in Geldverlegenheit ist und dem B verspricht, das Geld einen Monat nach Einlösung des Wechsels zurückzuzahlen). Befindet sich der Akzeptant in der Schuld des Ausstellers und gibt er sein Akzept erfüllungshalber, kann natürlich durch die Einlösung des Wechsels kein Revalierungsanspruch entstehen.
Noch anders ist die Rechtslage beim sogenannten **Kommissionswechsel:**
Der Aussteller zieht den Wechsel im eigenen Namen, als Zahlenden nennt er jedoch einen Dritten (Klausel: Gegen diesen Wechsel zahlen Sie für Rechnung des Herrn X ...). Der Dritte (Kommittent) wird durch den Wechsel nicht verpflichtet. Aus ihm haftet nur der Aussteller; aber in aller Regel besteht zwischen dem Aussteller (Kommissionär) und dem Dritten eine außerwechselrechtliche Absprache, wonach der Dritte verpflichtet ist, den Wechsel einzulösen.
Kommissionswechsel: Aussteller zahlt durch einen Dritten.
Domizilwechsel: Aussteller zahlt bei einem Dritten.

Fall Nr. 66: Vollmachtsindossament, Wechselprozeß

Ein formal gültiger Wechsel ist vom ersten Nehmer R an I1, von I1 mit dem Vermerk „zum Inkasso“ an I2 indossiert worden. Nach ordnungsgemäßem Protest mangels Zahlung nimmt I2 den R aus dem Wechsel in Anspruch. R erklärt mit einer Forderung gegen I2 die Aufrechnung. I2 möchte wissen, ob er die Aufrechnung gelten lassen muß; wenn nicht, wie er auf schnellstem Wege gegen R vorgehen kann.

Lösung

Grundlage für die Haftung des R ist sein Indossament auf I1 (Art. 15 Abs. 1 WG). I2 wird durch die ununterbrochene Indossamentenkette legitimiert; doch das letzte Indossament weist eine Besonderheit auf. Es handelt sich um ein **offenes Vollmachtsindossament** (Art. 18 WG). Dieses Indossament verleiht dem Indossatar nur die Befugnis, die Wechselrechte des Indossanten geltend zu machen. Davon zu trennen ist das **verdeckte Vollmachtsindossament,** das sich äußerlich nicht vom Vollindossament unterscheidet. Hier bestehen nur außerwechselrechtlich Absprachen zwischen dem Indossanten und dem Indossatar.
Beim offenen Vollmachtsindossament macht der Indossatar ein fremdes Recht im fremden Namen geltend, beim verdeckten Vollmachtsindossament hingegen im eigenen Namen.
Der Vollmachtsindossatar erwirbt keine Wechselrechte, insbesondere keine Rechte aus dem Indossament. Alle Rechte aus dem Wechsel kann er nur namens des Indossanten geltend machen (z.B. diskontieren, protestieren, indossieren, letzteres aber nur durch weiteres Vollmachtsindossament – Art. 18 Abs. 1 WG – und einklagen).
Auf der anderen Seite darf der Wechselschuldner dem Vollmachtsindossatar nur Einwendungen entgegensetzen, die ihm gegen den Vollmachtsindossanten zustehen (Art. 18 Abs. 2 WG). Dem R nützt die aufrechenbare Forderung gegen den Vollmachtsindossatar also nichts. Wenn er nicht freiwillig leistet, wird I2 ihn im Namen des I1 verklagen.
Wiederholen Sie jetzt zunächst Fall Nr. 75 in Bd. I. Es frischt Ihre Kenntnisse über das Mahnverfahren auf.
Wer aus einem Wechsel vorgeht, befindet sich in einer günstigen Ausgangslage; denn er kann im Wechselprozeß klagen (§§ 602ff. ZPO).
Der **Wechselprozeß** ist eine **Abart des Urkundenprozesses (§§ 592ff. ZPO).** Der Kläger hat die Wahl, ob er im normalen Erkenntnisverfahren oder im Wechselprozeß klagen will. Wenn er sich für den Wechselprozeß entscheidet, muß er das in der Klage zum Ausdruck bringen und möglichst schon der Klageschrift den Originalwechsel oder eine Abschrift beifügen (§§ 602, 593 ZPO). **Alle Tatsachen, die den Anspruch aus dem Wechsel begründen, müssen sich notfalls durch Urkunden beweisen lassen.** Das ist die wichtigste Voraussetzung (§§ 602, 592 S. 1 ZPO). Im vorliegenden Falle ist sie erfüllt, weil I2 durch den Wechseltext, die Protesturkunde und die entsprechenden Rechnungsvermerke die Anspruchsvoraussetzungen aus Art. 15, 48 WG beweisen kann. Vgl. aber auch § 605 ZPO.
Der Wechselprozeß bietet dem I2 folgende Vorteile: Zu den sonstigen Gerichtsständen kommt der des Zahlungsortes, der auf dem Wechsel vermerkt ist. Nimmt der Kläger mehrere Wechselschuldner gleichzeitig als Streitgenossen in Anspruch (Art. 47 WG), so ist jedes Gericht zuständig, bei dem ein Streitgenosse seinen allgemeinen Gerichtsstand hat (§ 603 ZPO). Die Einlassungsfrist verkürzt sich auf 24 Stunden, wenn die Klage am Ort des Prozeßgerichts zuzustellen ist – und das ist wegen der Auswahlmöglichkeiten nach § 603 ZPO häufig der Fall (nachlesen § 604 ZPO). Dadurch wird das Verfahren ganz erheblich beschleunigt.
Hinzu kommt die **beschränkte Verteidigungsmöglichkeit des Beklagten.** Eine Widerklage ist nicht statthaft (§ 595 Abs. 1 ZPO). Setzt sich der Beklagte gegen den Anspruch aus dem Wechsel mit Einwendungen und Einreden zur Wehr, und bestreitet der Kläger die zugrunde liegenden Tatsachen, so kann der Beklagte

Beweis für die Richtigkeit seiner Behauptungen nur durch **Vorlage entsprechender Urkunden oder durch Parteivernehmung** (§ 595 ZPO) antreten.
Da der Beklagte in aller Regel die Tatsachen beweisen muß, aus denen die Einwendung oder die Einrede folgt, wird der Kläger als Partei vernommen. Auch das ist für den Beklagten ungünstig.
Wenn der Beklagte dem geltend gemachten Anspruch widersprochen hat, ist ihm allerdings die Geltendmachung seiner Rechte im **Nachverfahren** vorzubehalten (§ 599 Abs. 1 ZPO). Das ergehende Urteil heißt **Vorbehaltsurteil.** Aus ihm kann der Kläger die Zwangsvollstreckung betreiben – und das ohne Sicherheitsleistung (§ 708 Ziff. 4 ZPO). Diese Möglichkeit ist für den Kaufmann äußerst vorteilhaft.
Das Nachverfahren schließt sich nur an, wenn der Beklagte es beantragt. Von Amts wegen wird das Gericht nicht mehr tätig. Im Nachverfahren, das ein normales Streitverfahren nach der ZPO ist, sind die Beweismittel nicht mehr beschränkt. Daher wird die Entscheidung des Vorbehaltsurteils nicht selten aufgehoben und die Klage abgewiesen.
Wenn der Inhaber des Wechsels nicht mit einem Widerspruch zu rechnen braucht, empfiehlt sich das **Wechselmahnverfahren** (§ 703a ZPO nachlesen). Erhebt der Schuldner Widerspruch, tritt eher eine Verzögerung als eine Beschleunigung ein.
Die Ausführungen über die Wechselklage gelten sinngemäß für den Scheck (§ 605a ZPO).

Fall Nr. 67: Bestandteile des Schecks

A hat einen Scheck mit folgendem Inhalt ausgestellt:

Scheck-Nr. 125963
Konto-Nr. 347/653/01 Bankleitzahl: 45688300
Deutsche Bank AG Dortmund, Münsterstr. 7
Zahlen Sie gegen diesen Scheck aus meinem Guthaben
4300,– DM an Herrn Fritz Meier oder Überbringer.
Dortmund, den 2. 1. 1974 Wilhelm A
Kaiserstr. 19

Die Streichung des Zusatzes „oder Überbringer" gilt als nicht erfolgt. Die Angabe einer Zahlungsfrist gilt als nicht geschrieben.

Meier möchte wissen, ob der Scheck den Formerfordernissen entspricht.

Lösung

Der Scheck dient anderen Zwecken als der Wechsel. Mit Hilfe des Wechsels kann sich ein Schuldner Zahlungsaufschub, also Kredit, verschaffen – mit Hilfe des Schecks kann er bezahlen.

Merke: Wer einen Wechsel begibt, sucht Geld.
Wer einen Scheck begibt, hat Geld.

Daraus ergeben sich Abweichungen für den notwendigen Inhalt der Urkunde. Art. 1 Ziff. 1 und 2 SchG stimmen im Wortlaut und inhaltlich mit Art. 1 Ziff. 1 und 2 WG überein. Zur Erläuterung kann auf das dort Gesagte verwiesen werden (Fall Nr. 60).

Die Ziff. 3 der beiden Vorschriften ist zwar im Wortlaut identisch, inhaltlich besteht jedoch ein Unterschied. **Der Scheck kann nur auf eine Bank gezogen werden, bei der der Aussteller ein Guthaben hat.** Außerdem muß der Aussteller mit der Bank ausdrücklich oder stillschweigend vereinbart haben, daß er mittels Scheck über dieses Guthaben verfügen darf **(Scheckvertrag,** Art. 3 SchG). Dadurch soll der Charakter des Schecks als Zahlungsmittel gewährleistet werden.

Guthaben i.S.d. Art. 3 SchG ist allerdings nicht nur ein **aktiver Bestand** auf dem Konto des Bankkunden. Es genügt die **Kreditzusage** der Bank, wonach sie Schecks bis zu einer bestimmten Höhe einlösen werde. Das Guthaben muß spätestens am Vorlegungstage vorhanden sein. Wer einen Scheck begibt und damit rechnet, daß bei Vorlage keine Dekkung vorhanden ist, macht sich des Betruges schuldig.
Die Befugnis, mittels Scheck über das Guthaben zu verfügen, erlangt der Bankkunde durch den **Scheckvertrag.** Er ist in den AGB der Banken nahezu einheitlich geregelt. In aller Regel unterhält der Kunde bei seiner Bank ein Girokonto (Depositenkonto). Über den jeweiligen Aktivsaldo oder bis zur Höhe des eingeräumten Kredits kann der Kunde durch Scheck verfügen. Die Formulare händigt ihm die Bank in Gestalt eines sogenannten Scheckbuchs (Scheckheft) aus. Nur Schecks auf diesen Vordrucken löst die Bank ein.
Von den Schecks ist die **Scheckkarte** zu unterscheiden. Diese Einrichtung, die seit 1968 besteht, muß man im Zusammenhang mit Art. 4 SchG sehen. Danach kann ein Scheck im Gegensatz zum Wechsel nicht angenommen werden. Wenn sich Banken durch eine Annahme entsprechend Art. 28 WG zur Einlösung gegenüber jedem Dritten verpflichten könnten, würden aus den angenommenen Schecks praktisch „Banknoten", also Geld. Das wollte der Gesetzgeber aus währungspolitischen Gründen vermeiden. Eine Ausnahme gilt für die **Deutsche Bundesbank** (§ 23 BundesbankG). Sie **kann Schecks, die auf sie gezogen sind, bestätigen** und sich so scheckmäßig zur Einlösung gegenüber jedem legitimierten Inhaber verpflichten. Der unterschriebene Vermerk auf der Rückseite lautet: Wir verpflichten uns, diesen Scheck über .... DM bis zum .... während der Geschäftsstunden einzulösen. Die Vorderseite des Schecks trägt den Stempelaufdruck: Bestätigter Scheck (s. Rückseite). Bereits durch Aushändigung des bestätigten Schecks mindert sich das Guthaben des Kunden, nicht erst nach Einlösung des Schecks. Bestätigte Bundesbankschecks erlangen dadurch die Bedeutung baren Geldes. Wichtig: Sie müssen innerhalb von 8 Tagen, vom Tage der Ausstellung an gerechnet, während der Geschäftsstunden zur Einlösung vorgelegt werden.
Eine ähnliche, aber weit schwächere Bedeutung hat die Scheckkarte. Ausgangspunkt ist wieder die Überlegung, daß die Bank aus dem Scheckvertrag nur gegenüber ihrem Kunden, jedoch nicht gegenüber dem Inhaber des Schecks zur Auszahlung verpflichtet ist. Das schwächt den Wert des Schecks als Zahlungsmittel. Zwar wird die Bank in aller Regel bei vorhandener Deckung den Scheck einlösen, um sich nicht gegenüber ihrem Kunden aus dem Scheckvertrag schadensersatzpflichtig zu machen; aber mangels eines Akzepts hat der Dritte keinen verbrieften Anspruch gegen die Bank. Um das Vertrauen in den Scheck zu stärken, vor allem im Ausland, hat man die Scheckkarte eingeführt. Sie wird von den Banken dem Inhaber eines Girokontos auf Wunsch ausgehändigt. Durch die Ausgabe der Scheckkarte verpflichtet sich die Bank gegenüber jedem Schecknehmer im Inland und jedem Kreditinstitut im Ausland, einen auf ihrem Vordruck ausgestellten Scheck bis zur Höhe von 300,– DM einzulösen (Nr. 4 der Bankbedingungen für Scheckkarten in der Fassung von Januar 1969). Die Garantiezusage entfällt, wenn der im Inland ausgestellte Scheck nicht innerhalb von 8 Tagen und der im Ausland ausgestellte nicht innerhalb von 20 Tagen seit Ausstellung vorgelegt wird.
Ferner müssen
a) Unterschrift und Kontonummer auf Scheckkarte und Scheck übereinstimmen;
b) die Scheckkartennummer auf der Rückseite des Schecks vermerkt werden;
c) das Ausstellungsdatum des Schecks innerhalb der Gültigkeitsdauer der Scheckkarte liegen (Ende des auf der Scheckkarte vermerkten Kalenderjahres).

Auf die Garantie kann sich nur der erste Schecknehmer berufen (str.). Wer das Garantieversprechen für jeden Inhaber gelten läßt, behandelt den mit Hilfe der Scheckkarte begebenen Scheck wie einen bestätigten Bundesbankscheck und höhlt damit § 14 Bundesbankges. und Art. 4 SchG noch weiter aus.
Vielfach geben die Banken ihren Kunden **Ausweiskarten** mit Name, Anschrift und Kontonummer. Durch die Hingabe einer solchen Karte bringt die Bank zum Ausdruck, daß sie darauf vertraut, dieser Kunde werde nur gedeckte Schecks ausstellen. Das erhöht zwar die Zirkulationsfähigkeit des Schecks, enthält aber kein Garantieversprechen wie beim Scheckkarten-Scheck.

Zu Art. 1 Ziff. 4 SchG: Die Angabe des Zahlungsortes ist entbehrlich. Vgl. dazu Art. 2 Abs. 2 und 3 SchG und beachten Sie die Abweichung von Art. 2 Abs. 3 WG. Der **Zahlungsort** hat **Bedeutung für den Protest,** der am Zahlungsort erhoben werden muß.

Vom Zahlungsort sind die **Einziehungs- oder Einlösungsstellen** zu unterscheiden, die häufig auf der Rückseite des Schecks angegeben werden. Ihnen kann der Inhaber, der nicht am Zahlungsort wohnt, den Scheck zur Einziehung oder Einlösung aushändigen. Sie führen diesen Auftrag kostenfrei aus; aber die Vorlage bei der Einziehungs- oder Einlösungsstelle muß so rechtzeitig erfolgen, daß noch Protest erhoben werden kann, wenn die bezogene Bank den Scheck nicht bezahlt.

Zu Art. 1 Ziff. 5 SchG: Wenn die Angabe des Ausstellungsortes fehlt, kann Art. 2 Abs. 4 SchG helfen (wie Art. 2 Abs. 4 WG). **Fehlt hingegen das Datum der Ausstellung, so ist der Scheck formungültig.** Das folgt aus Art. 28, 29 SchG. Als Zahlungsmittel ist der Scheck bei Sicht zahlbar. Jede gegenteilige Angabe gilt als nicht geschrieben (Art. 28 Abs. 1 SchG). Abweichende Vereinbarungen haben nur Gültigkeit zwischen den Parteien. Um die Vorlegung des Schecks in einer angemessenen Frist zu erzwingen, stellt das Gesetz in Art. 29 SchG bestimmte Vorlegungsfristen auf. Für den Inlandsscheck gilt die Acht-Tage-Frist des Abs. 1. Alle Fristen beginnen an dem Tage zu laufen, an dem der Scheck ausgestellt ist. Nur innerhalb dieser Fristen kann der Scheck protestiert werden (Art. 41 Abs. 1 SchG). Die Protestfrist verlängert sich um einen Tag, wenn der Inhaber den Scheck erst am letzten Tage der normalen Frist vorlegt (Art. 41 Abs. 2 SchG).
Wie beim Wechsel gilt der Satz: **Ohne Protest kein Regreß.** In sehr vielen Fällen lösen die Bank zwar den Scheck bei Vorlage nach Ablauf der Protestfrist auch noch ein; wenn sie jedoch ablehnen, verliert der Inhaber mangels Protest den Rückgriff gegen seine Vordermänner.
Zu Art. 1 Ziff. 6 SchG: Hier gilt dasselbe wie für Art. 1 Ziff. 8 WG. Da zur Ausstellung von Schecks nur die Vordrucke der Banken verwendet werden dürfen, kommen Formfehler recht selten vor.
Auch der im Fall beschriebene Scheck entspricht allen Formerfordernissen.

Fall Nr. 68: Schecknehmer, Einziehung und Diskontierung, Verrechnungsscheck

A hat einen formgültigen Scheck ausgestellt, in dem es heißt: ... zahlen Sie an Herrn Fritz M, Dortmund, Kaiserstr. 7 ...

Herr M möchte wissen, wie er den Scheck verwerten kann.

Lösung

Art. 1 SchG enthält keine Bestimmung, die dem Art. 1 Ziff. 6 WG entspricht. Die möglichen Schecknehmer (Zahlungsnehmer) sind in Art. 5 SchG aufgeführt. **Schecknehmer ist die im Scheck als erster Nehmer bezeichnete bestimmte Person.** Wechselrechtlich ausgedrückt würde man sie Remittent nennen. Aus Art. 5 Abs. 3 SchG geht hervor, daß die Nennung eines Schecknehmers überflüssig ist. Wenn der Scheck aber auf eine bestimmte Person lautet – mit oder ohne den Vermerk „an Order" –, so handelt es sich um einen **Orderscheck.** Dieser Scheck **wird durch Indossament übertragen.** Daraus ergibt sich die erste Verwertungsmöglichkeit. M kann den Scheck z.B. erfüllungshalber an einen Gläubiger indossieren.

Orderschecks sind allerdings im Inland so gut wie überhaupt nicht im Gebrauch. Das gilt erst recht von einem Scheck, der auf eine bestimmte Person lautet und zusätzlich mit negativer Orderklausel versehen ist **(Rektascheck).** Der Grund liegt darin, daß ein Scheck nur auf eine Bank gezogen werden kann, und die Banken lösen Orderschecks oder gar Rektaschecks nicht ein. Nach den Bankbedingungen zahlen sie nur auf Inhaberschecks (vgl. die Klausel „Eine Streichung des Zusatzes „oder Überbringer" gilt als nicht erfolgt). Ein Scheck ist **Inhaberscheck,** wenn er

a) ausdrücklich auf den Inhaber gestellt ist (Art. 5 Abs. 1 3. Altern. SchG);

b) auf eine bestimmte Person lautet, aber zusätzlich die Überbringerklausel trägt (Art. 5 Abs. 2 SchG);

c) keine Person als Nehmer nennt (Art. 5 Abs. 3 SchG).

N hat einen Scheck mit durchgestrichener Überbringerklausel in Händen. Nach den Bankbedingungen gilt der Scheck trotzdem als **Inhaberscheck.** Als solcher **ist** er ein **Inhaberpapier.** N kann die verbrieften Rechte also durch Übereignung des Papiers ohne Indossament übertragen. Wenn er das überflüssige Indossament dennoch auf den Scheck setzt, haftet er daraus (Art. 20 SchG). Die Garantiefunktion bleibt erhalten; Legitimations- und Übertragungsfunktion sind dagegen beim Inhaberscheck nicht denkbar.

Üblicherweise wird N den Scheck sofort zur Bank geben. Das kann er auch, wenn der Scheck vordatiert ist (Art. 28 Abs. 2 SchG). Das Gesetz will verhindern, daß der Scheck durch Vordatieren zum Kreditpapier umfunktioniert wird.

Die Vorlage des Schecks bei der bezogenen Bank beinhaltet im Zweifel die Bitte, den Scheck einzulösen. Wenn der Scheck gedeckt ist, zahlt die Bank den Betrag entweder bar aus oder schreibt ihn dem Inhaber gut, sofern er bei derselben Bank ein Konto unterhält. Einlösung durch Gutschrift ist die ausschließliche Zahlungsart beim **Verrechnungsscheck** (Art. 39 SchG). Durch den Vermerk „nur zur Verrechnung" oder „nur zur Gutschrift", der in einem Stempelaufdruck bestehen kann und meist diagonal in der linken oberen Ecke auf der Vorderseite des Schecks zu finden ist, können der Aussteller und jeder Inhaber **der bezogenen Bank die Bareinlösung des Schecks verbieten.** Diese Maßnahme soll einem Mißbrauch des Schecks durch sachlich nichtberechtigte Inhaber vorbeugen; der Schutz ist aber nur schwach. Wenn der Vorlegende ein Konto bei der bezogenen Bank hat, kann er den Betrag alsbald abheben. Soll ihm die Bank erst ein Konto einrichten, besteht für die Bank besonderer Anlaß zur Vorsicht. **Der Einreicher kann ferner verlangen, daß ihm die bezogene Bank den Betrag auf ein bereits bestehendes Konto bei einer anderen Bank überweist.** Auch in diesem Falle besteht nur ein geringer Schutz.

Von der Einlösung durch die bezogene Bank sind die **Einziehung und Diskontierung des Schecks** zu unterscheiden.
Wenn N den Scheck seiner Bank, die nicht mit der bezogenen identisch ist, übergibt, bittet er **im Zweifel um Einziehung des Schecks.** Zwar schreibt die Bank dem N den Betrag auf seinem Konto sofort gut, aber nur mit dem Vermerk „E. v." = Eingang vorbehalten. Erst wenn die bezogene Bank den Scheck eingelöst hat, ist die Gutschrift endgültig. Regelmäßig kann der Einreicher erst jetzt über den gutgeschriebenen Betrag verfügen. Löst die bezogene Bank den Scheck nicht ein, wird die Gutschrift storniert.
Wie die Bank den Scheck einzieht, ist ihre Sache. Sie kann ihn **der bezogenen Bank vorlegen oder der zuständigen Abrechnungsstelle (Art. 31 SchG).** Meist geschieht das letztere. Dadurch wird der bargeldlose Verkehr, dem der Scheck dienen soll, gefördert. Die mit der Einziehung von Schecks befaßten Banken stehen untereinander im **Abrechnungsverfahren.** Der Abrechnungsvorgang wird auch **Clearing oder Skontration** genannt. Daran nehmen Schecks und Wechsel teil (vgl. Art. 38 Abs. 2 WG). Die Abrechnungsstellen für das Bundesgebiet befinden sich bei den Zweigstellen der Landeszentralbanken.
Die **Gesamtabrechnung** findet zwischen den beteiligten Banken und den Abrechnungsstellen statt. Je nach dem Ergebnis wird den beteiligten Banken auf den Girokonten, die sie bei der Landeszentralbank unterhalten, ein Betrag zu- oder abgeschrieben. Die Einzelheiten sind wieder in den Bankbedingungen (Fassung von Januar 1969) geregelt.
Einer weiteren Beschleunigung des Scheckverkehrs dient der **vereinfachte Scheckeinzug durch die Bundesbank** für Kreditinstitute, die bei ihr ein Girokonto unterhalten. Daran können nur Verrechnungsschecks teilnehmen. Sie werden dem Kreditinstitut schon am Tage nach der Einreichung unter E. v. gutgeschrieben. Die Einzelheiten stehen in den Bankbedingungen. Dort finden Sie auch die Vorschriften über das **Lastschriftverfahren.** Dabei erlaubt der Bankkunde seiner Bank, bestimmte Lastschriften einzulösen, u. a. von ihm ausgestellte Schecks. Der Scheckinhaber reicht seiner Bank eine Lastschrift ein. Die Bank schreibt den Scheckbetrag dem Einreicher (unter E. v.) gut. Die Lastschrift selbst ist Einzugspapier und bei Vorlage wie der Scheck zahlbar. Das Konto des Scheckausstellers wird entsprechend belastet. Durch eine Vereinigung des Lastschriftverfahrens mit dem vereinfachten Scheckeinzug wird die Zahlung durch Scheck maximal beschleunigt.
In diesem Zusammenhang muß auch das **Abkommen über die Scheckrückgabe** erwähnt werden. Es stellt, soweit die Bundesbank beteiligt ist, eine Ergänzung zum vereinfachten Scheckeinzug dar und verpflichtet die bezogenen Banken, von ihnen nicht eingelöste Schecks noch am Tage des Eintreffens unmittelbar der ersten Bank zurückzusenden, die mit dem Einzug beauftragt war, beim vereinfachten Scheckeinzug also der Bundesbank. Auf diese Weise soll die schnellstmögliche Rückabwicklung des mißlungenen Zahlungsversuchs erreicht werden.
Eine letzte Möglichkeit, den **Barscheck** schnell in Bargeld zu verwandeln, besteht im **Diskontieren.** Dieser Vorgang ist äußerst selten, weil er mit den üblichen Diskontierungsverlusten verbunden ist. Er empfiehlt sich nur, wenn die sofortige Vorlage zwecks Einlösung nicht möglich ist und die angegangene Bank den Einzug gegen sofortige Auszahlung des Gegenwertes ablehnt. Das kann allerdings geschehen, weil der Barscheck für das vereinfachte Scheckeinzugsverfahren durch die Bundesbank ungeeignet ist.

Wenn N nicht dringend bares Geld benötigt, sollte er den Scheck also entweder der bezogenen Bank zur Einlösung vorlegen oder seiner Bank mit der Bitte um Einziehung einreichen.

In einigen Ländern außerhalb der Bundesrepublik ist der in den Art. 37, 38 SchG beschriebene gekreuzte Scheck gebräuchlich. Im Bundesgebiet gelten die Art. 37, 38 SchG noch nicht (vgl. Art. 1 Abs. 1 S. EGSchG). Hier werden diese Schecks wie Verrechnungsschecks behandelt, obwohl sie Barschecks sind. Von der Zweckbestimmung kommen sie dem Verrechnungsscheck nahe. Sie sollen nämlich auch einen Mißbrauch verhüten. Deswegen ist Auszahlung nur an einen Bankier oder an einen Kunden der bezogenen Bank erlaubt.

Fall Nr. 69: Widerruf des Schecks, gutgläubiger Erwerb, Einwendungen

A hat einen auf die B-Bank gezogenen Barscheck über 800,– DM ausgestellt, aber verloren. Die Putzfrau findet ihn im Papierkorb. Ihr Mann bezahlt damit eine Reparatur seines Autos. I, der Inhaber der Reparaturwerkstatt, gibt den Scheck seiner Bank zum Einzug. Inzwischen hat A den Scheck sperren lassen, so daß die B-Bank ihn nicht einlöst. I verklagt den A nach ordnungsgemäßem Protest. Muß A zahlen?

Lösung

A haftet als Rückgriffsschuldner neben den Indossanten und anderen Scheckverpflichteten, wenn der rechtzeitig vorgelegte Scheck nicht eingelöst und die Zahlungsverweigerung in einer der drei Formen des Art. 40 SchG festgestellt worden ist (Protest, datierte schriftliche Erklärung des Bezogenen oder einer Abrechnungsstelle). Alle Scheckschuldner haften gesamtschuldnerisch (Art. 44 SchG, wie Art. 47 WG).
I hat den Scheck, dessen formale Gültigkeit wir unterstellen, ordnungsgemäß protestieren lassen und sich so das Rückgriffsrecht erhalten. Die Höhe des Rückgriffsanspruchs richtet sich nach Art. 45 SchG.
Wir prüfen zunächst, ob es die Haftung des A beeinflußt, daß er den Scheck **„gesperrt"** hat. Das Gesetz kennt keine Sperrung des Schecks, aber den **Widerruf (Art. 32 SchG).** Er hat eine ganz andere Bedeutung als der Widerruf der Annahmeerklärung durch den Bezogenen (nachlesen Art. 29 WG). Beim Widerruf eines Schecks muß man zwischen den Beziehungen des Ausstellers zum Scheckinhaber und zur bezogenen Bank unterscheiden. Auszugehen ist von folgender Grundlage: **Der Inhaber des Schecks hat keinen eigenen Einlösungsanspruch gegen die bezogene Bank.** Sie verpflichtet sich durch den Scheckvertrag nur gegenüber ihrem Kunden zur Einlösung unter bestimmten Voraussetzungen. Im Scheckvertrag kann sie mit dem Kunden auch vereinbaren, daß sogar ein **Widerruf innerhalb der Vorlegungsfrist** von ihr zu beachten ist. Ohne eine derartige Vereinbarung braucht die Bank den während der Vorlegungsfrist erklärten Widerruf nicht zu beachten; sie wird es dennoch regelmäßig tun, um ihren Kunden nicht zu verärgern. Bei Nichtbeachtung ist sie dem Kunden allerdings nicht zum Schadensersatz verpflichtet. Das ist die Bedeutung des Art. 32 Abs. 1 SchG im Verhältnis zwischen den Parteien des Scheckvertrages. Hat sich die Bank dagegen zur Beachtung des in der Vorlegungsfrist erklärten Widerrufs verpflichtet, macht sie sich durch Einlösung trotz Widerrufs schadensersatz-

pflichtig. Insoweit ändert die zulässige Vereinbarung den Art. 32 Abs. 1 SchG ab. **Gegenüber dem Inhaber des Schecks hat der Widerruf vor Ablauf der Vorlegungsfrist keine Bedeutung.** Alle Rechte aus dem Scheck gegen den widerrufenden Aussteller bleiben erhalten.
Widerruft der Aussteller nach Ablauf der Vorlegungsfrist, so hat das auf seine Beziehungen zu dem Inhaber, der die Rückgriffsrechte gem. Art. 40 WG gewahrt hat, ebenfalls keinerlei Einfluß. Wenn er sie aber versäumt hat, kann die Bank den Scheck nicht mehr einlösen, ohne sich schadensersatzpflichtig zu machen. Hingegen darf die Bank, wenn der Scheck nicht widerrufen ist, auch nach Ablauf der Zahlungsfrist Zahlung leisten (Art. 32 Abs. 2 SchG).
Da die Bank in unserem Falle die Zahlung verweigert hat und I nur gegen A vorgehen kann und will, brauchen wir nur zu prüfen, ob der Widerruf dieses Verhältnis beeinflußt hat. Nach dem Vorstehenden müssen wir die Frage mit „nein" beantworten, gleichgültig ob A den Scheck vor oder nach Ablauf der Vorlegungsfrist widerrufen hat.

Abwandlung

A beruft sich auf den Verlust des Schecks.

Ob die Putzfrau den Scheck gestohlen oder unterschlagen hat, spielt keine Rolle; dem A ist er jedenfalls unfreiwillig aus dem Besitz und damit abhanden gekommen. Es erhebt sich wie beim Wechsel die Frage, ob der Verlierer des von ihm unterschriebenen Papiers einem gutgläubigen Erwerber haftet. Wir wollen uns nur mit dem Inhaberscheck befassen, weil er im Wirtschaftsleben unter Kaufleuten so gut wie ausschließlich vorkommt. Die Art. 14–19 SchG, die vom Indossament handeln, führen deswegen ein Schattendasein.
Auch die Verpflichtung des Scheckausstellers entsteht durch die Unterschriftsleistung (Skripturakt) plus Begebungsvertrag oder gutgläubigen Erwerb. Deshalb kann auf die Ausführungen zum Wechsel (Fall Nr. 62) Bezug genommen werden. Da A den Scheck nicht mit dem Bewußtsein, sich scheckrechtlich verpflichten zu wollen, übereignet hat, fehlt der Begebungsvertrag; aber schon durch die Unterschriftsleistung hat er in zurechenbarer Weise den Rechtsschein einer Scheckbegebung veranlaßt. Daraus haftet er, ohne daß es noch darauf ankommt, wie der Scheck in den Papierkorb und von dort in den Rechtsverkehr gelangt ist.
Auf das Abhandenkommen kann sich A ebenfalls nicht berufen. Vgl. Art. 21 SchG, der mit Art. 16 Abs. 2 WG übereinstimmt.

Abwandlung

A hatte den Scheck seiner Frau gegeben, die damit für A eine Heizöllieferung bezahlen sollte; sie bezahlt mit dem Scheck die Reparatur ihres Autos. A hält dem I entgegen, seine Frau habe den Scheck „mißbraucht".

Auch die Forderung aus einem Scheck ist abstrakt, d.h. sie ist losgelöst vom Grundgeschäft. Insoweit gilt das für den Wechsel Gesagte sinngemäß.
Die Verteidigung des A, seine Frau habe den Scheck abredewidrig begeben, ist aber möglicherweise gar keine Einwendung aus dem Grundgeschäft. Das wäre sie, wenn der Lieferant des Heizöls als Inhaber des Schecks gegen den A vorgehen würde und A seinem Lieferanten etwa entgegenhalten könnte, er habe statt leichten Heizöls schweres in den Tank gepumpt. Mit einem daraus folgenden

Schadensersatzanspruch könnte A gegenüber der Scheckforderung, solange der Scheck in der Hand des Lieferanten ist, aufrechnen, dadurch erfüllen und anschließend den Scheck aus ungerechtfertigter Bereicherung zurückverlangen (vgl. Fall Nr. 62 – Einwendungsübersicht –).
In unserem Falle beruft sich A nicht auf Beziehungen zu dem Lieferanten, sondern auf eine auftragswidrige Verwendung des Schecks durch die Ehefrau. Sie sollte als Botin den Scheck übergeben (§ 120 BGB; wiederholen Sie Fall Nr. 49 in Bd. I). Wenn sie davon abweicht, kann die Willenserklärung des Boten nach den Regeln der Irrtumsanfechtung beseitigt werden. Damit würde der Begebungsvertrag zwischen A und I entfallen. Das wäre eine außerhalb der Urkunde liegende Einwendung; aber sie bestände im Verhältnis von A zu I. Damit würde sie unter Art. 22 SchG fallen, der vollinhaltlich dem Art. 17 WG entspricht. A könnte dem I also den Einwand des mangelnden Begebungsvertrages entgegenhalten.
Haben Sie bemerkt, warum diese Lösung nicht stimmt? Die Anfechtung nach §§ 119, 120 BGB setzt voraus, daß
1. jemand als Bote auftritt, also für den Empfänger der Willenserklärung erkennbar im Namen des wirklich Erklärenden handelt, und
2. sich dabei irrt.
Das hat die Frau des A aber nicht getan: Sie ist im eigenen Namen aufgetreten und hat bewußt und gewollt eine andere Erklärung abgegeben. Ein derartiges Abweichen ist für den Erklärenden – hier A – zwar grundsätzlich nicht bindend; aber hier hat A seine Frau mit einem Scheck ausgestattet – also hat er in zurechenbarer Weise den Rechtsschein gesetzt, als habe er sich seiner Frau gegenüber durch Begebung eines Schecks verpflichten wollen. Aus der Sicht des I hat er nicht mit A, sondern mit dessen Frau den Begebungsvertrag geschlossen (vgl. auch § 164 Abs. 2 BGB). Folglich haftet A dem I, der die Frau gutgläubig als sachlich-berechtigte Inhaberin angesehen hat.

Fall Nr. 70: Repräsentationspapier

Die Vereinigte Stahlwerke X-AG hat dem Großhändler G 400 to Feinbleche verkauft. Die Ware wird per Kanalschiff an G versandt. Den über die Sendung ausgestellten Ladeschein schickt die AG an G ab. Dann erfährt sie, daß G die Bleche exportieren will, obwohl er nach dem Bezugsvertrag mit der AG ihren Konzernhändlern durch Export von Feinblechen keine Konkurrenz mit Erzeugnissen der AG machen darf. Die AG verlangt von dem Schiffer S, daß er die Bleche durch den Konzernhändler K abladen läßt. Kann G von S trotzdem Herausgabe an sich verlangen?

Lösung

Nach § 447 Abs. 1 HGB ist derjenige zum Empfang des Gutes legitimiert, an den das Gut nach dem **Ladeschein** abgeliefert werden soll oder auf den der Ladeschein, wenn er an Order lautet, durch Indossament übertragen ist.

Der Ladeschein ist eines der sieben kaufmännischen Oderpapiere des § 363 HGB (vgl. Fall Nr. 62). Ebenso wie **Lagerschein** und **Konnossement** verkörpert er gewissermaßen das in dem Papier beschriebene Gut. Er repräsentiert es. Daher werden diese drei Papiere **Repräsentationspapiere** genannt.
Der Ladeschein findet praktisch nur in der Binnenschiffahrt Verwendung. Für ihn gelten die §§ 444–450 HGB und 72ff. BinnSchG. Die Ausstellung steht im Belieben des Frachtführers; er kann sich aber vertraglich zur Ausstellung verpflichten (§ 444 HGB). Der Inhalt des Ladescheines wird durch § 445 HGB bestimmt.
Die Regelung des § 447 Abs. 1 HGB, wonach der Ladeschein zur Empfangnahme des Gutes legitimiert, entspricht dem Art. 16 Abs. 1 WG. Er verleiht dem namentlich oder durch ununterbrochene Indossamentenkette Ausgewiesenen also eine förmliche Berechtigung. Durch Leistung an ihn wird der Frachtführer – so heißt der Transporteur des Gutes (§ 425 HGB) – frei **(Legitimationswirkung).**

Darüber hinaus ermöglicht der Ladeschein eine Verfügung über das Gut, bevor es in den unmittelbaren Besitz des Empfängers gelangt ist. Nach § 447 Abs. 2 HGB verliert der Absender – hier die AG – die ihm nach § 433 HGB zustehenden Dispositionsmöglichkeiten (Anweisung an den Frachtführer, das Gut anzuhalten, zurückzugeben oder an einen Dritten auszuliefern), wenn der Empfänger durch einen Ladeschein legitimiert ist. Diese Rechte gehen auf ihn über. Einer Anweisung des Absenders darf der Frachtführer nur folgen, wenn ihm der Ladeschein zurückgegeben wird (§ 447 Abs. 3 HGB). S muß den Umleitungswunsch der AG also unbeachtet lassen und die Bleche dem G ausliefern.

Fall Nr. 71: Frachtbrief, Übereignung durch Traditionspapiere

Die AG hat dem Frachtführer über die im vorhergehenden Fall beschriebene Sendung einen Frachtbrief ausgestellt. Eine Durchschrift hat sie zusammen mit einer Wiegekarte dem G geschickt und wie üblich Zahlung erbeten. G zahlt sofort. Danach erfährt die AG von den Exportabsichten des G. Sie veranlaßt den S, einen Ladeschein auszustellen und diesen schleunigst dem Konzernhändler K zu schicken. K erhält den Ladeschein bevor G die Bleche ausgeladen hat. S möchte wissen, wer Eigentümer der Bleche ist.

Lösung

Wir prüfen zunächst, ob G das Eigentum an den Blechen erlangt hat. Eigentum an beweglichen Sachen wird gem. §§ 929ff. BGB übertragen, also durch Einigsein bei Übergabe. Die Einigungsofferte hat die AG schlüssig durch Absendung der Bleche erklärt. Aus der Durchschrift des Frachtbriefes hat G davon Kenntnis genommen. Seine Annahme hat er schlüssig durch die Zahlung erklärt. Die Einigung muß aber noch bei Übergabe bestehen. Eine Übertragung des unmittelbaren Besitzes auf G hat bisher nicht stattgefunden. Fraglich ist, ob G durch die Übergabe der Bleche an den Frachtführer den mittelbaren Besitz erlangt hat. Dann müßte der Frachtführer ihm den Besitz vermitteln wollen. Das ist in der Regel nicht der Fall. **Durch den Frachtvertrag verpflichtet sich der Frachtführer gegenüber dem Absender,** für Zahlung der Fracht das Gut an ein bestimmtes Ziel

zu transportieren. Wie die §§ 433, 434 S. 2 HGB zeigen, hat der **Empfänger vor Ankunft noch keine Dispositionsbefugnis über das Gut, wenn ihm kein Ladeschein übersandt worden ist.** Das spricht gegen die Annahme, der Frachtführer wolle schon während des Transportes für den Empfänger besitzen. Daran ändert die Übersendung einer Durchschrift des Frachtbriefes nichts. **Der Frachtbrief ist als Beweisurkunde über den Frachtvertrag für den Frachtführer bestimmt** (vgl. § 426 Abs. 1 HGB). Wenn der Empfänger das Gut und den Frachtbrief annimmt, wird er neben dem Absender gegenüber dem Frachtführer zahlungspflichtig hinsichtlich der dem Frachtbrief zu entnehmenden Beträge (z. B. Fracht, Zoll, Zuschläge, Liegegeld, Standgeld). Auch daran zeigt sich, daß der Frachtbrief zum Nutzen des Frachtführers ausgestellt wird. Die Übersendung der Durchschrift an den Empfänger des Gutes ist nur eine äußerst unsichere Nachricht von der Absendung. Sie hindert den Absender nicht, das Gut umzuleiten (anders das **Frachtbriefdoppel** nach § 72 Abs. 6 Eisenbahnverkehrsordnung: **Der Absender kann über das Gut nicht verfügen, wenn er das Doppel nicht mehr hat).** Insbesondere liegt in der Übersendung einer Frachtbriefdurchschrift keine Abtretung eines Herausgabeanspruches gegen den Frachtführer. Besitzübertragung durch ein Übergabesurrogat nach § 931 BGB scheidet daher ebenfalls aus. G hat mithin an den Blechen kein Eigentum erworben.
Nun untersuchen wir, ob K Eigentümer der Bleche geworden ist.
Wie Sie bereits wissen, repräsentiert der Ladeschein (ebenso Lagerschein und Konnossement) das Gut. Mit Hilfe des Papiers kann man über das Gut disponieren. Um diesen Aufgaben gerecht zu werden, bestimmt § 450 HGB, daß die **Übergabe des Ladescheins an den Legitimierten dieselben Wirkungen wie die Übergabe des Gutes hat, sofern der Frachtführer das Gut übernommen hat.** Die Übergabe des Papiers ist also gleichbedeutend mit der Übergabe des repräsentierten Gutes. Wegen der Übergabewirkung heißen die drei Papiere daher auch **Traditionspapiere** (zum Orderlagerschein vgl. § 424 HGB, zum Konnossement § 650 HGB).
Jetzt lassen sich die Voraussetzungen zusammenstellen, unter denen mit Hilfe eines Traditionspapiers das Gut übereignet werden kann:
1. Lagerhalter (Begriff in § 416 HGB), Frachtführer oder Verfrachter müssen das Gut übernommen haben, d. h. unmittelbare oder mittelbare Besitzer geworden sein.
S hatte die Bleche auf seinem Kahn. Er war also unmittelbarer Besitzer.
2. Übertragung des Besitzes am Schein.
K hat den Ladeschein von S erhalten.
3. Einigung über den Eigentumsübergang am Schein. Auch davon ist nach dem Sachverhalt auszugehen. Die herrschende Meinung verlangt außerdem, daß Frachtführer, Lagerhalter oder Verfrachter noch im Besitze des Gutes sind, wenn das Eigentum am Schein übergeht.
4. Der Inhaber des Ladescheins, Orderlagerscheins oder Konnossements muß namentlich oder durch Indossamentenkette legitimiert sein.
Hier hat S den Schein ohne Indossament dem K, auf den er auch lautet, übersandt. Dem Fall ist nicht zu entnehmen, ob der Ladeschein eine Orderklausel trug; das kann aber offen bleiben. Zwar sind Lagerschein, Ladeschein und Konnossement ohne Orderklausel nur Rektapapiere (gekorene Orderpapiere), die **Traditionswirkung des § 450 HGB gilt jedoch auch für den Rektaladeschein.** Bei ihm hat die **Orderklausel nur Bedeutung für die Form der Rechtsübertragung und den Einwendungsausschluß (§ 364 Abs. 2 HGB).**

Hingegen erlangt der **Lagerschein erst Traditionswirkung, wenn er mit der Orderklausel versehen ist** (vgl. § 424 HGB). Die Weitergabe eines Inhaber- oder Rektalagerscheines kann indessen Abtretung des Herausgabeanspruches nach § 931 BGB bedeuten. Dann wird zwar bei entsprechender Einigung die Ware übereignet; aber der gutgläubige Erwerb ist durch §§ 934, 935 BGB eingeengt und die Einwendungen gegen den früheren Eigentümer bleiben gegenüber dem neuen erhalten (§ 404 BGB). Es fehlen die für das Orderpapier typischen Wirkungen der §§ 364 II, 365 HGB.

K hat nach allem mit dem Eigentum am Ladeschein auch das Eigentum an dem Gut erlangt, gleichgültig, ob der Ladeschein die Orderklausel trug oder nicht.

Fall Nr. 72: Lagerschein

Der Importeur E hat bei der Lagerhaus GmbH L 10000 Kilodosen mit südamerikanischem „Hasenfleisch" eingelagert. Er verkauft die Ware an den K1 und läßt ihm einen Orderlagerschein zugehen. K1 übereignet den Orderlagerschein mit Indossament an K2, ohne zu wissen, daß 2 Stunden vorher das Gesundheitsamt die Ware beschlagnahmt hat, weil in einigen Dosen Salmonellen gefunden worden sind. K2 zweifelt das Untersuchungsergebnis an und verlangt von L die Herausgabe der Dosen. Ist L zur Herausgabe an K2 verpflichtet?

Lösung

K2 hat gem. § 424 HGB mit dem Eigentum am Papier auch das Eigentum an den eingelagerten Konserven erworben. Einwendungen können ihm nur im Rahmen des § 364 Abs. 2 HGB entgegengehalten werden. Der Einwand des L, die Ware sei beschlagnahmt worden, betrifft nicht die Gültigkeit der Erklärungen in der Urkunde und sie ergibt sich nicht aus der Urkunde. Ob sie dem L unmittelbar gegen den K2 zusteht, erscheint auch zweifelhaft. Näher brauchen wir das aber nicht zu untersuchen. Der Grund, aus dem L die Herausgabe verweigert, fällt überhaupt nicht unter den Begriff der **Einwendung.** Darunter sind **Tatsachen** zu verstehen, **die privatrechtliche Folgen auslösen.** Die Beschlagnahme ist dagegen ein öffentlich-rechtlicher Vorgang. Hier ist das Gesundheitsamt tätig geworden, um eine Gefahr abzuwenden, die der Allgemeinheit droht. Gegen öffentlich-rechtliche Eingriffe bietet § 364 Abs. 2 HGB keinen Schutz (vgl. auch Fall Nr. 52).
Dabei macht es keinen Unterschied, ob L einen Orderlagerschein oder einen Inhaberlagerschein ausgestellt hatte. Beide verbriefen ein privatrechtliches Auslieferungsversprechen.

Hinsichtlich der Einwendungen gilt beim Inhaberlagerschein § 796 BGB. Da der Inhaberlagerschein aber keine Traditionswirkung hat, das Eigentum am eingelagerten Gut also nur durch Abtretung des Herausgabeanspruches übertragen werden kann (§ 931 BGB), muß der Erwerber insoweit mit Einwendungen rechnen (§ 934 BGB). Deswegen ist der Orderlagerschein verkehrsfähiger und entsprechend begehrter. Dieses Papier darf nur mit staatlicher Genehmigung herausgegeben werden. Die Einzelheiten sind in der **Orderlagerscheinverordnung** vom 16. 12. 1931 (RGBl. I 763/32 I 424) geregelt.

Fall Nr. 73: Übereignung mit Hilfe des Inhaberlagerscheins

X hat 100 dz Sojabohnen und Y 100 dz Sojaschrot beim Lagerhalter L eingelagert. L stellt zwei Inhaberlagerscheine aus, verwechselt sie aber bei der Absendung. In den Büros des X und Y bleibt der Irrtum unbemerkt. X will die Sojabohnen dem Margarinefabrikanten M übereignen. Darüber einigen sie sich schriftlich. Sodann schickt X dem M den Lagerschein, der über Sojaschrot ausgestellt ist. M ist der Ansicht, er sei trotzdem Eigentümer der Sojabohnen geworden. Hat er Recht?

Lösung

Da der Inhaberlagerschein keine Traditionswirkung besitzt, brauchen wir uns mit der Frage, ob M nach § 424 HGB das Eigentum an den Bohnen erworben hat, nicht zu befassen. Das Eigentum an dem eingelagerten Gut des X kann er nur durch Einigung und Übergabe nach den §§ 929ff. BGB erworben haben. Die Einigung haben X und M schriftlich erklärt. Das genügt den Anforderungen des § 929 BGB. Selbstverständlich hätte eine mündliche Einigung auch ausgereicht.
Der unmittelbare Besitz ist nicht übertragen worden; in der Übersendung des Inhaberlagerscheins wollen wir aber eine Abtretung des Herausgabeanspruches erblicken. Es fragt sich nur, welchen Herausgabeanspruch der X abgetreten hat. Geht man von dem Papier aus, so ist es der Anspruch auf Auslieferung des Sojaschrots. Dieser Anspruch stand ihm aber nicht zu; denn er war nicht mittelbarer Besitzer des Sojaschrots. Demnach hätte er einen nicht bestehenden Herausgabeanspruch abgetreten. M könnte deshalb frühestens mit Erwerb des unmittelbaren Besitzes an den Bohnen deren Eigentümer werden (§ 934 BGB). Da er noch nicht unmittelbarer Besitzer ist, wäre er auch kein Eigentümer.
Diese Lösung ist falsch. Man muß hier ausnahmsweise (vgl. Fall Nr. 14 in Bd. I) davon ausgehen, was die Parteien wollten, nicht von dem, was sie für einen objektiven Dritten erklärt haben. Das ist keine Abweichung vom Gesetzeszweck. Durch die Regel, daß der objektiv erklärte Wille den Inhalt der Willenserklärung ausmacht, soll der Empfänger der Willenserklärung geschützt werden. Dieses Schutzes bedarf er nicht, wenn er genau wie der Erklärende unter der objektiv falschen Bezeichnung subjektiv dasselbe verstanden hat. X und M beabsichtigten eine Abtretung des Herausgabeanspruches betreffend die Sojabohnen. Diesen Gegenstand ihrer Willenserklärung haben sie beide falsch, jedoch übereinstimmend falsch bezeichnet. Dann gilt nicht, was sie beide objektiv erklärt haben, sondern was sie übereinstimmend erklären wollten. Diese Art der Falschbezeichnung heißt **falsa demonstratio.** Der Begriff umfaßt die bewußte und die unbewußte Falschbezeichnung.

Z.B.: V will dem K die Parzelle 144 verkaufen. Beide irren sich in der Bezeichnung und nennen die Parzelle 141. Verkauft ist nicht die Parzelle 141, sondern die Parzelle 144 (unbewußte Falschbezeichnung).
V hat ein Schifferklavier, das er seine „Orgel“ nennt. Das weiß auch K. Beide schließen einen Kaufvertrag über die „Orgel“; verkauft ist das Schifferklavier (bewußte Falschbezeichnung).

Für unseren Fall ergibt sich daraus, daß trotz unbewußter Falschbezeichnung der Anspruch auf die Auslieferung der Sojabohnen abgetreten worden ist. Da dieser Anspruch bestand, erwirbt M gem. §§ 929, 931 BGB Eigentum an den Bohnen.

Fall Nr. 74: Garantiefunktion bei Repräsentationspapieren

Der E hatte Sojabohnen importieren wollen und Anweisung gegeben, die Bohnen sofort bei L einzulagern. L stellt auch einen Orderlagerschein über Sojabohnen aus. Den Schein indossiert E an K1, K1 an K2. Dann stellt sich heraus, daß die Säcke in Wirklichkeit Kakaobohnen enthalten. Ist K2 Eigentümer der Kakaobohnen?

Lösung

K2 könnte das Eigentum an den Bohnen gem. § 424 HGB erworben haben. Dazu müssen wir die einzelnen Voraussetzungen prüfen:
1. Der Lagerhalter L hat das Gut übernommen.
2. Dem K2 ist der Besitz am Schein übertragen worden.
3. K2 hat sich mit K1 über den Eigentumsübergang am Schein geeinigt.

Während der Vorgänge zu 2. und 3. war L noch im Besitz des Gutes (nach der h. L. erforderlich).

4. K2 ist durch die Indossamentenkette legitimiert.

Damit sind scheinbar alle Voraussetzungen für den Eigentumserwerb erfüllt; es bestehen aber Bedenken. Sie knüpfen sich an die Frage, ob das Indossament bei den Repräsentationspapieren alle Funktionen ausübt, die es bei einem Wechsel besitzt. Dort hat es Legitimations-, Traditions- und **Garantiefunktion.** Letztere bedeutet Haftung für den Bestand des Rechts.

Diese Funktion ist bei einem Warenpapier nur beschränkt denkbar. **Es garantiert das Eigentum an dem tatsächlich vorhandenen Gut, aber nicht das Vorhandensein des Gutes.**

Z. B.: Ein Lagerschein verhält sich über eingelagerte Sojabohnen; es ist aber überhaupt nichts eingelagert. Hier setzen die physikalischen Gegebenheiten eine eine natürliche Grenze. Auch ein Lagerschein kann nicht zaubern!

Der vorliegende Fall ist um eine Nuance anders. E hat zwar etwas eingelagert, jedoch nicht das im Lagerschein deklarierte Gut. An dieser Stelle zeigt sich, daß ein durch Lagerschein, Ladeschein und Konnossement verbrieftes Auslieferungsversprechen sich nicht abstrahieren läßt wie die Wechsel- oder Scheckforderung. Das Papier ist gewissermaßen nur die Verpackung des Gutes. In Gestalt und verborgen durch diese Verpackung wird das Gut übereignet. Die Parteien einigen sich aber nicht blind über das, was zufällig in der Verpackung steckt, sondern sie gehen von einem ganz bestimmten vorgestellten Inhalt aus. Entpuppt sich ein anderer Inhalt als erwartet, so fehlt es bezüglich dieser Überraschung an der Einigung. Es liegt auch keine falsa demonstratio vor. Beide Parteien haben den Gegenstand ihrer Willenserklärung richtig bezeichnet. Sie wollten mit Sojabohnen handeln und haben Sojabohnen gesagt.

K2 hat folglich kein Eigentum an den Kakaobohnen erworben, obwohl äußerlich alle Voraussetzungen erfüllt zu sein schienen.

Es bietet sich noch eine andere Lösung an: Da der Lagerhalter das Gut übernommen haben muß, sollte man darauf abstellen, daß es sich um dasselbe Gut handeln muß, welches in dem Papier deklariert wird.

Fall Nr. 75: Akkreditiv

Die V-AG hat dem Käufer K in Japan Bergwerksmaschinen für 1,5 Mio DM verkauft. In den Zahlungsbedingungen heißt es: Zahlbar durch unwiderrufliches Akkreditiv gegen Dokumente. Der Käufer K beauftragt die S-Bank in Tokio, sie möge die G-Bank in Düsseldorf bitten, für die V-AG ein unwiderrufliches Dokumentenakkreditiv, befristet bis zum 30. 4. 1974, zu eröffnen. Die G-Bank teilt der V-AG die Eröffnung des Akkreditivs mit. Darauf dient die V-AG der G-Bank die Dokumente fristgemäß an (Rechnung, Konnossement, Versicherungsschein, Ausfuhrerlaubnis und Zollpapiere). Die G-Bank nimmt die Dokumente nicht auf und löst den Kaufpreis nicht ein. Als Grund führt sie an, sie habe von Zahlungsschwierigkeiten des K und der S-Bank erfahren. Wahrscheinlich könne K nicht für Deckung sorgen. Muß die G-Bank trotzdem an die V-AG zahlen?

Lösung

Die G-Bank muß an die V-AG zahlen, wenn sie sich durch die Eröffnung des Akkreditivs der V-AG **unmittelbar** verpflichtet hat.
Im Gesetz ist das Akkreditiv nicht geregelt; aber es gibt eine internationale Vereinbarung der nationalen Bankvereinigungen, zusammengefaßt in **„Einheitliche Richtlinien und Gebräuche für Dokumentenakkreditive"**, ergänzt durch „Standardformeln für die Eröffnung von Dokumentenakkreditiven". Bei der Akkreditivstellung sind notwendig drei Personen beteiligt: Der Akkreditivsteller (Käufer, Schuldner) bittet eine Bank (Akkreditivbank, Akkreditivstelle), in seinem Namen an den Verkäufer (Gläubiger, Akkreditivempfänger, Akkreditierter) zu zahlen. Diese Bitte kann **widerruflich oder unwiderruflich** sein. Das unwiderrufliche Akkreditiv muß befristet sein.
Zahlung durch Akkreditiv ist üblich beim internationalen Warentransfer. Der weitab im Ausland wohnende Käufer soll mit der Bezahlung nicht warten dürfen, bis er die Ware in der Hand hat. Möglicherweise bereitet er dann Schwierigkeiten, und der Verkäufer muß hinter dem Gelde herlaufen. Auf der anderen Seite wird dem Käufer nicht zugemutet, den Kaufpreis vorzuschießen, ohne die äußerste Gewißheit zu haben, daß er auch beliefert wird. Deswegen soll der Käufer eine Bank (möglichst nahe am Wohnsitz des Verkäufers) anweisen, für ihn an den Verkäufer gegen Vorlage der Dokumente zu zahlen. **Der Vertrag zwischen dem Akkreditivsteller und der Akkreditivbank ist in der Regel ein Geschäftsbesorgungsvertrag** (§ 675 BGB; vgl. Fall Nr. 35 in Bd. III). Aus ihm kann die Bank vom Auftraggeber Ersatz ihrer Aufwendungen – das ist der gezahlte Kaufpreis – und die übliche Vergütung verlangen. Der Akkreditivsteller ist im Zweifel verpflichtet, für die Deckung zu sorgen. Um der Akkreditivbank die Sorge zu nehmen, es könne an der nötigen Deckung fehlen, bittet der Akkreditivsteller zumeist seine Hausbank, die Bank in Wohnsitznähe des Akkreditierten mit der Akkreditiveröffnung zu beauftragen. Dadurch kommt eine vierte Person ins Spiel. In unserem Falle ist es die S-Bank in Tokio. Es kann sogar noch eine fünfte Person einbezogen werden, nämlich dadurch, daß die Akkreditivbank – hier die G-Bank in Düsseldorf – eine weitere Bank anweist, das von ihr bereits **eröffnete Akkreditiv zu bestätigen.** Mit der Bestätigung wird auch diese Bank verpflichtet.
Der Verkäufer hingegen bietet dem Käufer dadurch Sicherheit, daß er der Akkreditivbank die Dokumente „andient". Die Bank ist verpflichtet, die Dokumente auf

ihre Übereinstimmung zu prüfen **(Dokumentenstrenge).** Am wichtigsten ist die Prüfung des Traditionspapiers Konnossement; denn mit Hilfe dieses Papiers kann der Käufer schon jetzt über das Gut verfügen. Umgekehrt ist dem Verkäufer die Dispositionsbefugnis entzogen. Der Käufer kann also darauf vertrauen, daß die Ware bei ihm ankommt (dazu auch Vorlage der Ausfuhr- und Einfuhrgenehmigung sowie der Zollpapiere).

Um nun sicherzustellen, daß die Akkreditivbank wirklich an den Akkreditierten zahlt, ist ein weiteres Vertragsverhältnis vonnöten, in dem die Rechtsbeziehungen zwischen den beiden vorgenannten Personen geregelt werden. Es muß ein Rechtsverhältnis sein, aus dem der Akkreditierte anders als bei der Anweisung und beim Scheck einen **unmittelbaren (eigenen) Anspruch gegen die Akkreditivbank gewinnt.** Deshalb werden die Mitteilung der Akkreditivbank an den Akkreditierten, also die Eröffnung des Akkreditivs, und die Bestätigung der Eröffnung durch eine weitere Bank als **abstrakte Schuldversprechen** gem. § 780 BGB aufgefaßt. Nach Eröffnung oder Bestätigung können die betroffenen Banken nur noch Einwendungen aus den Akkreditivbedingungen gegen ihre Zahlungspflicht vorbringen. **Auf das Grundgeschäft dürfen sie in aller Regel nicht zurückgreifen** (Ausnahme: Nichtigkeit wegen Verstoßes gegen das Gesetz oder die guten Sitten, §§ 134, 138 BGB). Ebenso ist es ihnen nicht erlaubt, wegen Veränderung der Kreditbasis des Akkreditivstellers oder der von ihm eingeschalteten „Hausbank“ die Zahlung zu verweigern. Dieses Risiko will der Akkreditierte nach dem Sinn des Akkreditivs gerade nicht tragen. Daher muß auch die G-Bank an die V-AG zahlen.

Muster
(Vorderseite)

Anlage 1
(Grundbuchblatt)

Amtsgericht Schonberg

Grundbuch

von

Trienach

Band *3* Blatt *86*

Bestands

Laufende Nummer der Grundstücke	Bisherige laufende Nummer der Grundstücke	Bezeichnung der Grundstücke und der mit dem Eigentum verbundenen Rechte: Gemarkung (Vermessungsbezirk)	Karte		Steuerbücher		Wirtschaftsart und Lage	Größe		
		a	b		c	d	e	ha	a	qm
1	2	3						4		
			K. Bl.	Parz.	Grdst. MR	Gebst. R				
1	—	Trienach	1	312/43	96	38	Wohnhaus mit Hausgarten, Viktoriastraße Nr. 18	—	6	95
2	—	Trienach	2	77	96	—	Garten bei den Fichten	—	4	12
3	—	Golm	1	66	18	--	Wiese am Zernsee	—	6	28
4	1, 3	Trienach	1	312/43	96	38	Wohnhaus mit Hausgarten, Viktoriastraße Nr. 18	—	13	23
		Golm	1	66	18	—	Wiese am Zernsee			
5 / Zu 1	—	1/25 (ein fünfundzwanzigstel) Miteigentumsanteil an dem Grundstück:								
		Trienach	3	211	28	—	Gemeinschaftlicher Weg bei den Wiesen	—	2	06

[1]) Dazu § 6 AVRJM vom 20. Januar 1940 DJ 212 (*Anh*)

verzeichnis [1])

Bestand und Zuschreibungen		Abschreibungen	
Zur laufenden Nummer der Grundstücke		Zur laufenden Nummer der Grundstücke	
5	6	7	8
1	*Von Band 1 Blatt 8 hierher übertragen am 6. Januar 1936.* *Hoffmann Kummer*		
2	*Von Band 2 Blatt 40 hierher übertragen am 7. März 1938.* *Hoffmann Kummer*		
3	*Von Band 1 Blatt 5 des Grundbuchs von Golm hierher übertragen am 10. Oktober 1939.* *Hoffmann Kummer*		
1, 3, 4	*Nr. 3 der Nr. 1 als Bestandteil zugeschrieben und Nr. 3 mit Nr. 1 als Nr. 4 neu eingetragen am 14. November 1944.* *Schön Meyer*		
5	*Von Band 1 Blatt 24 hierher übertragen am 1. Dezember 1944.* *Schön Meyer*		

Erste Abteilung

Laufende Nummer der Eintragungen	Eigentümer	Laufende Nummer der Grundstücke im Bestandsverzeichnis	Grundlage der Eintragung
1	2	3	4
1	*Bankbeamter Gottlieb Meyer in Trienach*	*1*	*Aufgelassen am 23. Dezember 1935 und eingetragen am 6. Januar 1936.* *Hoffmann Kummer*
		2	*Aufgelassen am 5. Juni 1937 und Band 2 Blatt 40 eingetragen am 1. Juli 1937. Hierher übertragen am 7. März 1938.* *Hoffmann Kummer*
		3	*Aufgelassen und eingetragen am 10. Oktober 1939.* *Hoffmann Kummer*
2	*Kaufmann Alexander Preuß in Trienach*	*1, 2, 3*	*Aufgelassen am 26. August 1942 und eingetragen am 1. September 1942.* *Hoffmann Kummer*
		5	*Aufgelassen am 14. Januar 1936 und Band 1 Blatt 24 eingetragen am 21. Januar 1936. Gemäß § 3 Abs. 3 GBO hier eingetragen am 1. Dezember 1944.* *Schön Meyer*

Erste Abteilung

Laufende Nummer der Eintragungen	Eigentümer	Laufende Nummer der Grundstücke im Bestandsverzeichnis	Grundlage der Eintragung
1	2	3	4

Zweite

Laufende Nummer der Eintragungen	Laufende Nummer der betroffenen Grundstücke im Bestandsverzeichnis	Lasten und Beschränkungen
1	2	3
1	*1*	*Nießbrauch auf die Dauer von zehn Jahren für den Rentner Heinrich Bernhardt in Trienach. Unter Bezugnahme auf die Eintragungsbewilligung vom 20. September 1937 eingetragen am 29. September 1937.* *Hoffmann* *Kummer*
2	*2*	*Widerspruch gegen die Eintragung des Eigentums des Bankbeamten Gottlieb Meyer zu Gunsten des Gastwirts Felix Hecker in Trienach. Unter Bezugnahme auf die einstweilige Verfügung des Landgerichts in Schonberg vom 1. Oktober 1938 eingetragen am 3. Oktober 1938.* *Hoffmann* *Kummer*

Abteilung

Veränderungen		Löschungen	
Laufende Nummer der Spalte 1		Laufende Nummer der Spalte 1	
4	5	6	7
		2	*Gelöscht am 6. November 1938.* *Hoffmann Kummer*

Laufende Nummer der Eintragungen	Laufende Nummer der belasteten Grundstücke im Bestandsverzeichnis	Betrag [1])	Hypotheken, Grundschulden, Rentenschulden [1])
1	2	3	4
1	*1*	*5 000 RM*	*Fünftausend Reichsmark Darlehen mit vier vom Hundert jährlich verzinslich für den Gastwirt Gerhard Schneider in Berlin. Unter Bezugnahme auf die Eintragungsbewilligung vom 5. Januar 1939 eingetragen am 14. Januar 1939.* *Hoffmann Kummer*
2	*1*	*1 500 RM* *– 500 "* *1 000 RM*	*Eintausendfünfhundert Reichsmark Darlehen mit fünf vom Hundert jährlich verzinslich für den Bankier Max Wechsler in Golm. Der jeweilige Eigentümer ist der sofortigen Zwangsvollstreckung unterworfen. Unter Bezugnahme auf die Eintragungsbewilligung vom 21. März 1940 eingetragen am 5. April 1940.* *Hoffmann Kummer*
3	*1*	*1 700 RM*	*Eintausendsiebenhundert Reichsmark Kaufpreisforderung mit fünf vom Hundert jährlich verzinslich für die Sprachlehrerin Frieda Meister in Golm. Der jeweilige Eigentümer ist der sofortigen Zwangsvollstreckung unterworfen. Vorbehalten ist der Vorrung für eine Hypothek von zweitausend Reichsmark nebst fünf vom Hundert Zinsen. Unter Bezugnahme auf die Eintragungsbewilligung vom 1. Dezember 1941 eingetragen am 16. Februar 1942.* *Hoffmann Kummer*
4	*1*	*2 000 RM*	*Zweitausend Reichsmark Darlehen mit fünf vom Hundert jährlich verzinslich für den Schmiedemeister Franz Eisen in Werder. Der jeweilige Eigentümer ist der sofortigen Zwangsvollstreckung unterworfen. Die Erteilung eines Briefes ist ausgeschlossen. Unter Ausnutzung des Vorbehalts mit dem Vorrange vor der Post Abt. III Nr. 3 unter Bezugnahme auf die Eintragungsbewilligung vom 10. Januar 1944 eingetragen am 1. Februar 1944.* *Schön Meyer*
5	*2*	*1 000 RM*	*Eintausend Reichsmark Grundschuld mit fünf vom Hundert jährlich verzinslich für den Rentner Herbert Müller in Berlin-Pankow. Unter Bezugnahme auf die Eintragungsbewilligung vom 16. März 1944 eingetragen am 23. März 1944.* *Schön Meyer*

[1]) Nunmehr *DM*

Abteilung

Veränderungen			Löschungen		
Laufende Nummer der Spalte 1	Betrag [1])		Laufende Nummer der Spalte 1	Betrag [1])	
5	6	7	8	9	10
1	*5 000 RM*	*Mit den Zinsen seit dem 1. April 1939 verpfändet an die Brauerei Teltow Aktiengesellschaft in Berlin für eine ihr gegen den Gastwirt Gerhard Schneider in Berlin in Höhe von 5 000 RM zustehende Forderung aus dem Kaufvertrage vom 8. März 1939. Eingetragen am 7. Juli 1939.* *Hoffmann Kummer*	*2*	*500 RM*	*Fünfhundert Reichsmark gelöscht am 17. Mai 1942.* *Hoffmann Kummer*
			1	*5 000 RM*	*Verpfändungsvermerk vom 7. Juli 1939 gelöscht am 1. September 1942.* *Hoffmann Kummer*
1	*5 000 RM*	*Abgetreten mit den Zinsen seit dem 1. Juli 1943 an den Bankier Max Wechsler in Golm. Eingetragen am 2. August 1943.* *Hoffmann Kummer*			
1	*5 000 RM*	*Über diese Hypotheken ist dem Gläubiger ein gemeinschaftlicher Brief erteilt. Eingetragen am 9. September 1943* *Hoffmann Kummer*			
2	*1 000 RM*				
3	*1 700 RM*	*Der vorbehaltene Vorrang vor diesem Recht ist der Post Abt. III Nr. 4 eingeräumt. Eingetragen am 1. Februar 1944.* *Schön Meyer*			

[1]) Nunmehr *DM*

Laufende Nummer der Eintragungen	Laufende Nummer der belasteten Grundstücke im Bestandsverzeichnis	Betrag [1]	Hypotheken, Grundschulden, Rentenschulden [1]
1	2	3	4
6	2	*1 500 RM*	*Eintausendfünfhundert Reichsmark Sicherungshypothek nebst vier vom Hundert Zinsen im Wege der Zwangsvollstreckung unter Bezugnahme auf das Urteil des Landgerichts in Berlin vom 30. Mai 1944 für den Kaufmann Erwin Pietsch in Berlin, eingetragen am 5. Juli 1944.* *Schön Meyer*
7	4	*5 000 RM*	*Sicherungshypothek zum Höchstbetrage von fünftausend Reichsmark für die Offene Handelsgesellschaft Jonas & Co. in Berlin. Das Grundstück Band 1 Blatt 9 haftet mit. Unter Bezugnahme auf die Eintragungsbewilligung vom 16. November 1944 eingetragen am 1. Dezember 1944.* *Schön Meyer*

[1]) Nunmehr *DM*

Abteilung

Veränderungen			Löschungen		
Laufende Nummer der Spalte 1	Betrag [1])		Laufende Nummer der Spalte 1	Betrag [1])	
5	6	7	8	9	10
3	*1 700 RM*	*Mit den Zinsen seit dem 1. April 1944 abgetreten an den Kaufmann Hubert Rabe in Gransee unter Rückumwandlung der zunächst als Grundschuld auf den Eigentümer übergegangenen Post in eine Hypothek für ein mit fünf vom Hundert verzinsliches Darlehen von eintausendsiebenhundert Reichsmark. Der jeweilige Eigentümer ist der sofortigen Zwangsvollstreckung unterworfen. Unter Bezugnahme auf die Eintragungsbewilligungen vom 25. März 1944 eingetragen am 14. April 1944.* *Schön Meyer*			
3a	*700 RM*	***Siebenhundert Reichsmark nebst den Zinsen seit dem 1. Juli 1945 mit dem Vorrange vor dem Rest abgetreten an den Ingenieur Fritz Raspel in Eiche. Eingetragen am 7. Juli 1945.*** ***Schön Meyer***			

[1]) Nunmehr *DM*

Stichwortverzeichnis

Kolibri 360 GmbH
Ferdinand-Jühlke-Straße 7
99095 Erfurt, Deutschland
produktsicherheit@kolibri360.de